"跨境电商 B2B 数据运营"1+X 职业技能等级证书配套教材
"跨境电子商务师"认证项目配套教材

跨境电商 B2B 店铺数据运营

"跨境电商 B2B 数据运营"1+X 职业技能等级证书配套教材编委会　组编

本书主编：毛居华
本书副主编：刘　颖　闫高杰
本书编委：余　萍　李春丽　江　彬　刘　青
　　　　　姜丽丽　丁子格　张　莹

电子工业出版社
Publishing House of Electronics Industry
北京·BEIJING

内 容 简 介

本书以"跨境电商 B2B 数据运营职业技能等级证书（中级）标准"为依据，重点介绍了阿里巴巴国际站店铺基础建设、产品发布与管理、店铺基础营销、店铺付费营销、跨境电商数据分析、商机获取、客户管理、交易管理和履约服务共九章，学习本书后，读者能基本掌握阿里巴巴国际站店铺数据运营技能，可达到跨境电商 B2B 店铺运营专员岗位的技能要求。

本书适合作为培训教材，也可以作为高等职业院校相关电子商务专业核心课程教材，或者作为相关从业人员参考用书。

未经许可，不得以任何方式复制或抄袭本书之部分或全部内容。
版权所有，侵权必究。

图书在版编目（CIP）数据

跨境电商 B2B 店铺数据运营 /"跨境电商 B2B 数据运营"1+X 职业技能等级证书配套教材编委会组编.
—北京：电子工业出版社，2021.5
ISBN 978-7-121-40943-1

Ⅰ.①跨… Ⅱ.①跨… Ⅲ.①电子商务－商业经营－数据处理－高等学校－教材 Ⅳ.①F713.365.2

中国版本图书馆 CIP 数据核字（2021）第 065351 号

责任编辑：陈　虹
印　　刷：大厂回族自治县聚鑫印刷有限公司
装　　订：大厂回族自治县聚鑫印刷有限公司
出版发行：电子工业出版社
　　　　　北京市海淀区万寿路 173 信箱　邮编：100036
开　　本：787×1 092　1/16　印张：15　字数：384 千字
版　　次：2021 年 5 月第 1 版
印　　次：2024 年 8 月第 14 次印刷
定　　价：58.00 元

凡所购买电子工业出版社图书有缺损问题，请向购买书店调换。若书店售缺，请与本社发行部联系，联系及邮购电话：(010) 88254888，88258888。

质量投诉请发邮件至 zlts@phei.com.cn，盗版侵权举报请发邮件至 dbqq@phei.com.cn。

本书咨询联系方式：chitty@phei.com.cn。

"跨境电商 B2B 数据运营" 1+X 职业技能等级证书配套教材编委会

主　　任：顾　明

执行主任：毛居华　姚　远　何　雄

委　　员：（按拼音首字母顺序排列）

陈一兵　邓焕玉　邓健宇　邓志超　杜晓燕

冯　笑　黄　康　胡新振　金　贝　刘学之

刘　颖　罗　艳　缪晨卿　马　宁　石　虎

孙孟洋　沈　萍　王红梅　王航鹰　王　娟

王　妮　万佳迪　温秋华　许绍宏　徐　薇

闫高杰　袁静波　杨　玲　郑辉英　周　丽

出版说明

随着"一带一路"倡议得到国际社会的广泛认可,以及互联网技术的迅猛发展,跨境电商企业面临前所未有的巨大机遇,网上丝绸之路已蔚然成势。在新业态、新技术的大背景下,人才瓶颈更为凸显,国际化、复合型数字贸易人才数量严重不足,已是制约跨境电商企业持续发展的首要问题。

为解决跨境电商企业用人难题,协助各高校、职业院校建设跨境电商专业,并满足"跨境电商B2B数据运营"职业技能等级证书的学习和考试需求,国家服务外包人力资源研究院联合阿里巴巴(中国)教育科技有限公司,以研究院"(跨境电商领域)应用技术型人才标准及认证体系研究"部级科技鉴定成果为基础(该成果填补国内空白,达到国际先进水平),结合跨境电商B2B数据运营职业技能等级标准,共同编撰开发了该套丛书。

该丛书共7本,其中《跨境电商B2B店铺运营实战》和《跨境电商视觉设计与营销》为初级考试配套教材,《跨境电商B2B店铺数据运营》和《海外社会化媒体营销》为中级考试配套教材,《跨境电商营销策划》、《海外客户开发与管理》和《国际搜索引擎优化与营销》为高级考试配套教材(说明:按照1+X考试原则,高等级考试范围涵盖低等级相关内容)。

该套丛书的出版得到了教育界和产业界的高度关注和支持。

因能力有限,时间紧迫,教材难免有疏漏甚至错误之处,敬请广大读者批评指正。

序

自我国 2013 年提出"一带一路"倡议以来,已有 200 个国家、地区和国际组织参与和支持,联合国大会、联合国安理会等重要决议也纳入"一带一路"建设内容。"一带一路"倡议为全球经济贸易往来提供了难得的良好国际政商环境。

互联网技术的发展,为全球化贸易奠定了前所未有的信息技术基础。贸易的核心是信息,而互联网则实现了世界范围内的信息及时性、全透明、全覆盖。借助互联网上的信息,企业能够在原材料价格最低的地区购买,在加工成本最低的地方生产产品,并把产品卖给最需要的客户。

古时候,由于国家间交往的安全因素,以及信息的封闭孤立,客观上使得国际贸易只能是极少数冒险商人的专有发财机会;而在新时代,随着中国发起的"一带一路"倡议为广大国家地区和组织认可,随着世界各国的交通通信等基础设施逐渐完善,随着互联网及其他新技术在全球普及应用,普通企业以跨境电商方式进行国际贸易成为可能。足不出户可知天下大事,身不出国可做全球贸易,新时代网上丝绸之路已成型,全球所有国家和企业都面临着前所未有的重大历史机遇。

现实亦是如此。近几年来,跨境电商快速发展,企业数量和贸易额每年都以两位数的速率增长。我国货物贸易出现了一般贸易、加工贸易和跨境电商三驾马车并驾齐驱的新局面,特别是在此次新冠肺炎疫情期间,跨境电商更是发挥了不可替代的独特作用,跨境电商已成为全球贸易不可或缺的重要模式,基于跨境电商的独特优势,相信其未来会有更大的发展。

不过,随着跨境电商的迅猛发展,人才瓶颈也日益凸显。据国家服务外包人力资源研究院在沿海城市的调研,超过 71% 的跨境电商企业认为最大的发展瓶颈是"专业人才缺乏",远高于国际物流等其他问题。据估计,每年跨境电商人才缺口超过 30 万人,专业人员的不足,已极大地制约跨境电商的发展。

"硬实力、软实力,归根到底要靠人才实力"。当前,培养既掌握新信息技术、又通晓国际贸易规则和技能的复合型国际经贸人才(跨境电商人才),已是重中之重,对于企业发展,对于"一带一路"各国经济繁荣,都有着非常紧迫和现实的意义。

多年来,国家服务外包人力资源研究院和阿里巴巴集团一直在致力于解决跨境电商新领域的企业发展和人才培养问题。我很欣慰地看到,跨境电子商务师技能产业认证工作已取得了相当大的进展,数万家企业因之获益。

在国家职业教育改革的大背景下，跨境电商相关职业技能正式列入教育部 1+X 证书系列，这是件好事。希望借此机会，能够在更高标准、更大范围内规模化、体系化地培养产业人才，扎扎实实解决院校教改和企业发展问题，踏踏实实解决大学生就业问题，为我国产业转型，为"一带一路"区域经济繁荣做出应有贡献。

商务部原副部长　魏建国

前 言

商业的内在本质是解决供需问题，赚取利润的商人则是推动商业发展的外在动力。司马迁言：天下熙熙，皆为利来；天下攘攘，皆为利往。对利益最大化的追求意味着必须要准确、及时、全面掌握原料供应、加工生产和消费市场情况，故白居易《琵琶行》有语，"商人重利轻别离，前月浮梁买茶去"。《管子.禁藏》则说，"其商人通贾，倍道兼行，夜以续日，千里而不远者，利在前也"。由此，可见信息的价值与力量：掌握信息的商人，知道浮梁的茶该收购了；掌握信息的商人，也自然不远千里以追逐"在前之利"。

一言以蔽之，信息，是决定贸易成败的根本因素。

互联网技术及信息技术的发展，为国际贸易提供了前所未有的历史机遇。就贸易信息而言，其核心要素有：信息的准确性、全面性、即时性与交互性。古代信息主要依赖书信传递，信息量少、时效性差、成本高，所谓"家书抵万金"；工业革命后的近现代，电话、电报等发明的出现使得信息的即时性和交互性大为提高；而互联网时代更是实现了信息的跨时空、全方位、多媒体、全透明、全覆盖传送。在中国的一个小城市，就可以联系到大洋彼岸的国外客户，也可以向万里之外的企业全面展示你的产品及相关实力，并进行即时沟通与交流洽谈。

所以说，互联网技术正在深刻地改变着国际贸易模式，据官方数据显示，2019 年跨境电商交易额已占国际贸易总额的 1/3，且仍保持着高速增长态势。新时代的企业，必须学会在互联网技术下使用信息，必须具有大数据运营的思维和能力。

就跨境电商企业而言，我们常讲"数据运营三板斧"，即跨境电商平台数据运营、SEO（搜索引擎优化）和 SNS（社交媒体数据运营）。其中，跨境电商平台是跨境电商企业普遍使用的工具，SEO 则侧重于为自己的官网引流，SNS 则是要融入国外客户的社交圈子以更好地进行国际贸易。

本书以阿里巴巴国际站为对象，系统讲解了跨境电商平台数据运营的相关知识。之所以以阿里巴巴国际站为对象是因为它是目前使用最为普遍，且功能极具代表性的平台。据我们调研显示，我国的跨境电商企业中有约 60% 在阿里巴巴国际站上进行业务操作。如果大家能熟练掌握和使用阿里巴巴国际站，那么其他平台的操作技能是很容易融会贯通的。

感谢参与本书编写的教育界和产业界专家，大家是用心、用智慧来构思和创作的。本书按照操作技能分为九章，每章以项目实操解析贯穿始终，以"一话一案例"起首，以"总结＋习题"结束，使学习者可进行有趣、有用的系统学习，不感枯燥、不会迷路。专家们的案例都是精挑细选，兼具故事性和知识性的。每章起始的开篇第一句话，更是经过专家们反复推敲，如第七章"客户管理"，开篇语为"企业面对的最大挑战不再是竞争对手，而是客户",强调当前企业运营过程中,客户的重要程度甚至超过竞争对手,更需要高度关注客户管理。

本书作者团队由具备多年一线实战经验的企业项目经理或一线教学经验的专家、骨干教师组成,包括清华大学国家服务外包人力资源研究院副院长、跨境电商领域专家毛居华,邯郸职业技术学院刘颖、张莹,天津海运职业学院闫高杰,广州工程技术职业学院余萍,义乌工商职业技术学院李春丽,宁波职业技术学院江彬、刘青,山东外贸职业学院姜丽丽,河南信息统计职业学院丁子格。

由于我们能力有限,时间仓促,不当之处在所难免,敬请广大读者批评指正。

毛居华

目　　录

第一章　店铺基础建设 ... 1
　第一节　调研、定位与信息采集 ... 1
　第二节　图片与视频制作 ... 8
　第三节　店铺装修方案策划 ... 14
　本章小结 ... 17
　本章练习 ... 17

第二章　产品发布与管理 ... 19
　第一节　常规产品发布 ... 20
　第二节　其他产品发布 ... 31
　第三节　产品管理 ... 37
　本章小结 ... 43
　本章练习 ... 44

第三章　店铺基础营销 ... 45
　第一节　撰写营销文案 ... 46
　第二节　活动营销 ... 50
　第三节　商家自营销 ... 56
　本章小结 ... 74
　本章练习 ... 74

第四章　店铺付费营销 ... 77
　第一节　P4P 基础 ... 78
　第二节　P4P 常规营销 ... 86
　第三节　P4P 智能营销 ... 90
　第四节　P4P 品牌营销 ... 96
　本章小结 ... 106
　本章练习 ... 107

第五章　跨境电商数据分析 ... 108
　第一节　数据分析基础 ... 108
　第二节　市场数据分析与优化 ... 112
　第三节　店铺数据分析 ... 118
　第四节　客户数据分析与优化 ... 124
　第五节　产品数据分析与优化 ... 127
　第六节　营销数据分析与优化 ... 130

本章小结 133
本章练习 133

第六章　商机获取 134
第一节　RFQ 商机获取、分析与应用 134
第二节　访客邮件营销 139
第三节　询盘分析与询盘回复 144
本章小结 157
本章练习 157

第七章　客户管理 158
第一节　客户通概述 159
第二节　客户列表与客户分类 162
第三节　客群管理 171
第四节　客户营销 172
本章小结 176
本章练习 177

第八章　交易管理 179
第一节　出口商品成本核算 179
第二节　定价与报价 182
第三节　交易确认 188
第四节　订单管理 192
第五节　信用保障 196
第六节　一达通 199
本章小结 202
本章练习 203

第九章　履约服务 205
第一节　外贸单证的办理与缮制 205
第二节　生产备货 215
第三节　跨境物流 219
第四节　跨境支付与结算 224
本章小结 228
本章练习 228

参考文献 229

第一章 店铺基础建设

店铺基础建设状况是决定商家盈利水平高低的根本因素。

> **案例 1-1**
>
> **顶级设计院的单砸中了这家中小型的企业**
>
> LLA是一家享誉国际的美国建筑设计公司,由一群以设计见长、理念相近、长期共事的建筑师于2000年创立,总部位于纽约。国内中小企业奥纳陶瓷在2014年加入阿里巴巴国际站,在2018年9月采购节和2019年3月新贸节鲁中区域的"百团大战"PK中,都获得了交易额第一的好成绩。
>
> 2019年3月2日,一个来自LLA的询盘引起了奥纳陶瓷老板徐荣荣的注意,发送询盘的是工程项目的主设计师,通过询盘内容分析、背景调查及多年行业经验,徐荣荣将其列为重点客户,历时两个月最终拿下订单。事后徐荣荣回忆,如果不是以下这个细节,奥纳陶瓷可能拿不下最终订单:精美的旺铺装修和产品主图让主设计师一见钟情。
>
> LLA主设计师并没有从系统发出询盘,而是细心记录了店铺页面的邮箱,通过邮箱发来了询盘,在询盘中,他截图了旺铺首页,提到觉得奥纳陶瓷的页面呈现很精美,瓷砖设计很新颖,想要进一步了解卖家,并给出了在建工程需要的意向产品设计。
>
> 通过精美的旺铺装修和产品吸引到客户注意后,奥纳陶瓷在老板徐荣荣耐心地跟进服务下最终获得了LLA的订单。
>
> 近几年我们欣喜地看到,越来越多的阿里巴巴国际站商家通过旺铺装修和产品主图为导引,为企业赢得了商业价值和品牌价值双赢的订单机会。

第一节 调研、定位与信息采集

店铺定位是经营的起点,进行店铺定位之前,需要进行详尽的市场调研。店铺定位完成之后,需要根据店铺定位采集信息,完成店铺入驻的基础信息准备。

一、市场调研

在正式经营阿里巴巴国际站店铺之前,商家需要了解国际市场及行业、平台基本状况,作为识别市场机会、选择细分市场及进一步进行店铺定位的基础。

1. 国际市场调研

国际市场调研是指运用科学的调研方法与手段，了解国际市场的基本状况及其影响因素，帮助企业制定有效的市场营销决策，在现代营销观念指导下，以满足消费者需求为中心，研究产品从生产领域拓展到消费领域的全过程，从而实现企业经营目标的过程。国际市场调研有助于管理者识别并制定正确的国际经营战略；有利于帮助企业制定正确的商业计划，确定市场进入、渗透和扩张所需要的各种必要条件；可以帮助管理者正确预测未来可能发生的各种事件，并对即将发生的全球性变化做好充分准备。

（1）国际市场调研内容。

国际市场调研主要包括：国际市场环境调研、国际市场商品情况调研、国际市场营销情况调研、国外客户情况调研等。

①国际市场环境调研。

企业开展国际商务进行商品进出口交易，如同军队作战首先需分析地形，了解作战环境一样，企业需先了解商务市场环境，做到知己知彼、百战不殆。企业对国际市场环境调研的主要内容为：

- 国际经济环境：包括经济结构、经济发展水平，经济发展前景、就业、收入分配等。
- 国际政治和法律环境：包括政府结构的重要经济政策、政府对贸易实行的鼓励政策、限制措施，尤其还要了解有关外贸方面的法律法规，如关税、配额、国内税收、外汇限制、卫生检疫、安全条例等。
- 国际文化环境：包括使用的语言、教育水平、宗教、风俗习惯、价值观念等。其他还包括人口、交通、地理等情况。

②国际市场商品情况调研。

企业要把产品打入国际市场或从国际市场进口产品，除需了解国外市场环境外，还需了解国际商品市场情况，主要包括以下几个方面。

- 国际市场商品供给情况：包括商品供应的渠道、来源，国外生产厂家、生产能力、数量及库存情况等。
- 国际市场商品需求情况：包括国际市场对商品需求的品种、数量、质量要求等。
- 国际市场商品价格情况：包括国际市场商品的价格、价格与供求变动的关系等。

③国际市场营销情况调研。

国际市场营销情况调研是对国际市场营销组合情况的调研，除上述已经提到的商品及价格外，一般还应包括以下几项。

- 商品销售渠道：包括销售网络设立、批零商的经营能力、经营利润、消费者对他们的印象、售后服务等。
- 广告宣传：包括消费者购买动机、广告内容、广告时间、方式、效果等。
- 竞争分析：包括竞争者产品质量、价格、政策、广告、分配路线、占有率等。

④国外客户情况调研。

一般来说，国外客户的调查研究主要包括以下几项内容。

- 客户政治情况：主要了解客户的政治背景、与政界的关系、公司负责人参加的党派及对我国的政治态度。
- 客户资信情况：包括客户拥有的资本和信誉两个方面。资本指企业的注册资本、实有资本、公积金、其他财产及资产负债等情况。信誉指企业的经营作风。
- 客户经营业务范围：主要指客户的公司经营的商品及其品种。
- 客户公司和企业业务：指客户的公司是中间商还是使用者或专营商或兼营商等。
- 客户经营能力：指客户业务活动能力、资金融通能力、贸易关系、经营方式和销售渠道等。

（2）市场调研方法。

在进入国际市场的过程中，系统调研市场是必须的，国际市场调研的方式是多种多样的。主要包括下列方式。
- 网上调研法。因特网是世界上最大的信息库。真实世界的任何动态都会反射到虚拟世界。明确目标以后，我们可以查找搜寻引擎，找到需要的信息，再归纳整理，将资料条理化。可能提供有用信息的主要网站包括：国际贸易门户、行业门户、专业协会、商会、大公司网站和专业杂志网站等。网上调查的特点是费用低、速度快、信息量大。如果能够拟定专题、分工合作，通过网上调研能够很快形成一份转正式的报告。
- 付费调查或者购买现成的市场报告。国际上有很多知名的调查公司。在接到客户申请以后，他们可以用科学的方法，采用多种收集信息的方式，按照客户要求给出相关报告。同时，他们也有专题组，制作各种专题报告，销售给用户。专业调查公司生产的报告，方法可靠、内容翔实、结论科学。
- 实地考察法。实地考察也分不同的层次，可以是等产品出来后，报名组团参加相关的展览，在展会上守株待兔，等客户上门。有一定经验和市场基础时，也可以单独拜访已有客户。参展和拜访客户还可以一并进行。国外还可以实地拜访交易场所、当地商会、行业协会和我国驻外使领馆，获取一手的客户资料。

2．行业市场调研

国际市场调研主要侧重于宏观角度分析，如果我们需要进一步了解市场的竞争环境，则要对具体行业进行深入的分析。行业市场调研能帮助我们了解店铺行业环境、了解目标市场对该产品的市场需求、市场容量及其发展趋势、预期价格变化等，找到一些最有发展前途的细分市场，构建正确的产品结构及规划合理的运营方案，如图1-1所示为行业市场调研功能。

了解企业店铺的行业环境	发现企业市场需求、开拓新的市场
有利于评估店铺方案计划成果	有利于指导决策优化组合，制定科学的计划方案

图1-1　行业市场调研功能

行业市场调研包括调研目标国家市场、买家画像、商机潜力、类目表现、关键词热度等方面。

（1）目标国家市场。

了解目标国家市场可以使商家了解产品主要销往的地理区域，减少经营的盲目性。商家可以使用行业市场分析工具进行分析，得出主要买家来源地及各个国家市场所占市场份额，进而得出该类目主要目标国家市场。如图1-2所示为目标国家市场分析结果的案例——男装行业国家市场分析。

（2）买家画像。

买家画像是根据平台买家采购频率、采购金额等购物行为，结合买家痛点和诉求，得出的对该类目主要客户群体特征的分析。买家画像还可以细分市场需求，让商家了解该类目买家的需求特征，如图 1-3 所示为买家画像分析结果案例——男装类目买家画像，由图可知男装类目买家主要是中小零售/批发商、品牌商/贸易商、大型品牌连锁。

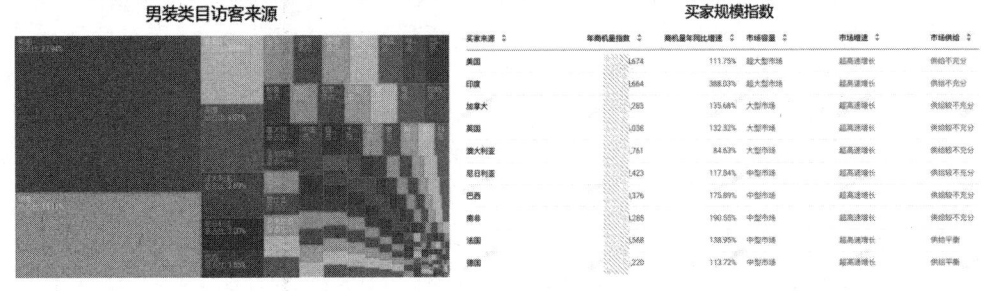

图 1-2 男装行业国家市场分析

图 1-3 男装类目买家画像

（3）商机潜力。

商机潜力主要从市场容量、市场增速、市场供给 3 个角度进行评估。市场容量的评估从大到小分为超大型市场、大型市场、中型市场、小型市场、微型市场 5 级；市场增速从高到低分为超高速增长、高速增长、中速增长、低速增长、负增长 5 级；市场供给分为供给极不充分、供给不充分、供给较不充分、供给平衡、供给过剩 5 级。如图 1-4 所示为男装市场商机潜力评估，由图可见，男装行业具有超大型市场规模体量，保持着高速的市场增速，同时在市场供给度上，对商家来说，仍有巨大供给需求空间。

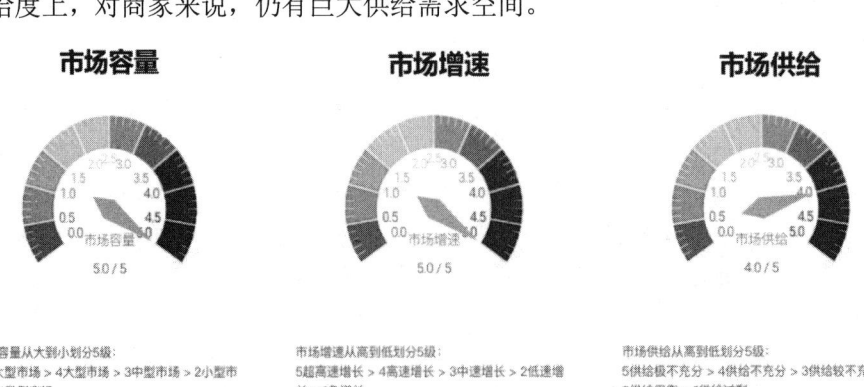

图 1-4 男装市场商机潜力评估

(4)类目表现。

了解行业的类目表现有助于商家明确细分市场,选择市场容量较大的细分市场,进行精准店铺定位。如图 1-5 所示为男装行业类目表现,由图可知,男装的成交销售额和流量在 Apparel 行业内二级类目中排名第二,其中 T 恤、衬衫、袜子为男装的前三子品类,在流量、销售额、买家数上呈持续上涨趋势,而袜子为其中转化率最高的品类。

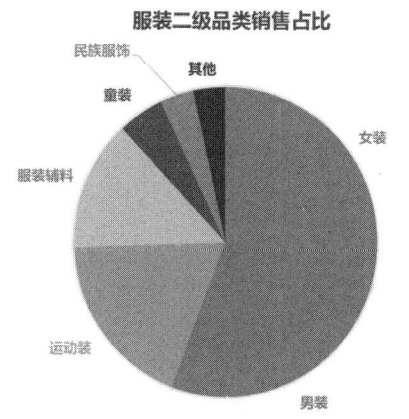

图 1-5　男装行业类目表现

把类目和市场潜力进行二维分析,可以进一步得出细分市场的商机潜力。如图 1-6 所示为男装行业细分类目商机潜力。

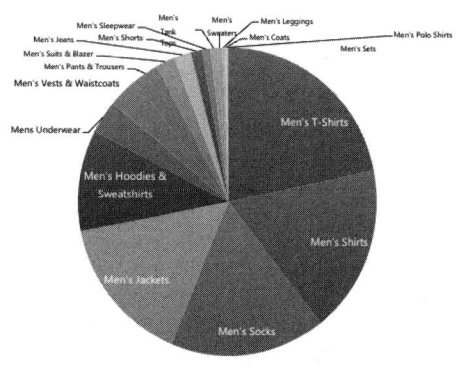

图 1-6　男装行业细分类目商机潜力

(5) 关键词热度。

相对于类目,关键词代表更加细分的市场。通过分析行业热搜词,可以深度了解买家需求规律,把店铺定位落到实处,指导店铺具体选品。关键词一般从关键词列表、单热搜索指数两个角度进行分析,如图1-7所示为男装行业关键词"Men shirt"搜索指数,由图可知,男士衬衫的平台搜索指数于2019年3月采购节期间达到新的峰值,在4~5月有所回落,衬衫产品主要趋势是:春夏季为度假类休闲衬衫,秋冬季为法兰绒格纹衬衫。

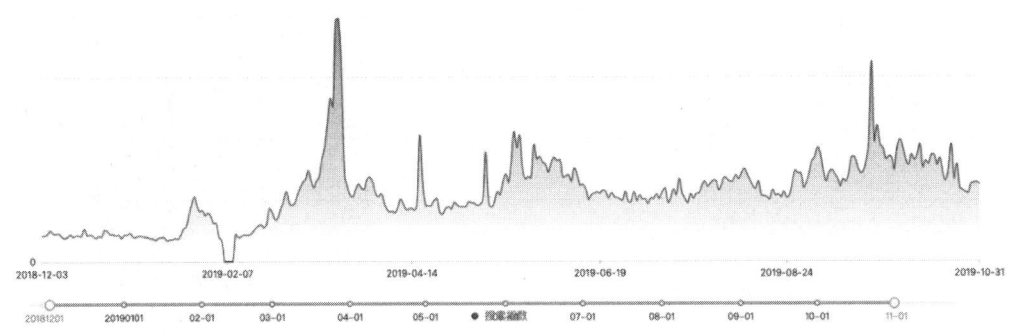

图1-7 男装行业关键词"Men shirt"搜索指数

二、店铺定位

1. 店铺定位的目的

店铺定位是经营的起点,通过店铺定位规划,可以形成产品与品牌的差异化。首先,基于差异化,从产品特征、风格、包装、视觉等多方面进行设计,可以使消费者的心理与之产生共鸣,接受和认可产品和品牌,从而在目标消费者心中占据一个有利的位置。其次,基于合理的店铺定位,企业可以针对目标客户群体进行店铺整体形象优化,使之更贴近目标消费者的心理需求,有助于在目标消费者心中形成良好的品牌形象。

2. 店铺定位的步骤

(1)市场分析:是对影响目标市场供需变化的各种因素及其动态、趋势进行分析。主要包括国内外相关政策分析、市场需求及规模分析和经营模式、平台选择分析。

(2)行业分析:通过对目标国家市场、买家画像、商机潜力、类目表现、关键词热度等方面进行分析,了解行业整体及细分市场状况。

(3)企业分析:店铺定位除了需要进行海外市场调研、行业市场调研和客户分析外,还需要考虑企业自身的能力及核心竞争优势,进行企业分析。企业分析是指找出本企业具有的未来竞争优势的资源,对所拥有的资源进行识别和分析的过程。企业分析包括公司规模、供应链及生产研发能力、团队实力、资质证书、经营目标、企业竞争力等内容。

在市场分析、行业分析、企业分析的基础上,进行市场定位、产品定位、企业定位,就可以进一步明确店铺定位,如表1-1所示为店铺定位构成要素。

表1-1 店铺定位构成要素

市场定位	目标国家市场及经营类目
	目标客户
产品定位	产品风格与特点定位
	产品价格水平
企业定位	自身企业特点
	细分行业类目选择
店铺定位	店铺整体定位

三、信息采集

在开通阿里巴巴国际站时，需要提交认证信息、公司信息，并完成产品发布后，才可以选择开通店铺的日期，所以企业信息采集和商品信息采集是店铺基础建设的必要步骤。

1．企业信息采集

企业信息采集包括采集企业工商认证信息和公司信息（工厂、展会、研发团队等）。采集的企业信息要符合可靠性、完整性、实时性和准确性原则。

（1）企业工商认证信息采集。

采集的企业工商认证信息包括以下3个方面：企业执照信息、企业经营地址信息和认证人信息。企业执照信息包括：中英文的企业注册全称；企业注册国家或地区；中英文的企业注册地址；注册资本；中英文法人姓名；执照的起始时间和截止时间及营业执照照片。企业经营地址信息包括：企业联系国家或地址；中英文企业经营地址；上传企业经营场地证明的照片。认证人信息包括：中英文认证人姓名；认证人性别；认证人身份证信息；认证人手机、邮箱等联系方式；认证人所在公司的职位信息等。

（2）公司信息采集。

公司信息将直接展示在平台产品详情页和旺铺公司信息页面，完整丰富的公司信息是公司综合实力的展示，也是买家筛选供应商的重要依据。公司信息包括以下5个方面：基本信息、研发设计、加工制造能力、外贸出口能力和展示信息。基本信息包括公司名称、公司注册地、公司注册年份、公司运营地址、主营业务、公司法人代表等。研发设计信息包括认证或检测、荣誉证书、专利和商标等。加工制造能力信息包括工厂地址、工厂面积、加工贸易、质检人员数量、研发人员数量、生产线数量和年产值等。外贸出口能力信息包括上一年销售额、出口比例、主要市场及占比、外贸部门员工、出口方式、最近的出口港口、是否有海外办事处、贸易方式下的交货条款、语言能力、接受的支付货币和接受的付款方式等。展示信息包括公司标志、公司详细信息、公司形象展示图、公司视频和公司参展图片等。

2．商品信息采集

商品信息采集指对产品基本信息进行整理。商品信息采集包括商品基础信息采集和商品图片采集。

（1）商品基础信息采集。

商品基础信息采集指在了解公司产品的竞争优势、产品用途、产品特点、产品参数等信息的基础上整理出来的产品基础信息。商品基础信息包括产品标题、产品属性、产品功能、产品价格、产品基础参数和尺寸重量等。

（2）商品图片采集。

在了解公司的主营产品和产品用途、客户群体和目标市场的基础上，确定产品图片的风格，即可进行商品图片采集。商品图片的主要类型有产品主图、产品细节图、产品卖点图、产品包装、产品使用效果图和使用场景图。

第二节　图片与视频制作

在跨境电商购物过程中，具有视觉冲击力的高品质商品图片和视频能够提升店铺的整体视觉效果，影响买家对商品的认知和购买转化，从而直接影响商品的销量，所以跨境电商运营需要掌握必要的图片与视频制作技巧。

一、图片分类与拍摄

1．图片分类

（1）产品图片。

产品图片分为产品主图、产品详情页、产品海报图。

产品主图一般不少于 6 张，展示产品卖点、不同角度、使用效果等。产品详情页图片一般在 15 张以内，展示产品尺寸、产品细节、产品优势、产品包装等。产品海报图用来展示产品核心卖点。

（2）公司图片。

公司图片一般包括公司信息图、工厂图片、成功案例图、资质证书图等，一般用于旺铺装修及详情页通用模块。公司信息图包括公司介绍、办公环境图片、公司团队图片等；工厂图片包括工厂环境图、生产工艺图、仓库物流图等；成功案例图包括客户拜访图、展会信息图、客户评论图等；资质证书图包括公司荣誉证书、产品认证证书、能力认证证书等。

2．图片拍摄

（1）图片拍摄基本流程。

只有在拍摄商品图片前做好准备工作，才能让拍摄效果更加完美。前期准备工作主要包括全面了解商品、确定拍摄风格、制定拍摄方案、确定拍摄顺序、准备拍摄器材。

（2）图片拍摄基础要求。

清晰干净的主体物：商品图片中，除主体物外，还有背景和道具。背景和道具可以适当进行虚化或模糊处理，但主体物一定要清晰干净，带给人美的感受，以彰显商品的质感。

颜色正确且大小适中：商品图片的颜色一定要与主体物颜色相符，不能失真。主体物在画面中要大小合适，否则将影响视觉感受。

背景色搭配正确：根据商品的风格与特质来选择合适的背景颜色，以便更好地衬托商品主题。网店商品图片常用背景色有 3 种：黑、白、灰。这 3 种中性颜色几乎可以搭配所有的色彩。

多角度与细节展示：多角度展示商品可以让买家多方面地了解商品外观，体现商品细节品质。商品细节是买家最关注的信息之一。

（3）图片拍摄基本技巧。

拍摄商品不单只是选择一个角度进行拍照即可，还需要根据商品的特性对商品进行合理的摆放、构图，使其展现的效果更加美观。

拍摄商品时，巧妙地搭配道具可以丰富画面、烘托氛围，使商品摆放效果更加逼真。拍摄多件商品时，不仅要考虑造型的美感，还要尽可能地将商品摆放得错落有致，避免造型呆板。

在拍摄商品图片之前，要为商品的构图和取景做好前期准备，先将所要拍摄的商品、道具等进行合理的组合，设计出一种最适合该商品的摆放角度来体现商品的性能与价值，再进行拍摄。一般来说，除了正面、侧面等角度外，还需要拍摄一些角度的图，如平视、20°～30°角侧视，45°角侧视和各个俯视角度的图片，每个角度拍 2～3 张图片，以更全面地展现商品的特点。拍摄视角分为平视、俯视、仰视、斜侧、垂直、微距几种。

平视：用相机从商品的正前方进行拍摄，镜头与商品的中心点保持平行。采用平视角度拍摄的画面会显得端庄，但是缺乏立体感，容易显得呆板，可通过背景环境的布置或依靠道具来创造画面的层次感。

俯视：用相机从高处向下对商品进行拍摄，画面中的水平线升高，给人低头俯视的感觉。这种拍摄角度可以同时拍摄正面、侧面和顶面 3 个面，能有力地表现商品的立体感，增强空间的深度。

仰视：相机从低处向上对商品进行拍摄，使商品显得更高大和修长。仰视多用来拍摄模型、灯具等。

斜侧：介于正面、侧面之间，能够在一个画面内同时表现商品正面和两个侧面的形象特征，给人展现出商品鲜明的立体感。

垂直：相机拍摄方向与地面垂直，从被拍摄的上方由上而下进行拍摄。垂直角度拍摄改变了人们平时观看实物的视角，将人与环境的空间位置变成线条清晰的平面图案，使画面具有特殊的美感。

微距：指近距离拍摄商品，可以得到更清晰、真实的细节效果，更好地展示商品细节，让买家直观地认识商品。

（4）图片拍摄光源选择。

拍摄商品与拍摄其他题材在光线的使用方面有一定的区别，商品拍摄中灯光使用较多，自然光使用较少，因此在画面布局和灯光处理方面比较复杂。光源的选择分为室内自然光、人工光源及辅助设备。

室内自然光是指由户外自然光通过门窗等射入室内的光线，极易造成物体受光部分与阴暗部分的明暗对比。自然光不利于拍出物品的质感，也很难完成其色彩的表现。拍摄时要设法调整拍摄角度，改善商品的受光条件，加大拍摄物体与门窗的距离。合理地利用反光板，使拍摄物体的暗处局部受光，以缩小商品的明暗差别。

人工光源是指各种灯具发出的光，这种光源是商品拍摄中用得最多的一种光源。在使用人工光源拍摄时，要根据拍摄物体的具体条件，以及拍摄者想要表现的内容决定。

人工光源及辅助设备主要有闪光灯、反光罩、挡光板、蜂巢、柔光箱、背景布等。

（5）场景构建。

不同的产品拍摄对场景搭建要求也有所不同。如小而精的产品可以使用静物台搭配灯箱，中型大件的产品可以搭建背景幕布，服装类目的产品可以选择模特场景实拍。一般来说场景构建分为户外拍摄环境构建、室内拍摄环境构建、小件商品拍摄环境构建、大件商品拍摄环境构建。

室外拍摄主要针对模特拍摄，采用自然光加反光板补光的方式进行，这样拍摄的照片风格更加自然独特。拍摄时应多让阳光从侧面照射被摄人物，忌阳光直射，尽量远离色彩明艳的景物，避免偏色。

室内拍摄对拍摄场地的面积、背景布置、灯光环境等都有要求，需要准备辅助器材，如柔光箱、三脚架、同步闪光灯、引闪器和反光板等。室内拍摄分为小件商品拍摄和大件商品拍摄，拍摄前需要针对不同商品的类型和大小进行拍摄环境的搭建。小件商品适合在单纯的环境内进行拍摄，可以使用微型摄影棚或白色、纯色的背景。大件商品的拍摄环境尽量选择整洁且单色的背景，拍摄照片时不要出现其他不相关的物体。

（6）图片拍摄布光技巧。

在影棚中拍摄商品时，需要合理布光以展示出商品的质感，不同材质和商品所需要的布光效果不同，拍摄材质柔软的商品可采用柔和的光，反光强的商品可采用直射光来衬托商品的质感。

正面两侧布光：是商品拍摄最常用的布光方式之一。光线投射方向和相机的拍摄方向一致，正面两侧布光方式会让正面投射的光线全面且均衡，能够完整展现商品且不会有暗角，但要保证室内光源均衡，光照的强度要够大。

两侧45°角布光：商品顶部受光，正面未完全受光。适合拍摄外形扁平的小商品，不适合拍摄立体性较强、有一定高度的商品。

单侧45°角不均衡布光：这种方式会使受侧光照明的商品底部的投影变深，对商品的立体形状和质感有很强的表现力，但商品的很多细节无法呈现。可在另一侧使用反光板或白色泡沫板将光线反射到阴影面上。

前后交叉布光：这种方式是前侧光和后侧光的组合。从商品的前侧打光，商品的背面将出现大面积阴暗，不能呈现商品的细节，结合从后侧方打光可以体现出阴暗部分的层次感。

后方布光：又称轮廓光，指从商品的后面打光，这种方式只能照亮被摄物体的轮廓。

（7）摄影构图。

九宫格构图：也称井字构图，属于黄金分割式构图的一种形式，即将被摄主体或重要景物放在"九宫格"交叉点的位置上。在选择构图方位时，右上方的交叉点最为理想，其次是右下方的交叉点。这种构图方式符合人们的视觉习惯，使主体成为视觉中心，具有突出主体，并使画面趋向均衡的特点。

三分法构图：将画面横竖分为三等份，每一份中心都可放置主体形态，适宜多形态平行焦点的主体。这种构图方式表现鲜明，构图简练，可用于近景等不同景别。

十字形构图：将画面分成四份，即通过画面中心画横竖两条线，中心交叉点由于放置主体，使画面增加安全感、和平感、庄重感和神秘感。

横线构图：这种构图方式使画面产生宁静、宽广、稳定、可靠的感觉。在拍摄中切忌从中间穿过，可上移或下移避开中间位置，在构图中除了单一的横线外，还可组合使用多条横线。

竖线构图：是商品呈竖向位置和竖向排列的竖式构图方式。使画面产生坚强、庄严、有力的感觉，也可表现商品的高挑、秀郎，常用于长条或竖立的商品。

斜线构图：是商品斜向摆放的构图方式，特点是富有动感，个性突出，多用于表现造型、色彩或理念等较为突出的商品。

疏密相间法构图：在同一个画面中摆放多个物体进行拍摄，但不能将多个主体放置统一平面，而要使它们错落有致，疏密相间，让画面在紧凑的同时，还能够主次分明。

二、店铺图片处理

店铺图片的优化需要围绕视觉营销来进行规划，对图片进行调色、明暗修改、彩度和色度的修改特殊效果的添加、编辑和修复等加工处理，使其满足视觉营销需求。常用的图像处理软件有 Photoshop、Adobe Illustrator、CorelDRAW 等。

1．裁剪商品图片

店铺中不同模块对商品图片有不同的尺寸要求，用 Photoshop 处理后的图片可能因为太大而无法添加到对应模块中，或添加后无法在模块中进行展示，需要对图片尺寸进行裁剪，去掉不需要的部分。

例如：主图系统要求图片尺寸为 640 像素×640 像素，建议制作主图尺寸为 750 像素×750 像素，才可以达到主题鲜明、图片清晰的目的，以提升买家视觉满意度。图片常见格式有 JPEG、JPG、PNG、GIF 等，建议主图格式为 JPEG/JPG。单张图片不超过 5MB，建议单张图片小于 400KB。

2．商品图片效果调整

在对拍摄图片进行处理的过程中，除了图片大小需要调整外，还可能存在图片过暗、模糊、有瑕疵、颜色不准等问题。这时需要依次对这些问题进行处理，保证图片更加接近真实效果。如调整曝光不准确的图片，调整图片画面的整体色调，将模糊的图片清晰化，修复图片上的污点、瑕疵和褶皱，虚化背景和为商品更换颜色等。

3．产品主图差异化设计

主图是产品的流量入口，对引流起着至关重要的作用。店铺要在主图中呈现出产品的卖点，须充分利用主图的设计技巧。

一张主图要脱颖而出，就要与竞争对手的主图有差异、有创意。表现差异化的方式很多，如模特、卖点、场景、视觉、背景、搭配组合等。这几种方式可以混合选取，但要做到美观，能够突出主图。对于有明确规格和型号的产品，主图要展示出与同类产品的差异性。

三、视频制作

1．视频拍摄的方法与过程

产品视频的拍摄方法有 3 种：①用手机进行拍摄，准备三脚架、小型滑轨和手持稳定器等辅助设备完成视频拍摄；②使用专业的摄影工具（如单反相机、摄像机等）来拍摄，可以获得画质更好的视频；③使用第三方视频生成工具来生成视频。视频拍摄包括了解商品特点，准备道具，模特与场景，视频拍摄，后期合成 4 个过程。

（1）了解商品特点。

在拍摄商品视频前我们需要对拍摄的商品有一定的认识，如商品的特点、使用方法和使用后的效果等。只有对商品有所了解后,才能选择合适的模特、拍摄环境、拍摄时间,根据商品的大小和材质来选择拍摄的器材和布光等。拍摄时重点表现商品的特色,帮助买家了解商品,提高转化率。

(2)准备道具、模特与场景。

了解商品的特点后,就可以准备道具模特及进行场景布置等,为视频拍摄做好准备工作。

道具:视频拍摄可选择的道具很多,道具的选择要适当,避免场景杂乱的现象。在室内拍摄商品时需要选择适合的摄影灯,若需要对商品进行解说则需要录音设备。

模特:不同的商品对模特的需求不同,有些商品不需要模特。模特是为商品服务的,不能出现主次不分的情况。

场景:拍摄的场景包括室内场景和室外场景。室内场景需要考虑灯光、背景和布局等。室外拍摄需要选择一个合适的环境,避免在人物繁杂的环境中进行拍摄。无论是室内场景还是室外场景,每款商品都需要多方位展示商品并拍摄多组视频,以便后期挑选与剪辑。

(3)视频拍摄。

一切准备就绪后,就可以进行视频拍摄。在拍摄过程中为了保持画面的平衡,需要使用三脚架,并根据商品的性能依次进行拍摄,在拍摄时注意展示商品全貌,并对商品各个角度分别进行拍摄。

(4)后期合成。

视频拍摄完成后,需将多余的部分剪掉,进行多场景组合,添加字幕、音频、转场和特效等。这些操作需要通过视频编辑软件完成。常用的视频编辑软件有会声会影、Premiere等。

2. 视频拍摄技巧

(1)合理构图。

在拍摄产品视频的过程中,要运用一些构图技巧,才能让拍摄出来的视频更美。常用的画面构图法主要有以下几种。

三分构图法:是一种在摄影、绘画、设计等艺术中常用的构图方法。三分构图法是指把画面横向和纵向都平均分成三份。横向线条和纵向线条的交叉处为分中心,每一个分中心都可放置主体产品,这种构图适宜多形态平行焦点的主体产品。

对角线构图法:是指将主体产品安排在画面的对角线上。这样的构图方式能够得到很好的纵深效果和立体效果,画面中形成的线条还能起到吸引视线的作用。

对称式构图法:是指将主体产品放在画面的正中,使画面形成对称关系。这种构图方法给人稳定、正式和均衡的视觉感受。

(2)拍摄角度。

为了给买家呈现出更全面的产品形态,在拍摄产品视频时,要用不同的拍摄角度来体现不同产品的特征。

平摄:是指摄像机与被摄产品处于同一水平线上,可以拍摄商品的正面、侧面和斜面。在拍摄小商品、小零食时,可以采用平摄的方法以体现商品的立体感。

俯摄:是指摄像机从商品的上方向下拍摄,能展示被拍摄商品的顶面。

仰摄:是与俯摄相反的一种拍摄方式,是指摄像机从下往上拍摄,如拍摄吊灯等产品时可以用仰摄。

微距:是指较近距离以大倍率进行拍摄,往往用于拍摄小而精的商品。

（3）场景选择。

在拍摄主图视频时要选择能够与商品相搭配的场景，拉近消费者与商品间的距离，有效提高商品转化率。

3．视频剪辑与发布

视频拍摄完成后，还需要后期剪辑才能达到视频营销的效果。常用的视频编辑软件有会声会影、Premiere 等。产品视频的展示位置一般有两个，一个是产品主图视频，另一个是产品详情页视频。主图视频是产品给买家的第一印象，主图视频可以全方位、多角度地展示产品信息，彰显产品的专业度，增加商机。详情页视频能够介绍产品的详细信息，完整地展示产品的卖点和优势。

阿里巴巴国际站对产品主图视频有以下质量要求。

（1）用户须保证上传的视频中包含的商品、品牌、音乐、文字、肖像、背景等均真实、准确、合法，不侵犯其他任何方的权益。

（2）视频时长不超过 45 秒，卖家在拍摄主图视频的时候，最好将时长控制在 9s~30s。

（3）视频清晰度须为 480P 及以上。

（4）视频大小不超过 100MB。

（5）每个产品只能关联一个视频，每个视频关联不超过 20 个产品。

阿里巴巴国际站对产品详情页有以下视频质量要求。

（1）用户须保证上传的视频中包含的商品、品牌、音乐、文字、肖像、背景等均真实、准确、合法，不侵犯其他任何方的权益。

（2）视频时长不超过 10 分钟。

（3）视频清晰度须为 480P 及以上。

（4）视频大小不超过 500MB。

（5）视频比例要求 4∶3（视频的分辨率的宽度除以高度，数值接近或超过 1.7 的尺寸为 16∶9，数值接近 1.3 的尺寸为 4∶3）。

（6）视频展示位置：位于产品详情描述的上方。

4．视频内容设计

视频营销的关键在于"内容"，视频的内容决定了其传播的广度。主图视频最主要的功能就是可以通过几十秒的视频将产品的卖点清晰地表达出来，并快速吸引消费者的兴趣进而促使其达成购买意愿。因此，主图视频的内容除了要展示产品的全貌和效果外，更重要的是将产品的卖点逐一展现在消费者面前。

提炼产品卖点时，首先要了解消费者对于产品的详细需求和期望，然后根据消费者的关注点来设置视频呈现的商品卖点，从而刺激消费者的消费欲望，形成购买行为。

主图视频要尽可能将商品完整地呈现，但是在细节上不必求面面俱到。商品卖点要以展现商品的优点为基础，太多的细节展现反而会影响消费者的决策。

5．互动营销

主图视频具有互动营销的功能，卖家可以在视频中设置"倒计时宝箱"，买家在观看主图视频时，可以在"倒计时宝箱"里领取优惠券等，以减少主图视频观看的跳出率，拉动商品的成交转化。卖家也可以有效整合其他社交媒体平台的资源，提高视频营销的互动性，提升消费者的参与度。消费者的创造性是无穷的，与其等待消费者被动接收视频信息，不如让消费者参与到传播的过程中。

第三节　店铺装修方案策划

店铺装修是对企业的重新包装和崭新塑造，需要建立在对企业科学分析决策的基础上，并进行精准的方案策划。

一、店铺装修的作用

店铺装修是店铺竞争优势的重要影响因素，良好的店铺视觉体验可以让买家增加专业度和可信度。店铺装修的作用有如下3点。

（1）差异化店铺装修风格影响买家心智。与店铺定位适配的店铺装修风格可以提高品牌调性，加深买家对店铺的记忆，影响买家心智。

（2）增加店铺转化率。视觉上的优质体验，可以减少页面跳出率，提升买家的购物欲望，增加买家下单概率，增加店铺转化率。

（3）精准导购，优化购物体验。精准的店铺分类可以给买家提供方便，让买家简单迅速地找到符合自身要求的商品，给买家带来优质的购物体验。

二、店铺装修方案策划步骤

店铺装修方案的确定，一般经历7个过程：确定目标客户群体、确定店铺核心产品、确定店铺定位与风格、店铺首页装修规划、店铺详情页设计、品牌故事、产品推荐搭配。

1．确定目标客户群体

目标客户群体指企业提供产品和服务的对象。随着经济的发展和市场的日益成熟，市场划分得越来越细，企业应当根据每一项产品和服务选择不同的目标客户。确定目标客户群体一般采用人群画像分析的方法，从消费者的性别、年龄、收入、城市、教育、家庭情况、生活态度、价值观念等特征，对目标客户群体进行精准洞察。

2．确定店铺核心产品

确定了目标客户群体后，需要参照目标客户群体确定店铺核心产品。店铺核心产品的筛选应符合如下条件：产品具有独特优势或卖点、对比同行具有竞争力、符合目标客户群体的需求。

3．确定店铺定位与风格

店铺装修风格要根据店铺定位进行规划设计，不同的店铺定位对应的装修风格会有所差异，一般分为高端客户定位、中端客户定位和低端客户定位。

面向高端客户群体的店铺更注重公司实力、品牌，页面风格相对干净简洁，更侧重于产品、品牌实力的表现。

面向中端客户群体的店铺更注重性价比，页面风格更贴近生活，并根据产品风格来规划。

面向低端客户群体的店铺更侧重于价格折扣,页面风格更接近于促销风格。

4. 店铺首页装修规划

店铺首页是店铺的主导航结构,店铺首页装修一般由内容选择、排版思路构成。首页装修规划主要考虑三大因素:导购方式、主推产品和公司实力。导购是店铺的基础功能,所以如何让导购效率最大化,产品按品类、场景还是功能进行分类,产品展现形式用产品模块,还是用图片、海报体验哪一种体验更加优化,需要根据店铺实际情况进行确定。店铺主推产品也需要从新产品、爆款产品、折扣产品中进行选择。公司实力是影响客户购物决策的主要决策因素,公司资质实力的展现方式与竞争优势的体现根据店铺定位进行确定。

首页的内容一般包括店招、海报、客服、多语言工具栏、主推产品、认证报告、公司介绍、视频、客户案例等。

在确定内容之后,需要对要展现的内容进行排版规划,可以采用以产品为主或以公司实力资质为主的排版思路。以产品为主的首页布局参考案例如表1-2所示。

表1-2 以产品为主的首页布局参考案例

屏 数	模 块	内 容
1	店招+导航	公司名/电话/邮箱/官网
2	全屏海报	产品海报
3	多语言工具栏	自定义设计
4	产品优势	每周上新,产品认证
5	核心产品分类	KA、KB、LA、LB、LC
6	热销产品	产品模块
7	公司优势	10年生产经验,生产员工100+,成熟的研发团队,流水线自动生产车间
8	公司视频	需提供视频
9	单品模块	行业其他产品引流
10	主营类目	产品导购
11	轮播海报	公司优势
12	橱窗产品	主推产品
13	轮播海报	产品海报
14	公司信息	公司介绍/主营市场/证书/核心优势等
15	旺旺客服	职业装客服头像
16	参展图片/工厂流程图	客户案例
17	智能推荐模块	千人千面大数据推荐
18	询盘直通车	—

5. 店铺详情页设计

详情页是店铺展示产品的舞台,也是与同类产品或店铺竞争的主战场。详情页是否有吸引力和说服力,直接关系到买家是否会下单。

在阿里巴巴国际站上,详情页是客户详细了解商品的最主要方式之一。完整的详情页应包含产品描述、产品细节图、产品功能图或模特效果图、产品参数图、品牌故事、推荐搭配等内容。每一部分内容都要努力解决一个客户的心理疑虑，树立店铺专业、诚信的形象，增强客户的信任感。

（1）产品描述。

产品描述要对每个产品进行单独的关键词选择和描述，文案的撰写和页面设计要从买家的角度出发，符合买家的消费习惯，提高搜索引擎的优化效果。

首先，产品描述切忌文字内容过多。图文搭配虽然能很好地表现产品的细节，但最终吸引买家的往往是图片而不是文字。因此，描述产品细节的时候要做到简洁明了，切忌内容过多。其次，切忌夸大虚构或发布混淆信息。在描述产品细节时要做到真实，可以适当美化，但不能夸大甚至虚构产品信息。

（2）产品图片。

优质的产品图片是网店经营的基础。在产品的详情页面，不仅要展示产品的全貌，还要用细节图、模特图、尺码图等从各个角度来表现产品的做工及质量优劣，以方便买家更深入地了解产品。

①产品细节图。

细节图是展现产品整体格调和品质的最好方法，主要作用在于帮助客户从不同角度进一步了解产品。细节图展示的是必要的、不同的信息，切忌堆砌多张相同角度照片。除了展示商品的细节，也可以展示包装细节。

②产品功能图或模特效果图。

买家购买产品实际上购买的是产品所具有的功能和使用性能，在详情页中展示产品功能尤为重要。产品的功能可以分为使用功能和审美功能，使用功能是指产品的使用价值，审美功能是指产品形态带来的美学价值。

功能型产品。也称为实用性产品，这类产品强调使用功能，在设计上更关注结构的合理性，重在使用功能的完善和优化。此类产品的功能图依附于使用功能实现的基础之上，不能过分追求形式感。

风格型产品。也称为情感型产品，此类产品的功能图强调与众不同的外观风格和独特的使用方法。

审美型产品。这类产品除了具有使用功能外，还有外观造型上的要求，如服装、配饰、化妆品等。这些商品通常可以通过模特图来展示效果，可以从正面、反面、侧面展示不同的角度、动作和姿态，塑造视觉美感，让消费者有身临其境的效果感受。

6. 品牌故事

品牌是一种无形资产，在详情页中简单介绍产品品牌、生产规模和生产过程等，更能取得买家的信任，也能增强买家对产品的认知程度，更突显产品的权威性。

7. 产品推荐搭配

"推荐搭配"是能提高客单价的一种营销方式，这种方式能够引导买家在购买一件单品的同时下单购买另一件与之搭配的产品。合理的搭配才能引导关联购买，常用的搭配策略有以下几种。

互补型搭配。是指将两种存在着某种消费依存关系的产品配套在一起销售，如T恤搭配牛仔裤、衬衫搭配短裙、手机搭配耳机等。

价格型搭配，是指根据产品的价格，以高价产品搭配低价产品的形式出售。即主销商品是高价商品，可以搭配些同款同功能的低价商品一起出售，这种搭配更能引起消费者的购买欲望。

风格型搭配。对于部分同类产品，买家可能会成套或成批购买，如袜子、中性笔等，这时就可以通过搭配不同风格或色系的组合来出售。

在详情页中，以上不同类型的搭配策略可以有多种呈现方式。一是可以在页面中专门设计"推荐搭配"模块，将推荐的产品放在该模块中展示，并设置"购买"按钮，让买家能通过点击按钮进入推荐产品的购买页面。二是将推荐搭配的产品放在主销产品的侧面，可以让买家关注到被推荐的产品。三是将推荐搭配的产品以促销或换购的形式呈现，激发买家的购买欲望。

本章小结

本章主要介绍店铺基础建设，包括店铺运营前期准备工作中的市场调研、店铺定位、信息搜集，图片与视频制作，店铺装修方案策划。希望读者能够掌握店铺基础建设的过程，了解市场调研的要素、店铺定位的核心和信息采集的基本要点，同时掌握店铺装修方案策划的技能。

本章练习

一、选择题

1. B2B 电商平台主图上传时，以下哪项无法上传？（   ）
A．图片尺寸小于 640 像素　　　　　B．图片文件大于 2MB
C．图片格式为 GIF　　　　　　　　D．图片带有水印
2．影响买家询盘最主要的因素是（   ）。
A．产品标题　　　B．产品主图　　　C．产品详情页　　　D．产品描述
3．以下哪项不是店铺运营前的准备工作。（   ）
A．国际市场调研及行业市场调研　　　B．确定店铺定位方案
C．信息采集　　　　　　　　　　　　D．店铺装修
4．以下哪项不属于跨境电商国际市场调研的基础要点。（   ）
A．市场规模　　　　　　　　　　　　B．币种及汇率
C．互联网基础　　　　　　　　　　　D．受众偏好
5．如果 A 公司为中小型工贸一体化企业，具有自己的工厂及产品研发团队，以下哪个平台更适合 A 公司开拓跨境电商市场。（   ）
A．阿里巴巴国际站　　　　　　　　　B．速卖通
C．亚马逊　　　　　　　　　　　　　D．天猫

二、简答题

1．店铺定位的步骤有哪些？
2．信息采集的内容包括哪些？
3．图片拍摄的技巧有哪些？
4．视频拍摄的流程有哪些？

三、实训题

拍摄一个产品主图视频，要求：视频时长不超过 45s，视频清晰度须为 480P 及以上，视频大小不超过 100MB。

第二章　产品发布与管理

良好的店铺运营起源于优质的产品发布。

案例 2-1

阿里巴巴国际站新增现货商品新赛道　订单转化率提升 40%

2019 年 8 月 14 日，阿里巴巴国际站宣布新增"Ready to Ship"（RTS）赛道，从买家画像着手，针对不同类型的买家诉求，拓展定制到批发的丰富场景。据阿里巴巴国际站提供的数据显示，截至 2020 年 7 月，平台 RTS 赛道的支付订单转化率提升了 40%。

阿里巴巴集团相关负责人表示，"新赛道的开通，是在原有的 OEM 定制赛道的基础上，迎合全球采购趋势，对现货类、碎片化、高频次、个性化采购订单的完善。这将是一个大趋势，阿里巴巴国际站作为数字化贸易平台，要助力中小企业在原有赛道上保持这个趋势，抓住这波红利。"

随着互联网和数字化对跨境贸易的冲击，贸易主体、贸易形式和贸易链条都在发生着变化，中小微企业和个人网商企业逐渐成为了跨境贸易的主力军。而 OEM、ODM 等大型定制类订单贸易也正在向碎片化、小批次订购转变。

阿里巴巴国际站基于买家画像的精准分析，正在为卖家搭建一套成熟的匹配机制，能够更精准地让卖家找到需求买家（买家也可以通过 PC 和无线端找到固定的 RTS 商品展示入口）。

阿里巴巴国际站宣布：建立义乌线上专区，开创市场采购的数字化转型新模式——数字化市场采购模式。通过履约服务全程线上数字化，帮助义乌百万家中小企业，大幅提升跨境贸易环节的便利性，也为阿里巴巴集团与义乌政府签署的 eWTP 协议落地做进一步支撑。阿里巴巴集团相关负责人表示，"阿里巴巴国际站将义乌作为重点扶持产业带。除此之外，还精选出上海、烟台/威海、常州、深圳、广州、苏锡、临沂、青岛、绍兴/吴江共 10 个产业带，并带动国内 100 个特色产业带的发展，辐射美国、意大利、越南、印度等国家的海外市场，共建阿里巴巴国际站产业带专区。"

"互联网对全世界中小企业的渗透快速提升，我们需要升级产品和服务去适应全世界中小企业的变化。阿里巴巴国际站将围绕数字化'人货场'，为商家提供自运营体系；针对不同类型买家的诉求，拓展从定制到批发的丰富场景；基于不同区域和产业带的特殊需要，提供一整套方案，帮助商家将货物卖向全球。最终形成数字化外贸操作系统，让天下没有难做的生意。"阿里巴巴集团相关负责人表示，"从过去 3 年的数据看，数字化重构跨境贸易正在为中小企业带来新的增长点,阿里巴巴国际站的支付买家、支付笔数和交易额的数据均实现了超过三位数的增长。"

目前,阿里巴巴国际站拥有超过 1.5 亿注册会员,每天都有来自全球 200 多个国家和地区的中小企业在平台上进行交易,发生近 30 万笔询盘订单。截至 2019 年 6 月,阿里巴巴国际站有全球超过 2000 万的活跃买家,有超过 200 万的支付买家。

第一节　常规产品发布

卖家可以在阿里巴巴国际站上发布的产品,包括两种类型:一种是非直接下单品,又称定制产品;另一种是直接下单品,主要是 RTS 产品。可以选择英文发布产品,也可以选择多语言发布产品。本任务主要讲解用英文发布的非直接下单品,产品类型页面如图 2-1 所示。

图 2-1　产品类型页面

一、制作关键词

1. 关键词的含义

关键词(Keyword)是用户在使用搜索引擎时,输入的能够最大程度概括他所要查找的信息内容。

产品关键词(Product Keyword)由若干个词根组成,是用户搜索的关键。词根是指能独立表达产品属性或定义的词。

例如:2018 Fashion Wholesale Ladies Stretchy High Waist Sports Jogging Yoga Leggings。

关键词包括 Fashion Leggings、Wholesale Leggings、Ladies Leggings、Stretchy Leggings、High Waist Leggings、Sports Leggings、Jogging Leggings、Yoga Leggings。

词根包括 2018、Fashion、Wholesale、Ladies、Stretchy、High Waist、Sports、Jogging、Yoga、Leggings。

2. 关键词的分类

关键词可以分为以下 6 类。

①类目词:产品所对应的类目关键词,例如,Apparel、Active sportswear 等。

②营销词:具有营销属性的通用修饰词,例如,Hot sale、Fashion、New 等。

③属性词:描述产品材质、尺寸、属性、颜色、参数、型号等的关键词,例如,Red、Large、Plastic 等。

④长尾词：可以精准描述产品的词，由2个及2个以上关键词组成，例如，Lady High Waist Jogging Leggings 等。

⑤蓝海词：有一定的搜索热度，但是竞争度不高的词，这种词的热度一般是有一定时间段的，主要包括不同区域称呼、多语言词、创造词、新增热度词等。

⑥红海词：竞争异常激烈的用词，相对于蓝海是指未知的市场空间，红海则是指已知的市场空间，例如，Dress、Jewelry 等。

3．关键词的搜集

关键词搜集的渠道和方法很多，大致包括以下几种。

①从客户的询盘中分析关键词，看客户用什么词来描述他想要的产品。

②Google 等搜索引擎的相关搜索，Google 的相关搜索都是搜索量比较大的词。

③同行使用的产品关键词，包括国内的同行及国外的同行，可以到国外的同类产品的网站上，看产品所用的关键词。

④阿里巴巴国际站产品关键词提示。

⑤Google 图片搜索，通过搜索可以形象地看到要寻找的产品是什么样子。

二、制作标题

1．产品标题的重要作用

产品标题是重中之重，它的重要作用体现在：

①帮助用户搜索到产品，是搜索引擎的第一匹配要素，用于买家准确定位产品；

②产品标题是内容的眼睛，用于告知用户产品是什么，是买家首次对产品建立的文字印象。

2．产品标题的组成

产品标题一般由核心词、属性词、流量词、小词（小语种词）构成。一般产品标题的格式是：

产品标题=卖点词+N 个参数词/修饰词+核心关键词+其他（如型号、使用场景、证书等）。

其中，"卖点词"主要负责吸引买家，让其看到后有点击的冲动；"N 个参数词/修饰词+核心关键词"的作用是为了更清楚地描述产品的特性，更重要的是为了增加该产品能获得曝光和点击的来源词数量。

不同修饰词的排列顺序与搜索无关，但为了使标题看起来更地道，可以参照英文形容词的排列特点进行排列，即"美小圆旧黄 中国木书房"，其中："美"代表"描述或性质类"形容词；"小"代表"大小、长短、高低、胖瘦类"形容词；"圆"代表"形状类"形容词；"旧"代表"新旧、年龄类"形容词；"黄"代表"颜色类"形容词；"中国"代表"来源、国籍、地区、出处类"形容词；"木"代表"物质、材料、质地类"形容词；"书"代表"用途、类别、功能、作用类"形容词；"房"代表"中心名词"。

3．产品标题的注意事项

①注意产品标题和买家搜索词的相关性。

以 Snake sandal 举例：以下 3 种标题的描述方式，从文本相关性上讲都是一样的。所以不要盲目为了买家搜索词而不断新发产品、重复铺货。

New model sexys woman shoes summer Snake print sandals 2014

2014 Ladies nice snake skin hemp sole wedge sandals

Thong sandal snake cross

②可以在标题中使用 with/ for，请注意核心词应放在 with/for 前面。

例如：可以写成，steel pipe with ASTM DIN JIS Standard

或 15mm film faced plywood for construction

③产品标题长度要适当。

产品标题能恰当地突出产品优势特性就是最好的，不宜过短，也不宜过长。买家搜索词有 50 个字符的限制，阿里巴巴国际站后台规定标题不能超出 128 个字符，最好控制在 80 个字符左右。

④不要把多个关键词在标题中重复累加。

产品标题罗列和堆砌不但不会提升产品的曝光可能，反而会降低产品与买家搜索词匹配的精度，从而影响搜索结果，进而影响排序。

⑤慎用特殊符号。

产品标题中慎用特殊符号"/""–""( )"等，否则可能被系统默认成无法识别字符，影响排序。如需使用，请在符号前后加空格。

⑥产品标题中请勿发布其他品牌相关信息。

如果已获得商标所有人的授权，请提供授权证明且注明公司名称和 Member ID。

三、制作详情页

1．详情页的重要作用

买家下询盘通常会经历 3 个步骤：①找到你：通过关键词搜索，发现卖家的产品，即入口。②点击你：买家会看搜索页面出现的产品与他输入的关键词是否匹配，当主图足够吸引人时，买家会点击。③浏览你：详情页是决定买家是否下询盘的最重要因素，因此，要想激发买家下询盘的欲望，核心就是做好产品详情页。

正常的产品转化率大约为 10∶1，即浏览了详情页的 10 个人中，至少会有 1 个客户发来询盘才算正常。如果没有在正常值范围内，那就需要重点优化详情页了。

产品询盘转化率=询盘个数/访客人数

打开后台，点击"数据分析"→"产品分析"命令，进入如图 2-2 所示页面，如果询盘率（反馈率）结果大于 10%为及格。

2．详情页的主要内容

产品详情页制作可以借鉴 FABE 营销法则，即 Features 属性、Advantage 优势、Benefits 益处、Evidence 证明。属性 Features，即产品的规格、材质、特性、结构、功能、包装等；优势 Advantage，即产品的卖点；益处 Benefits，即卖家的供货能力、利润等；证明 Evidence，即卖家的企业实力、产品质量的相关认证、客户合照、展会、生产线等。

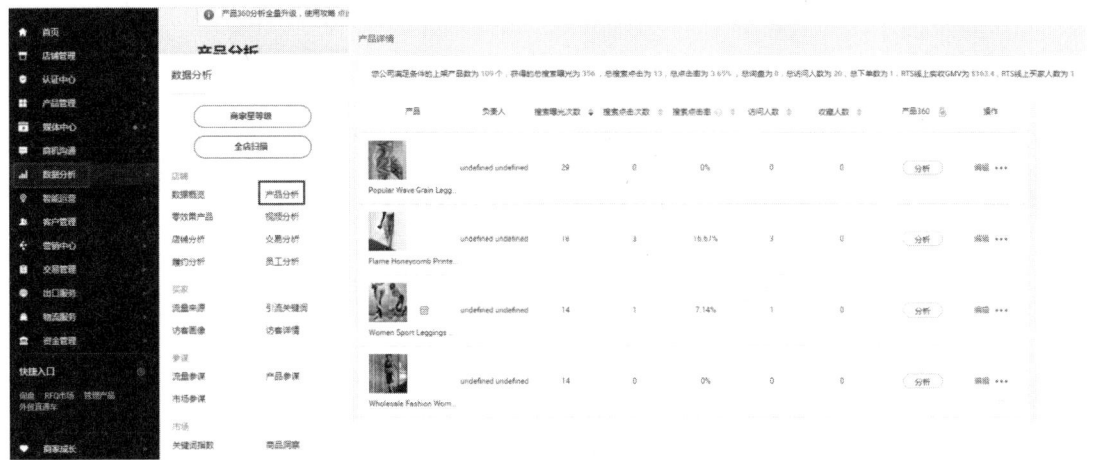

图 2-2 "产品详情"页面

阿里巴巴国际站的产品详情页主要包含客户关注的内容，具体包括：①详情导航条；②产品相关图（或细节图）；③表格参数（产品信息）；④产品特性图（设计图、色卡、产品多图、产品材质、用途展示、质量对比图）；⑤公司优势展示（定制产品强调 OEM 或 ODM，证书，Why Choose Us）、团队文化及办公环境展示图；⑥如果是工厂则展示核心生产设备及产品加工生产流程图，是贸易公司则展示服务能力或合作工厂生产设备图；⑦展会展示图；⑧FAQ；⑨订单操作流程图；⑩物流、支付展示图、市场分布图。

3. 优化产品详情页的思路

优化产品详情页时要注意以下几个要点。

①访客进入旺铺时，通常点击标题进入产品详情页，所以降低跳失率等同于提高访客愿意浏览页面的意向概率。提高访客的浏览意愿，可以有很多种方法，正常情况下可以通过文案或图片等来吸引访客的注意力。但就实际应用来说，提高整个页面的设计感可以最快地吸引访客关注，因为视觉因素是最直接的刺激因素。

②阿里巴巴国际站平台目前仍是 2B 平台的定位，即使有"全球批发"等现货频道，2B 属性、定制属性仍然是主流，所以产品详情页除了凸显产品特点，也应该凸显卖方的供应实力。如果是工厂就突出私人定制 OEM 或 ODM；如果是贸易公司，就突出服务优势。

③阿里巴巴国际站面向的是海外买家，如果主流采购需求来自欧美，则产品详情页的设计应该采用简洁的风格；如果主流采购需求来自非洲，则产品详情页的设计风格应该偏浓墨重彩，取其所好。

④产品信息包括产品参数信息及文案描述等。要让客户对产品感兴趣，愿意购买产品，最基本的就是让客户先认识产品、了解产品，包括产品规格、产品信息和特性等，通过属性参数、文案说明让客户在心中对产品有一个基本的认知和把握，有利企业快速筛选出精准客户。

⑤提高客户的回头率，一方面要依靠过硬的产品质量，另一方面要关联营销和良好的客户服务体验，很好地引导客户下单，并增加客户的好感度。

每款产品的优势都不相同，要学会从买家关注的角度进行分析，不同的行业在页面展示时的侧重点也不同，若店铺的反馈率不断上升，就证明详情页优化思路是有效果的。

四、发布产品

打开阿里巴巴国际站后台,点击"产品管理"→"产品发布"命令就可以发布产品。具体操作如下。

首先,选择语言市场为"全球市场",使用英文发布产品,发布后系统会自动将商品内容翻译成其他语言,并在对应语言市场上显示。

其次,选择产品类目。产品类目即产品分类,类目是商品最重要的属性之一。例如,男装、女装、鞋子、护肤、电子等。类目分为一级类目、二级类目,有时会扩展到五级甚至六级类目。例如,服装是一级类目,服装又分为男装、女装、童装,可将其定义为二级类目;再往下的类目就是对男装和女装的详细定义和划分。在网站后台发布产品选择类目的页面中,首先在搜索框中输入产品关键词,点击"搜索"后会出现推荐类目。卖家将产品进行正确的归类有两个好处:①买家通过产品分类能快速找到产品。在阿里巴巴平台上,除了进行搜索外,有的买家还会通过类目来查找产品,那么归类正确的产品,就能够出现在客户的搜索结果页中。②采用相同的关键字进行搜索时,类目准确的产品信息排名靠前,类目错误的产品信息排名靠后。

产品发布语言及类目选择页面如图 2-3 所示。

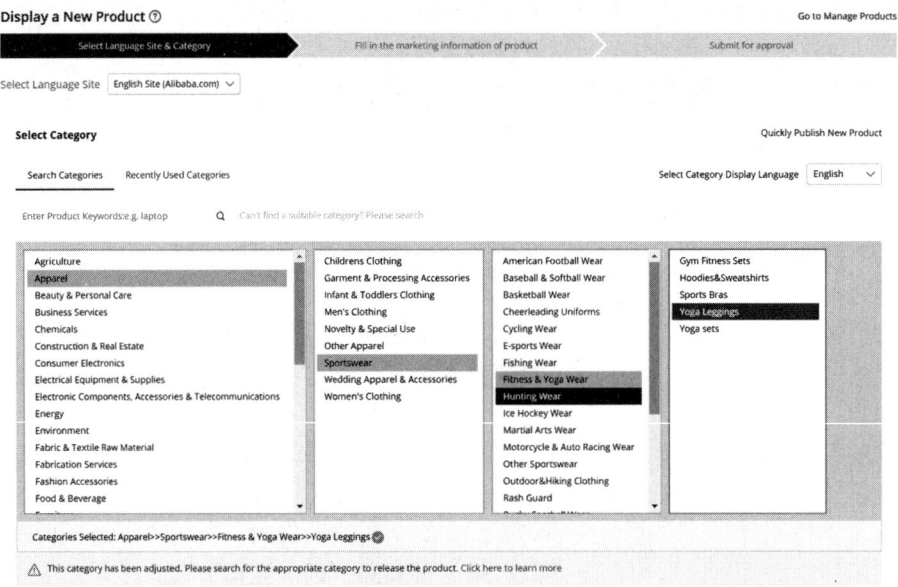

图 2-3　产品发布语言及类目选择页面

最后,选择产品类型"非直接下单品"进行产品信息填写。填写内容主要包括以下 5 个方面。

1. 基本信息

"基本信息"包括产品名称、产品关键词、产品分组和商品属性。

首先填写产品名称、产品关键词和产品分组,如图 2-4 所示。其中产品关键词最多可以填 3 个,并且每个不超过 128 个字符。

基本信息　"智能推荐"内容来自平台大数据推荐，需手动输入；系统自动填写内容来自"同店商品复制"，以标题加粗形式展示，修改后取消加粗

```
* 产品名称        [                                                    0/128 ] ?
            智能推荐  Stylish Nine Point Seamless High Rise Lady Dress Activewear Yoga Pants Women Quantity Fitness OEM

* 产品关键词      [                                                    0/128 ] ?
            智能推荐  legea sportswear

                  [                                                    0/128 ]
            智能推荐  sexy sportswear

                  [                                                    0/128 ]
            智能推荐  fantastic sportswear

            请至少填写一个关键词，所有词在搜索排序上权重相同，请不要重复填写。如您不确定填写词是否为品牌词，请点此 查看，避免因侵权受到处罚。
            必填项不能为空

  产品分组    [ Yoga Leggings ∨ ] ?
```

图 2-4　产品名称、产品关键词和产品分组页面

然后填写"商品属性"。"商品属性"页面如图 2-5 所示。商品属性是对产品特征及参数的标准化提炼，便于买家在进行属性筛选时快速找到卖家的产品。填写商品属性时要注意：①一个属性等于一个展示机会，所以最好填全系统给出的所有属性，必要时可以添加自定义属性，以便更全面地描述产品信息。②属性字段分为标准属性和自定义属性，其中：标准属性只能选择属性值；自定义属性的属性名和属性值都需要手动添加。如前面空格填写属性值 Color，后面空格填写属性值 Red。自定义属性最多可以添加 10 个；商品属性信息不建议包含特殊符号。

2．商品描述

首先发布产品图片。"产品图片"页面如图 2-6 所示。产品图片包含产品主图、产品详情页图片等。①产品主图，一般展示产品卖点、不同角度使用效果等，最多可以上传 6 张主图，其中第一张直接展示给客户，是影响产品被点击的主要因素，也是影响产品质量分的重要因素。主图尺寸，系统要求图片尺寸大于 640 像素×640 像素，建议制作主图尺寸为 750 像素×750 像素。主图尺寸直接影响图片的清晰度及文件大小，产品主图必须保证清晰、不模糊，优质的图片更吸引客户眼球，更容易获得更多询盘。②产品详情页图片，一般展示产品尺寸、产品细节、产品优势、产品包装等。详情页图片，建议尺寸为 750 像素×800 像素。图片数量一般普通编辑不超过 15 张，智能编辑不超过 30 张。图片大小控制在 5MB 以内，图片格式主要是 JPEG、JPG、PNG。

值得注意的是，发布图片前最好进行批量压缩，通常一张相机图片大小在 1MB 以上，用 Photoshop 剪裁压缩后大小约为 100～200KB，用 Firework 等软件进一步压缩后，500 像素×500 像素的 JPG 图片通常不会超过 60KB。压缩后的图片质量不会有任何变化，但网页打开的速度会更快，作为卖家要学会珍惜客户的宝贵时间。需要重复使用的图片可以添加到图片银行里，如工厂照片等。

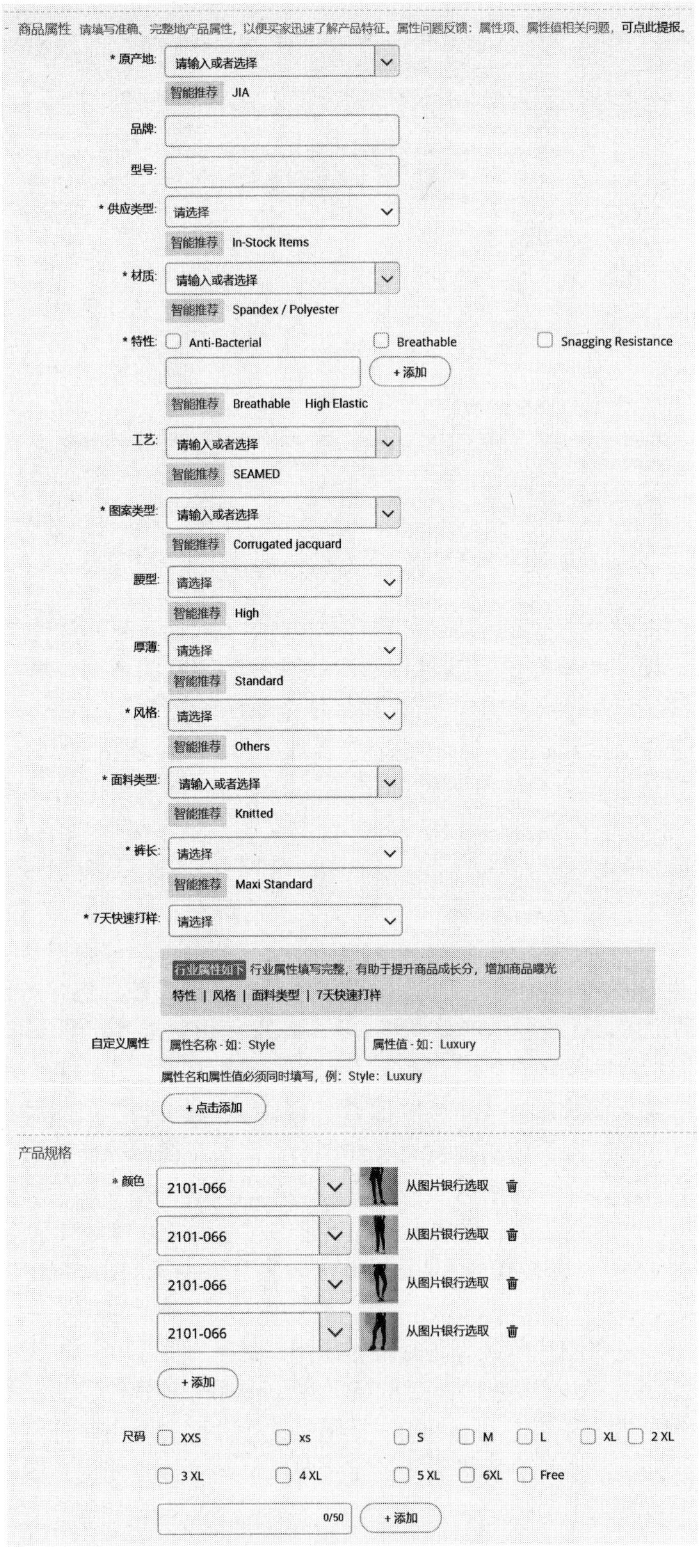
商品属性 请填写准确、完整地产品属性，以便买家迅速了解产品特征。属性问题反馈：属性项、属性值相关问题，可点此提报。
* 原产地:
请输入或者选择
智能推荐 JIA
品牌:
型号:
* 供应类型:
请选择
智能推荐 In-Stock Items
* 材质:
请输入或者选择
智能推荐 Spandex / Polyester
* 特性:
Anti-Bacterial
Breathable
Snagging Resistance
+ 添加
智能推荐 Breathable High Elastic
工艺:
请输入或者选择
智能推荐 SEAMED
* 图案类型:
请输入或者选择
智能推荐 Corrugated jacquard
腰型:
请选择
智能推荐 High
厚薄:
请选择
智能推荐 Standard
* 风格:
请选择
智能推荐 Others
* 面料类型:
请输入或者选择
智能推荐 Knitted
* 裤长:
请选择
智能推荐 Maxi Standard
* 7天快速打样:
请选择
行业属性如下 行业属性填写完整，有助于提升商品成长分，增加商品曝光
特性 | 风格 | 面料类型 | 7天快速打样
自定义属性
属性名称 - 如：Style
属性值 - 如：Luxury
属性名和属性值必须同时填写，例：Style：Luxury
+ 点击添加
产品规格
* 颜色
2101-066
从图片银行选取
2101-066
从图片银行选取
2101-066
从图片银行选取
2101-066
从图片银行选取
+ 添加
尺码
XXS
xs
S
M
L
XL
2 XL
3 XL
4 XL
5 XL
6XL
Free
0/50
+ 添加

图 2-5 “商品属性”页面

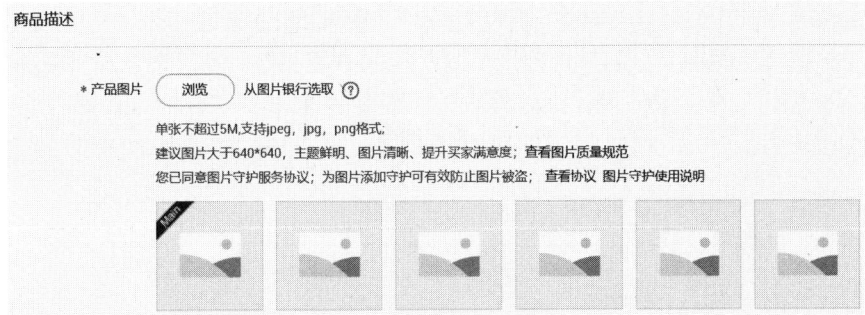

图 2-6 "产品图片"页面

然后发布产品视频。"产品视频"页面如图 2-7 所示。在阿里巴巴国际站上,产品视频分为产品主图视频和产品详情页视频。

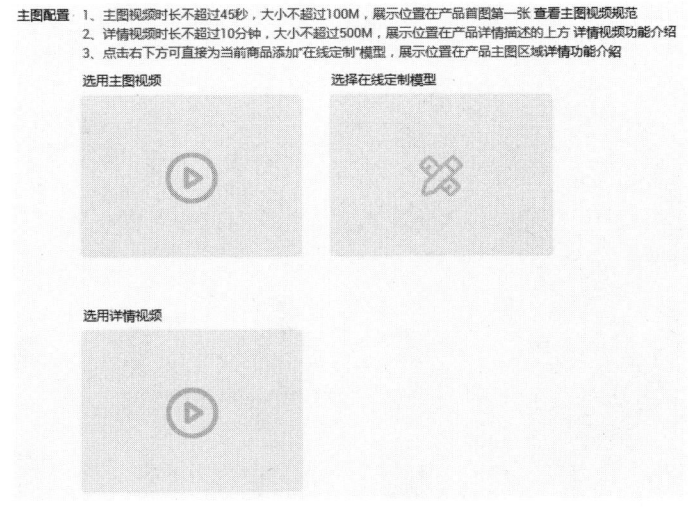

图 2-7 "产品视频"页面

产品主图视频是产品给买家的第一印象,在网店中放上产品主图视频将使商品的展现更为直观,更具有吸引力。产品主图视频时长不超过 45 秒,即无论是无线端的主图视频还是 PC 端的主图视频,其时长都要求在 45 秒以内,视频分辨率在 640 像素×480 像素以上,单个视频大小不超过 100MB。每个产品只能关联一个视频,每个视频关联不超过 20 个产品。主图视频的内容除了要展示产品的全貌和效果外,还需要将卖点逐一展现给消费者。注意,主图视频应尽可能将商品完整地呈现,以展示商品优点为主,细节上不必面面俱到,因为太多的细节展示反而会影响消费者的购买决策。

产品详情页视频能够介绍产品的详细信息,完整地展示产品的卖点和优势。详情页视频一般时长不超过 10 分钟。视频清晰度需在 480P 以上,视频大小不超过 500MB,视频画面建议横屏拍摄,视频比例一般为 4:3 或者 16:9。视频展示位置在产品详情描述的上方。详情视频在时长上,相比主图视频有更大的施展空间,卖家可以根据产品特点、使用场景、安装性能,以及买家较为关切的部分进行拍摄展示,并可适当展示制作工艺、公司实力等。视频画面背景尽量采用素色或者进行虚化,避免背景干扰,建议避免出现与产品不相关的内容,以免侵权。

最后发布"产品详情描述"。"产品详情描述"页面如图 2-8 所示。详情页描述是对产品和公司进行详细的图文展示，阿里巴巴国际站的产品详情描述可选"智能编辑"和"普通编辑"项，"智能编辑"有现成的模板，对图片尺寸和数量有要求。"详情编辑器"页面如图 2-9 所示。"普通编辑"可自由排版，对图片数量有限制，其页面如图 2-10 所示。

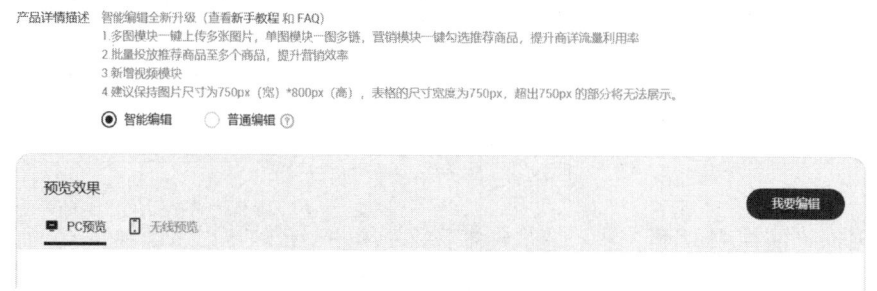

图 2-8　"产品详情描述"页面

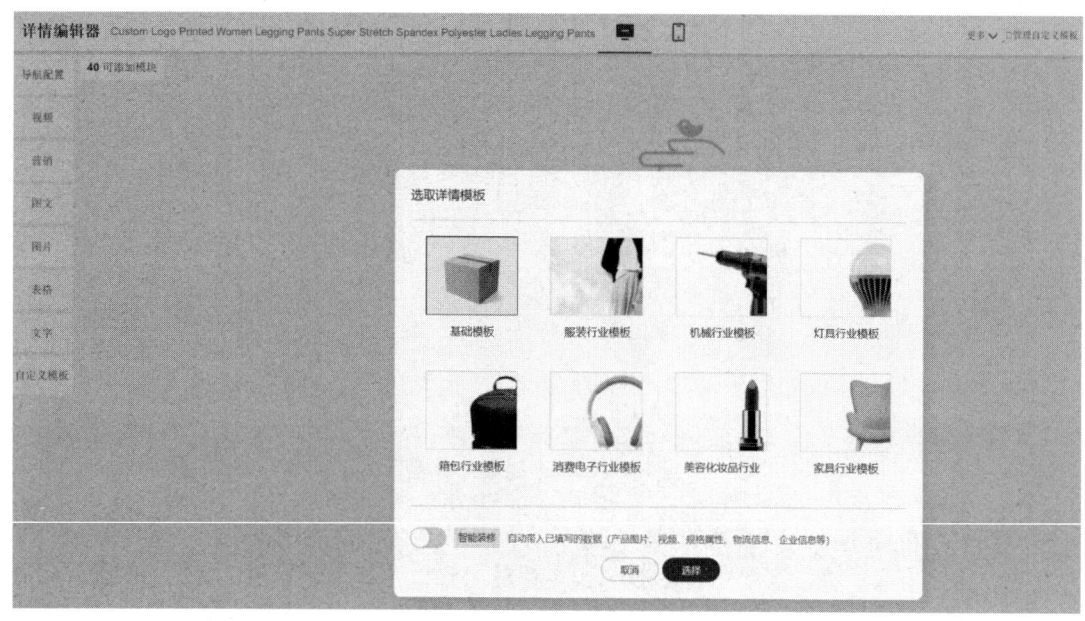

图 2-9　"详情编辑器"页面

另外，普通编辑也可以根据产品和公司的需求，将要展示的信息制作成模板并保存起来，且在发布产品的时候，选择相应的模板可以直接应用在产品详情页中。

3. 交易信息

"交易信息"包括价格设置、计量单位、起订量、支付方式等内容，如图 2-11 所示。价格只能按照 FOB 术语定价，可以设置阶梯价格，也可以设置区间价格。这两种价格设置在阿里巴巴国际站前台的展示页面如图 2-12 和图 2-13 所示。支付方式可以按照提示项进行选择，也可以添加其他支付方式，如 PayPal。

第二章 产品发布与管理

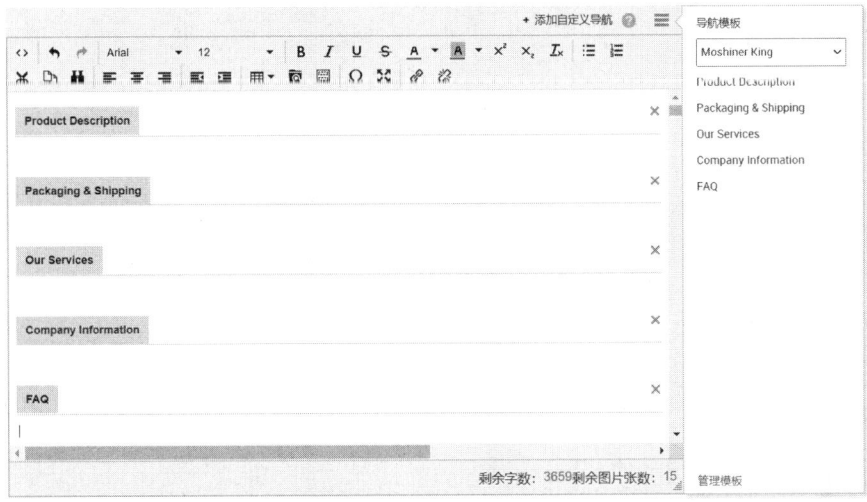

图 2-10 普通编辑页面

交易信息 完善交易信息，方便买家做出采购决定。系统自动填写内容来自"同店商品复制"，以标题加粗形式展示，修改后取消加粗

图 2-11 "交易信息"页面

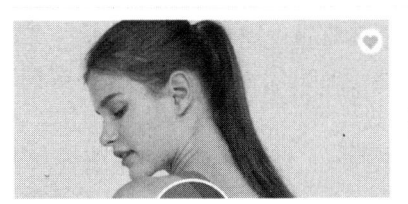

图 2-12 产品阶梯价格展示页面

图 2-13 国际站产品单一 FOB 区间价格展示页面

4. 物流信息

"物流信息"包括发货期、海运港口、供货能力、包装方式等，如图 2-14 所示。

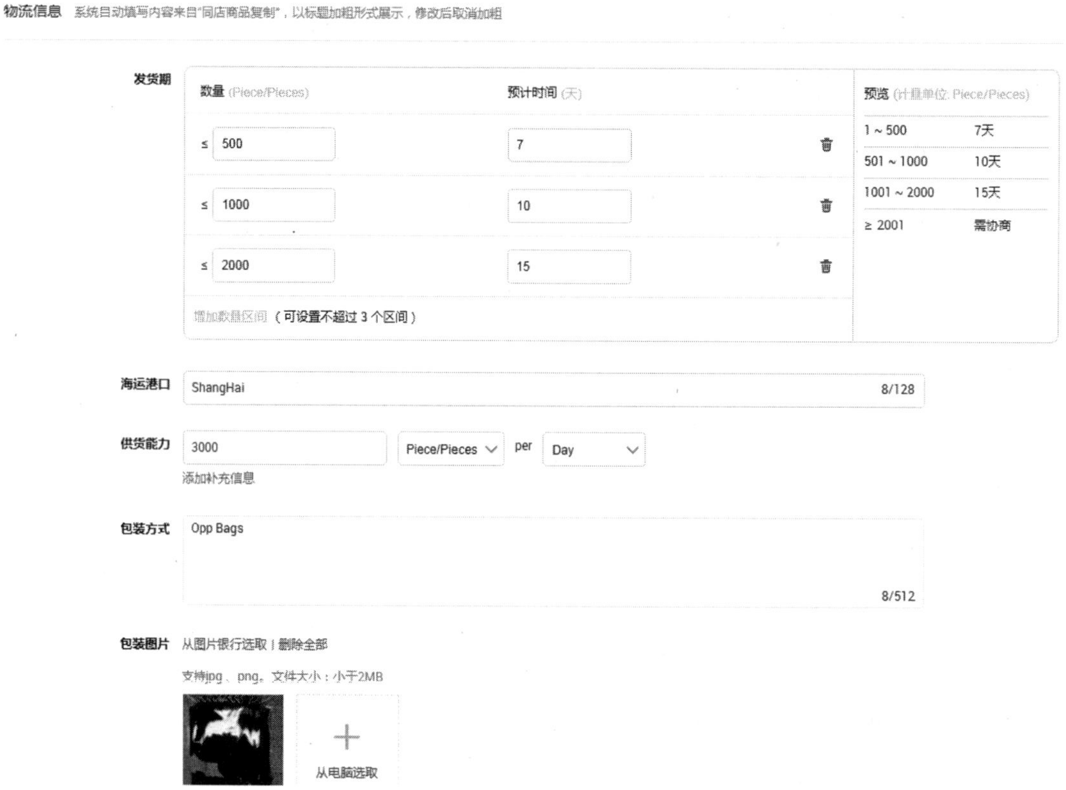

图 2-14 "物流信息"页面

5. 特殊服务及其他

"特殊服务及其他"页面内容如图 2-15 所示，根据企业实际情况填写即可。有加工定制服务时可以进行重点填写，部分买家对 OEM、ODM 个性化定制有需求时，详细填写有助于吸引这部分买家。

将产品信息填写好后，可以通过系统检测一下产品信息质量，并为其打分，如图 2-16 所示。产品信息质量分直接影响产品的搜索排名，是买家判断产品发布质量的重要参考依据。企业要提高产品信息质量分可以从三大维度进行优化，即信息填写的真实性、产品内容丰富性和产品图片视频的规范性。

图 2-15 "特殊服务及其他"页面

图 2-16 "产品信息质量分"页面

第二节 其他产品发布

一、RTS 产品发布

RTS 的全称是"Ready to Ship",指阿里巴巴国际站现货批发。作为商家,选择发布 RTS 产品的好处在于:①从平台的角度来看,RTS 频道独享额外流量,包括主站搜索 Ready to Ship 打标筛选,平台也在站外通过联盟方式进行额外引流,商家有机会获得更多流量;RTS 频道有自己的特色场景,包括 weekly deals 热门榜单、运费 5 折/包邮、猜你喜欢、主题活动等;另外,在 RTS 频道内独立搜索,指的是在全球批发频道内只搜索 RTS 商品。②从店铺运营的角度来看,RTS 产品更容易获得成交,从而为产品积累历史销量、提升产品排名,以获得更多的曝光机会。

发布 RTS 产品首先在产品类型上要选中"直接下单品"项,如图 2-17 所示。发布"直接下单品"前要先开通信用保障服务,否则该项将无法被选中。点击"信用保障交易管理"→"信用保障服务介绍"→"申请开通"命令即可开通信用保障服务。

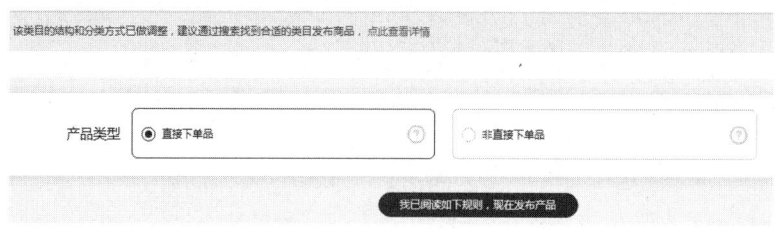

图 2-17　RTS 产品类型选择页面

发布 RTS 产品的整个流程基本和发布定制产品的流程是一样的，区别在于物流信息的填写不同。RTS 产品发布需要：①设置支持在线下单且价格合理；②设置最小起订量交期小于等于 15 天；③设置产品准确的包装尺寸和重量，以及明确合理的运费金额。如果不具备第②③条，就不是 RTS 产品，只能算支持买家直接下单的产品。

图 2-18　RTS 产品发布物流信息页面

运费的设置需要使用运费模板，"运费模板"页面如图 2-19 所示。运费模板用于设置产品的运输详情，包括快递承运商、运输时长、运费及目的国，如图 2-20 所示。卖家在发布产品时可关联运费模板，这样买家在下单时就可看到不同的快递服务对应的不同运输时长和运费。

图 2-19　运费模板页面

图 2-20 "运费模板设置"页面

RTS 产品运费模板可以选择阿里物流，也可以选择自有物流。其中：阿里物流是指阿里官方物流或者入驻后台的第三方物流；自有物流是指商家线下的发货方式。阿里无忧物流是阿里巴巴国际站和菜鸟网络联合推出的官方物流服务，为国际站卖家提供上门取货、入库发货、快递通关的国际物流服务。阿里物流的优势有：①费用透明，价格优势，每票结算；②全球承运，时效保障，欧洲、美国平均在3~4个工作日可送到；③有专属的客服，出库赠送保险，一键发货。选择自有物流需要自己联系货代，发货可以有更多的灵活性，快递、空派、海派自由选择。卖家可以根据自己的情况，选择合适的物流来完成 RTS 订单。

二、多语言市场产品发布

阿里巴巴国际站的多语言市场产品发布功能发展很快。目前，在发布产品时，选择语言市场为"全球市场"，将使用英语发布产品，发布后系统会自动将商品内容翻译成17个小语种，并展示在对应语言站点上。也可以直接选择其他语言发布产品，目前有西班牙语市场、日语市场、法语市场、葡萄牙语市场、俄语市场、德语市场、意大利语市场、阿拉伯语市场、土耳其语市场、韩语市场、越南语市场11种选择。接下来的步骤和发布"全球市场"产品相同，区别在于用对应语言发布产品，将仅在该语言市场展示，系统不会自动翻译成其他语言。语种市场和国家对应表如表 2-1 所示。

表 2-1　语种市场和国家对应表

语种市场	网址	主要对应国家
西班牙语	http://spanish.alibaba.com	墨西哥、西班牙、阿根廷、秘鲁、智利、哥伦比亚、委内瑞拉等
俄语	http://russian.alibaba.com	俄罗斯、哈萨克斯坦、乌克兰等
葡萄牙语	http://portuguese.alibaba.com	巴西、葡萄牙、安哥拉等
法语	http://french.alibaba.com	法国、比利时、多哥、贝宁等
日语	http://japanese.alibaba.com	日本
德语	http://german.alibaba.com	德国、瑞士、奥地利、卢森堡等
意大利语	http://italian.alibaba.com	意大利
韩语	http://korean.alibaba.com	韩国
阿拉伯语	http://arabic.alibaba.com	阿联酋、沙特阿拉伯、埃及等
土耳其语	http://turkish.alibaba.com	土耳其
越南语	http://vietnamese.alibaba.com	越南
泰语	http://thai.alibaba.com	泰国
荷兰语	http://dutch.alibaba.com	荷兰、比利时、南非、苏里南等
希伯来语	http://hebrew.alibaba.com	迦南地的通用语言
印尼	http://indonesian.alibaba.com	印度尼西亚通用语言

以下以西班牙语市场为例，展示相关页面，如图 2-21～图 2-23 所示。

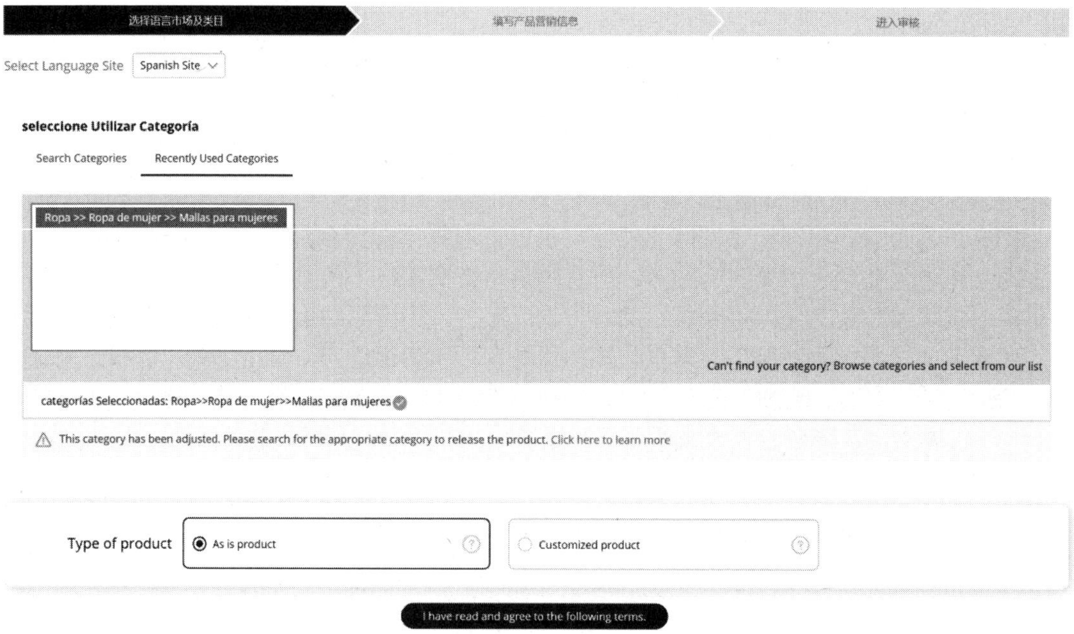

图 2-21　西班牙语市场选择页面

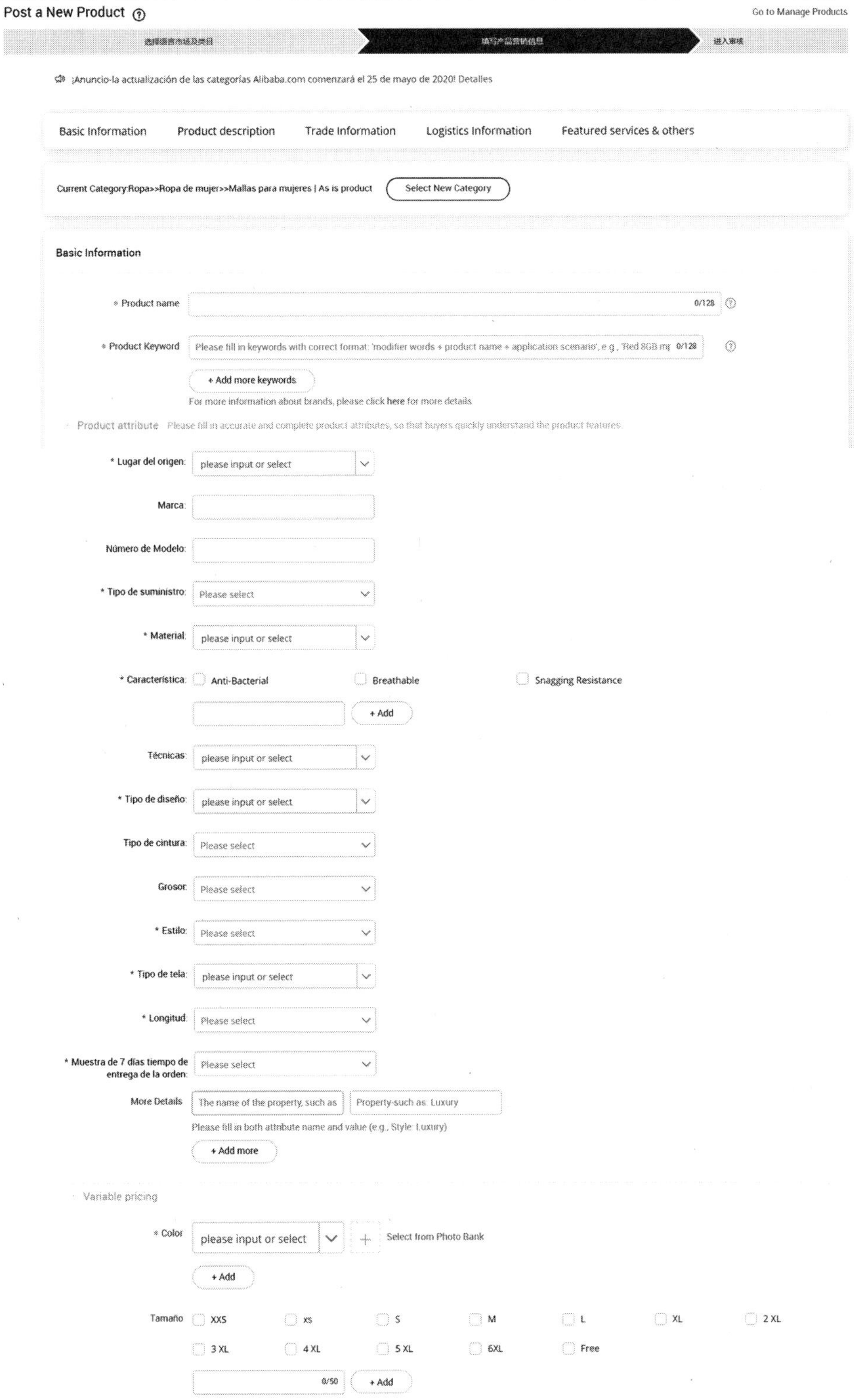

图 2-22 西班牙语市场产品基本信息页面

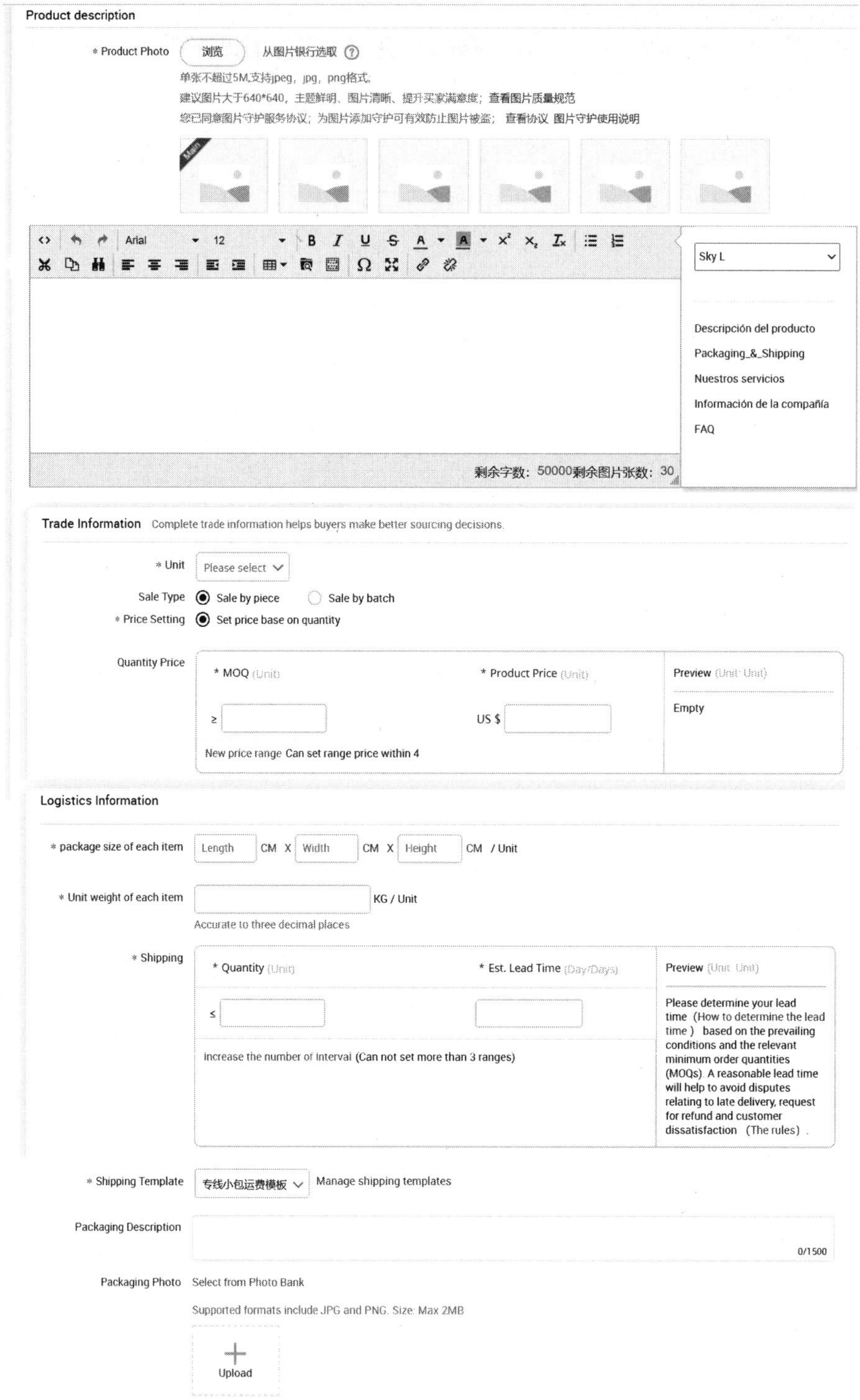

图 2-23　西班牙语市场商品描述、交易信息、物流信息、特殊服务及其他页面

三、产品模板应用

系统具备自动保存已经发布的产品模板的功能,因此在卖家发布类似产品时,可直接使用"快速发品"功能,如图 2-24 所示。选中已经发布的产品(见图 2-25),之前发布的产品信息会自动显示,除"商品描述"中的"产品图片"和"产品视频"不显示,需要重新上传外,其他产品信息可以直接使用,并可以进行修改。

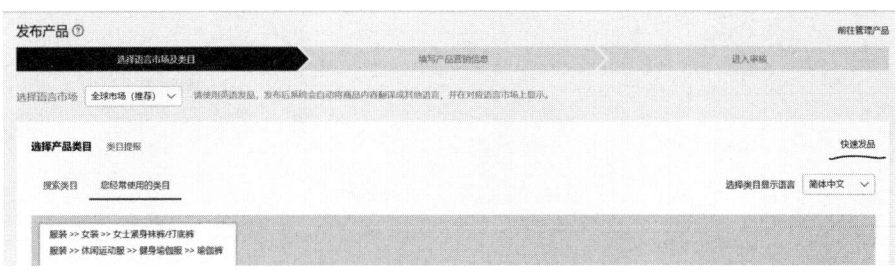

图 2-24 "快速发品"页面

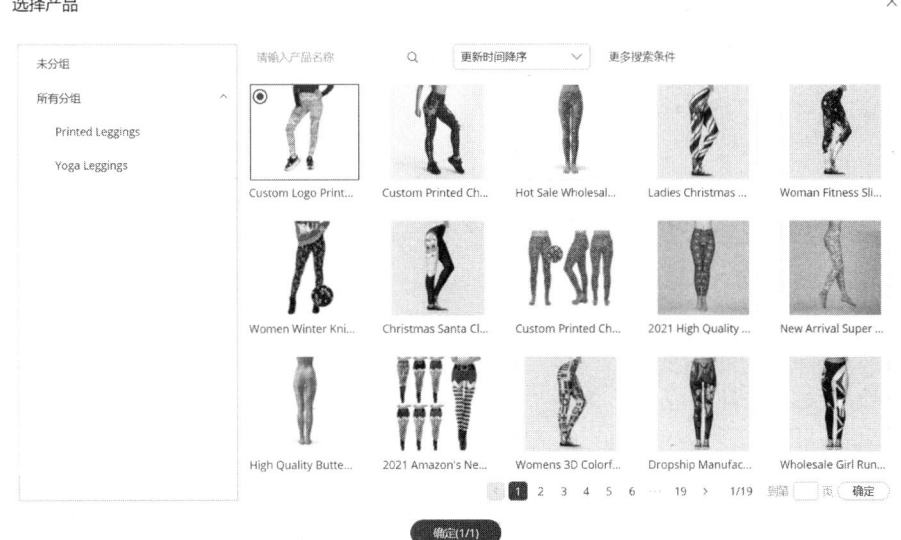

图 2-25 产品模板选择页面

第三节 产品管理

一、产品运营实操

1. 产品管理基础操作

(1)点击"产品管理"→"管理产品"命令,进入"管理产品"页面,如图 2-26 所示。在此页面中可对产品进行管理,其基础操作主要包括产品分配、产品分组、修改产品状态、产品编辑与批量修改。其中：通过产品分配可将产品分配给不同的子账号；通过产品分组可将产品移动到不同的分组；通过修改产品状态可将产品上下架，既可以批量生成直接下单品，还可以对产品进行修改或删除。值得关注的是，在疫情期间，还多了项临时功能，即可以将产品"挂起"。"商品挂起"功能仅对直接下单品（含RTS品）生效，卖家可"挂起"无法按时发货的直接下单品（含RTS品）。"商品被挂起"后买家无法直接下单，需与卖家沟通且意见一致后才能用起草订单的方式成交（2021年2月20日起每个商品每日只能进行一次"挂起"或"取消挂起"操作）。

图2-26 "管理产品"页面

（2）在如图2-26所示页面还可以对产品进行编辑，具体操作方法是：点击右下角"编辑"旁的下拉箭头，打开"编辑"子菜单。通过该菜单可进行样品服务设置、发布类似产品、修改规格信息、修改产品视频、修改产品库存、设置私密权限、删除等操作，如图2-27所示。

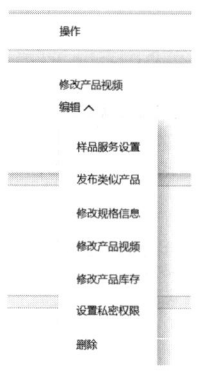

图2-27 编辑菜单

（3）点击"产品管理"→"产品分组与排序"命令，打开分组管理与排序页面，如图2-28所示。在该页面可以进行分组管理与排序、产品管理与排序的设置。产品分组的形式有很多，可以根据产品种类、使用场景或者通过产品功效进行划分。分组模式有利于导购营销，帮助客户快速查询到需要的产品类型。

值得说明的是，产品管理与排序页面既可以对未分组产品进行分组操作，也可以对已经分组的产品进行分组调整或产品排序修改操作。

2．产品诊断及优化

点击"产品管理"→"搜索诊断首页"命令，进入搜索诊断中心页面，如图2-29所示。可以在该页面对店铺产品进行诊断，系统会详细显示产品优化建议、产品效果、待优化问题产品等信息。

图 2-28 "分组管理与排序"页面

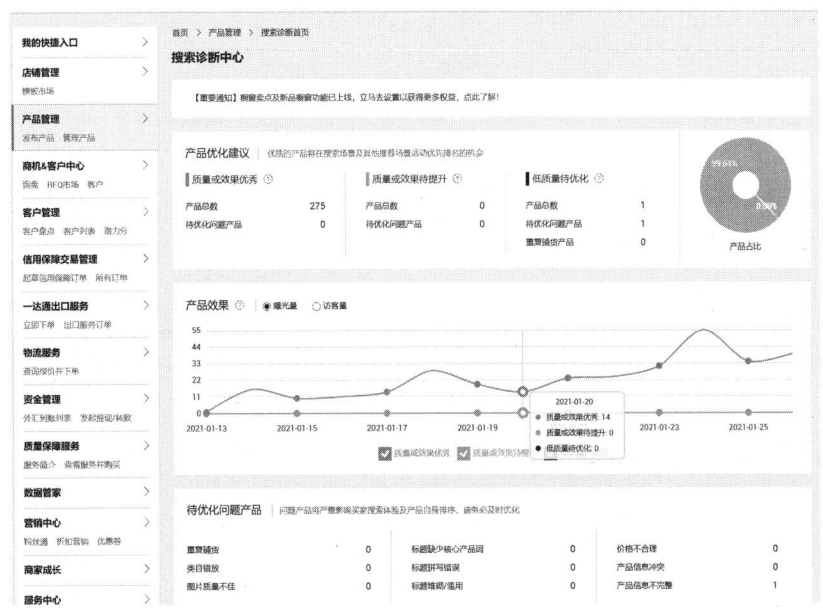

图 2-29 "搜索诊断中心"页面

点击"产品管理"→"产品诊断优化"命令，进入如图 2-30 所示页面。通过该页面可以对问题产品进行优化。

零效果产品是指持续 15 天或者 15 天以上曝光、点击、反馈、访客均为零的产品，需要删除或者优化。零效果产品超过 180 天以上将被直接删除。需要说明的是，如果针对零效果产品仅做下架处理，日后该产品重新上架后，零效果的天数仍然会累计在内。处理零效果产品时，单纯更新零效果产品作用不大，建议检查产品的标题、关键词是否包含有搜索热度的关键词等。零效果产品的处理要看店铺的产品数量，如果产品数量较多则建议删除，或者先观察一段时间，如果依旧是零效果产品再进行删除。

3．产品运营

（1）产品成长分。

阿里巴巴国际站通过效果转化、内容表达、商品服务三方面对产品进行评分，即产品成长分。如图 2-31 所示为产品成长分页面。

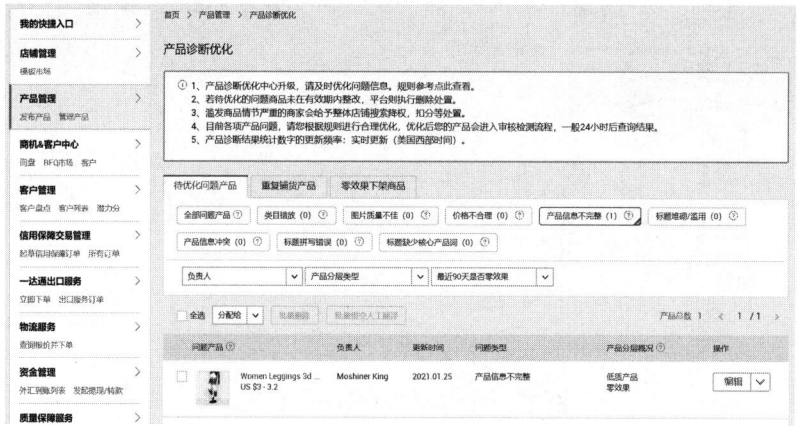

图 2-30 "产品诊断优化"页面

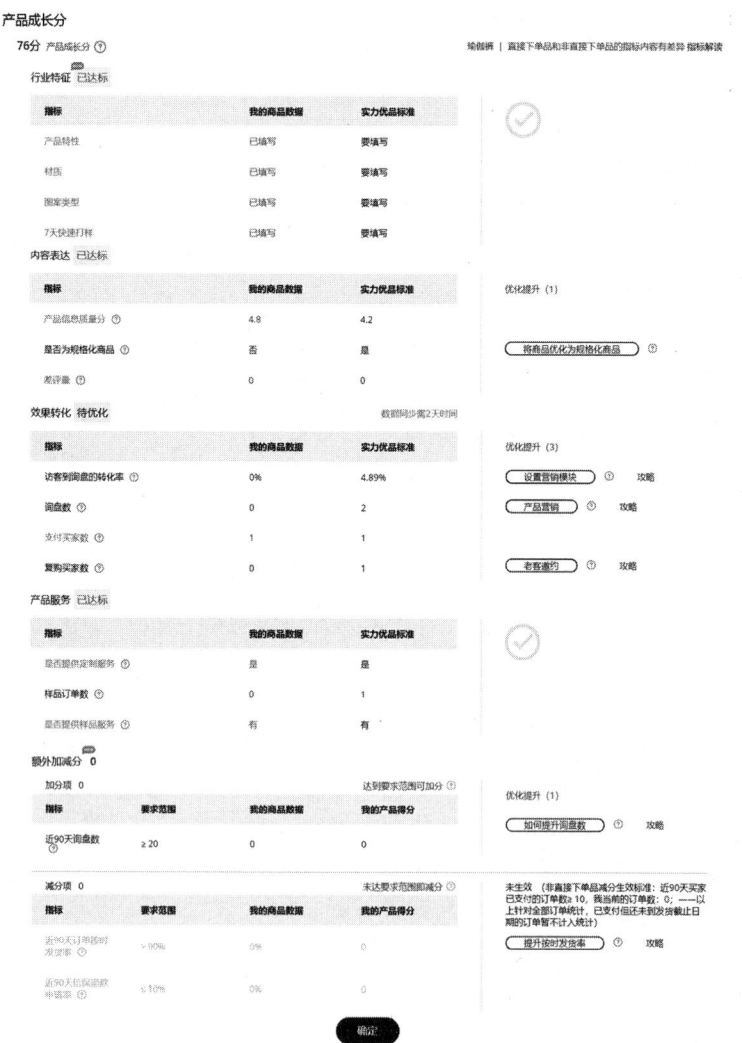

图 2-31 "产品成长分"页面

(2)产品分层。

阿里巴巴国际站对产品进行分层管理。产品分层包括新品、低分品、潜力品、实力优品和爆品,具体如表 2-2 所示。

表 2-2 产品分层表

产品分层	新 品	低 分 品	潜 力 品	实 力 优 品	爆 品
定义	近 90 天新发品	产品成长分<60 分	60≤产品成长分<80	80≤产品成长分≤100	产品成长分>100
较之前的变化	新增产品层级	之前用质量分衡量,现在统一更新为产品成长分(重复铺货的产品成长分为 0 分)	之前用质量分衡量,现在统一更新为产品成长分	指标微调,针对近 90 天订单≥10 单的产品,增加近 90 天订单信保退款申请率、订单按照发货率指标作为底限门槛,在额外分中体现为未达到要求扣 30 分	新增产品层级,直接下单品近 90 天支付买家数;非直接下单品近 90 天询盘数;具体标准见产品运营工作台,在额外分中体现为加 20 分
权益	前台场景透传等敬请期待	无	无	绑定橱窗获得更多流量扶持	除绑定橱窗获得更多流量扶持外,同时更多机会获得站外投放推广、榜单露出、平台流量扶持、专属榜单及更多权益建设中
立即行动点	通过工作台里提供的营销方案,快速推动商品成长为实力优品或爆品,以获得更多流量和转化机会	将商品基础属性字段及描述丰富,提升产品信息质量分等,再考虑配合营销产品提升。务必不要重复铺货	建议通过工作台里提供的营销方案,快速推动商品产生交易或询盘效果转化,快速成长为实力优品或爆品	建议通过工作台里提供的营销方案提升成为爆品,可获得排名优先展示和更多站外资源的曝光机会	成为爆品有一定的周期要求,如期后不满足效果标准,仍有可能回退为实力优品,要持续获得排名优先和更多站外及榜单展示机会,建议通过工作台里提供的营销方案持续助推爆品打造

点击"产品管理"→"产品运营工作台"命令,进入"产品运营工作台"页面,如图 2-32 所示。

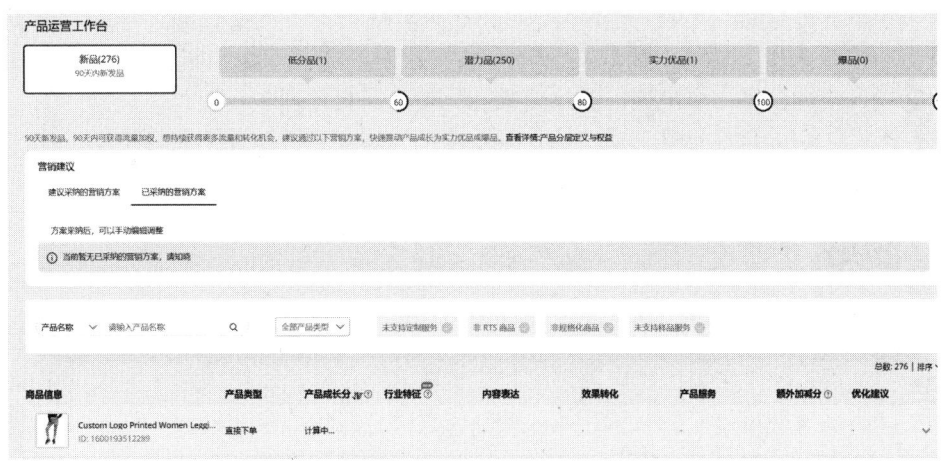

图 2-32 "产品运营工作台"页面

(3) 实力优品提升攻略。

第一步：提升商品信息品质。

①直接下单品信息质量提升要点：信息质量分提升至 4.5 分及以上；优化为 RTS 商品：支持买家下单+明确、合理的运费+最小 MOQ 交期≤15 天；完善"行业特征"（部分叶子类目）。直接下单品信息质量提升要点如图 2-33 所示。

②非直接下单品信息质量提升要点：信息质量分提升至 4.5 分及以上；支持样品服务；有规格的类目，规格完整+确定的价格；支持定制服务；完善"行业特征"（部分叶子类目）。非直接下单品信息质量提升要点如图 2-34 所示。

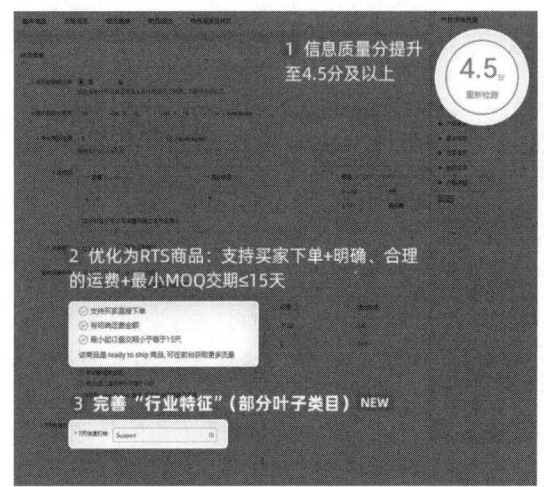 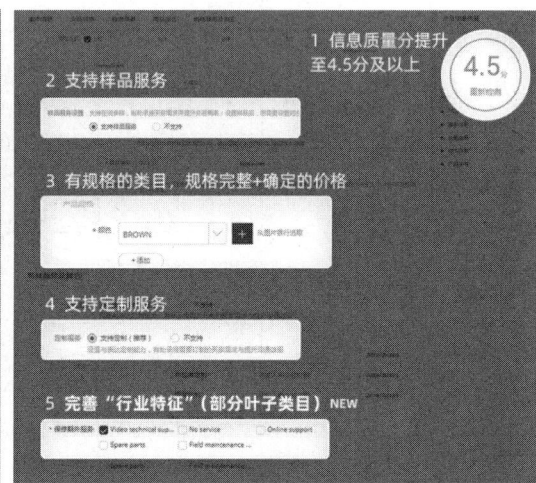

图 2-33　直接下单品信息质量提升要点　　图 2-34　非直接下单品信息质量提升要点

第二步：提升商品效果（目标值）。

①直接下单品：通过各种方式营销商品，并且让该商品至少有一个支付买家，且买家转化率达到实力优品标准。

②非直接下单品：通过各种方式营销商品，并且让该商品至少有一个询盘，且询盘转化率达到实力优品标准。

效果提升方法主要有：①营销产品，提升商品曝光，可用直通车、橱窗、网站活动。②提升商品流量承接及转化：做好商品详情装修，用好新版智能编辑营销模块，完成爆款分流。③提升复购买家：客户通、粉丝通教您玩转商品自营销。

第三步：①实力优品需在最近 90 天内无差评（非直接下单品为近 180 天内无差评）；②实力优品在最近 180 天内能够准时发货。

二、橱窗产品管理

1. 橱窗的概念

橱窗产品展示位是阿里巴巴国际站的推广资源之一，阿里巴巴国际站的橱窗就像平时逛街看到的商店玻璃展示窗口或展示区域，这个位置拥有绝佳的曝光机会。产品推广运营，可以将自己公司的主打产品设置成橱窗产品，在旺铺首页进行展示。

阿里巴巴国际站橱窗数量为：出口通会员橱窗数量为 10 个，金品诚企会员橱窗数量为

40个,如果觉得橱窗数量不够,还可以另外购买。

2. 橱窗产品的优势

橱窗产品的优势在于:
①享有搜索优先排名,在同等条件下橱窗产品排名在非橱窗产品前面;
②拥有公司网站首页推广专区,提升主打产品推广力度;
③自主更换橱窗展示产品,轻松掌握主打产品推广的主动权。

3. 橱窗产品管理

点击"产品管理"→"管理橱窗产品"命令可进入"橱窗产品管理"页面,如图2-35所示。通过该页面可对橱窗产品进行管理,可以选择不同子账号上传的产品,并将其设置为"橱窗产品"。在橱窗管理页面可以直接看到产品成长分、曝光量、点击量、询盘、订单数及效果趋势。还可以直接在右侧设置橱窗卖点,并进行优化、排序、替换和移除操作。

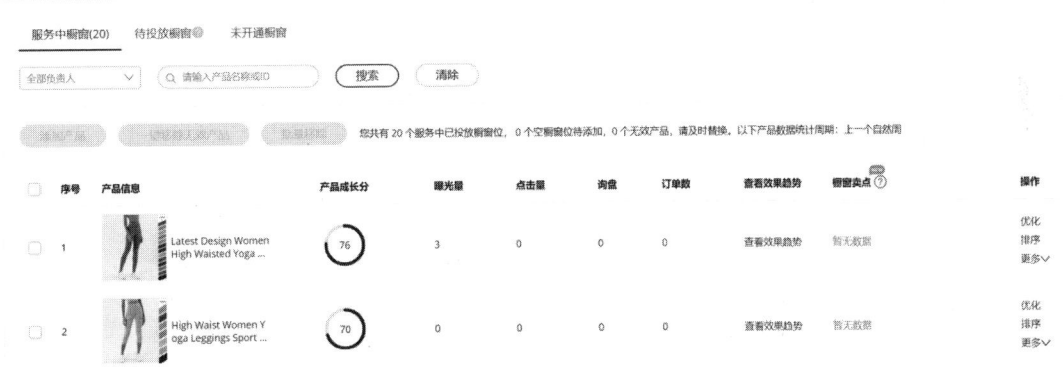

图2-35 "橱窗产品管理"页面

本 章 小 结

本项目主要介绍了阿里巴巴国际站店铺产品发布与管理。在阿里巴巴国际站上发布的产品包括两种类型,一种是非直接下单品,又称定制产品;另一种是直接下单品,主要是RTS产品。这两种类型的产品发布流程基本相同,区别在于物流信息的填写不同。在发布产品时,选择语言市场为"全球市场",使用英语发布产品,发布后系统会自动将商品内容翻译成17个小语种,展示在对应语言站点上。也可以直接选择其他语言发布产品,目前有西班牙语市场等11种选择。多语言市场发布产品与全球市场英语发布产品流程一样。

阿里巴巴国际站店铺产品管理主要介绍了产品管理的基础操作(包括产品分配、产品分组、修改产品状态、产品编辑与批量修改)、产品诊断及优化、产品运营(阿里巴巴国际站根据产品成长分给产品分层,介绍了实力优品提升攻略)及橱窗产品管理。

本 章 练 习

一、选择题

1. 在阿里巴巴国际站中,一套产品图通常包含（　　）张主图。
   A. 5　　　　B. 6　　　　C. 7　　　　D. 8
2. 在阿里巴巴国际站中产品详情页的视频时长要求不超过（　　）分钟。
   A. 3　　　　B. 5　　　　C. 10　　　D. 15
3. 在阿里巴巴国际站中产品详情页的普通编辑最多能上传（　　）张图片。
   A. 10　　　B. 15　　　C. 18　　　D. 无限制
4. 在英文站发布产品时,最多可以填写（　　）个关键词。
   A. 1　　　　B. 3　　　　C. 6　　　　D. 8
5. 以下哪项不是 RTS 产品的必备条件。（　　）
   A. 支持直接下单　　　　　　　　B. 具有明确的运费金额
   C. 最小起订量发货期不超过 15 天　　D. 必须是现货产品
6. 关于产品类目,以下说法错误的是（　　）。
   A. 错放类目将导致买家流失　　　B. 产品类目选择准确是第一步
   C. 排名由产品的类目决定　　　　D. 用于产品的归类
7. 阿里巴巴国际站的多语言产品发布可支持（　　）种语言进行产品发布。
   A. 8　　　　B. 9　　　　C. 10　　　D. 11
8. 阿里巴巴国际站金品诚企会员拥有的橱窗数量是（　　）个。
   A. 10　　　B. 20　　　C. 30　　　D. 40
9. 产品标题一般控制在（　　）个字符。
   A. 10　　　B. 4　　　　C. 80　　　D. 120
10. 阿里巴巴国际站的橱窗优势包括（　　）。
    A. 优先排名权　　　　　　　　　B. 橱窗产品可自主更换
    C. 店内首页推广　　　　　　　　D. 点击扣费比 P4P 低

二、实训题

尝试在阿里巴巴国际站上发布一种产品。

第三章 店铺基础营销

店铺存活成长的基石不是盲目的付费推广,而是用心的基础营销。

案例 3-1

新定位,新玩法,半年获得4000新买家

案例的主角是一家成立仅5年多的公司——深圳市领秀运动科技有限公司(下文简称领秀)。这家2015年创办的企业,主要从事运动服装的生产和经销。最初主要聚焦国内市场,2017年,公司决定开拓海外市场,选择入驻阿里巴巴国际站。进入新领域后,领秀用的是新定位、新玩法。

(1)准确定位。与传统的OEM(Original Equipment Manufacturer,原始设备制造商,俗称代工)公司不同,领秀瞄准的是低起订量、需要快速出货的买家。大部分工厂定制加工都会要求较高的起订量,但领秀可以做到起订量50件每色4个码,200件混批。买家因为交期和起订量的关系,也愿意出更高的价格,领秀获得的客单价和利润率都要比同行高。经过一段时间的运营,领秀已经逐步打开了海外市场,其中90%的客户来自美国,另外10%来自澳大利亚和英国。有了较稳定的客户群体后,领秀又开始"尝新"了。

(2)参加活动。2018年9月,领秀参加了WEEKLY DEALS(现货折扣)的活动,并开始注重打造爆品。公司以低折扣、大优惠、清库存的方式,按效果每周调整活动定价,重复循环,产品的选择上以引流热销款为主,同时提供给买家质量和定价的梯度选择。同时,领秀还利用年初平台物流优惠的机会,组织让利促销活动。

(3)主动营销。推新品,最重要的是让买家快速、准确地知道产品的卖点及质量,并建立信心。领秀利用"粉丝通(现改为短视频频道)"主动营销的功能,产品一上新,就发布产品的生产、包装、检测及款式等信息,获得更多买家关注及好感。

(4)客户管理。公司还通过"粉丝通"的关注人数变化及"客户通"的"流失预警"功能,对老客户进行了内容运营,成功召回了一批老客户。

2019年下半年,领秀成功打造了5个爆品,累积了4000多家新客户,复购率更是高达40%。现在,该公司90%的订单都是现货,获得了很好的利润。

对大多数创业小白来讲,阿里巴巴国际站并非创业首选,因为它以定制加工贸易为主,客户开发周期长,对外贸团队要求高。阿里巴巴国际站新上线了全球批发频道,WEEKLY DEALS是全球批发频道的第一个场景,主要针对近年来平台迅猛增长的以小单、快采为主

的买家。这些买家很多是海外批发零售渠道的终端卖家，他们可以通过这个现货频道采购到所需的货源。该模式可以帮助中小型卖家较快获得客源和订单，并且复购率较高。同时其他类型的外贸企业也可以通过此模式清库存和开发客户。

案例启示：应时刻关注平台的最新动态，准确定位，积极参与平台活动，有效利用店铺基础营销工具，你也可能成为下一个大卖家。

阿里巴巴国际站店铺运营，需要清晰的运营思路和熟练的营销技巧，前者能清楚地把握运营方向，后者能将运营想法付诸实践。传统外贸的黄金年代已经过去，内容自营销成为 B2B（Business To Business，企业对企业）少有的最佳获客手段之一，甚至会成为外贸的下一个趋势。大数据告诉我们，内容红利来势凶猛，无线化、内容化也许就是下一个风口。长期的被动营销环境下，海外买家认为"陌生卖家=自然屏蔽""产品不相关=骚扰"。一个专业的海外买家往往会通过不同的渠道搜集意向供应商的各种信息，并用 Excel 表格记录和跟踪，以辅助自己做决策。对于企业来说，要解决的核心问题是信任。该如何有效运用阿里巴巴国际站所提供的营销工具，创作优质内容，做好店铺基础营销，主动出击，将客户牢牢抓在自己手里呢？本章将对此展开详细阐述。

第一节　撰写营销文案

"在乘电梯的 30 秒内，你能准确地向客户解释你的方案么？"这是麦肯锡公司检验咨询师能力的方法之一，又称作"电梯测验"。如今，在以"卖方驱动"为特征的商业社会里，产品过剩、注意力稀缺、热点瞬灭、新闻速朽，大量的营销文案其实也在应对用户的"电梯测验"，而且"乘电梯"的时间越来越短。如何在有限的注意力窗口期，快速抓住客户眼球，有效传达公司及产品信息并促进销售，对文案的撰写提出了很高的要求。

一、撰写公司文案

"随着商业社会的发展，公司文案的重要性日益突显，好的文案有助于提升企业对外形象，吸引顾客，迅速与顾客建立信任，提升订单转化率。

1. 公司文案概述

广义的公司文案泛指公司内部相关部门及人员所从事的所有文字工作，主要包括企业的日常宣传、规章制度编写、企业文化、员工手册制定、上传下达的文件沟通、广告策划、商业计划、合同制定、企业样本、品牌样本、产品目录等。而在本章基于阿里巴巴国际站跨境电商运营的应用场景下，公司文案主要指阿里企业店铺 Company Profile（公司档案）中所涉及的内容，如图 3-1 所示。

2. 公司文案的价值

优秀的公司文案是传播信息、宣传企业形象、提升品牌价值、建立品牌认同感、拉近客户关系、建立信任感的经典道具。当你不在现场的时候，优秀的公司文案可以"开口讲话"让客户读到自己想要的东西。公司文案的价值有：①传播信息，宣传企业形象。公司文案最基本的作用就是传播企业及品牌想要传达的信息，全面展示企业实力、企业文化及产品内涵；

②建立品牌认同感。公司文案不是为了直接卖产品，而是为了建立品牌认同与偏好。用文案把企业及品牌的内在价值传递给消费者，以价值吸引消费者，从而让消费者对公司及品牌产生一定的偏好、信任及支持；③拉近关系，建立信任感。对于陌生的事物，人的内心总是倾向于害怕、拒绝。用公司文案帮助企业及品牌在客户心里建立起一种熟悉感，就会让企业及品牌在客户心中建立起价值，有助于拉近和消费者的关系，从而建立信任感。

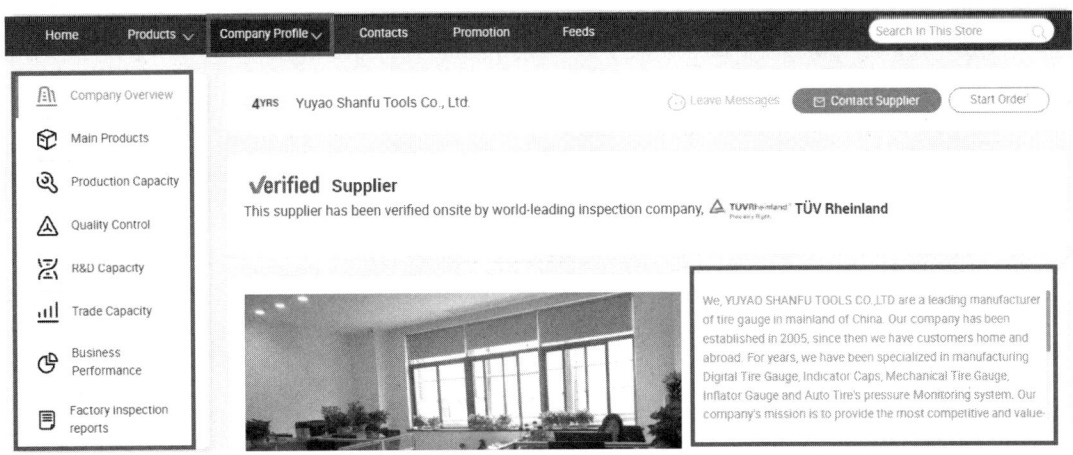

图 3-1　Company Profile（公司档案）

3．公司文案的主要内容

对于企业而言，公司文案关系到企业品牌和形象的树立。虽然文案讲究创意，但创意应建立在一个框架基础上。通常而言，公司文案创作的基本内容框架包含以下 4 个部分。

第一部分：我们是谁？即公司介绍。通常包括：公司名称、公司简介、企业理念、组织结构、企业文化、联系方式等。

第二部分：我们在做什么？即业务范围介绍，重点介绍企业的产品和服务。通常包括：业务范围、业务流程、服务优势等。有竞争对手的产品建议突出产品特色，没有竞争对手或者竞争态势不强的，建议突出产品的价值。可用相关运营数据展示企业实力，有实力的公司通常会将优势产品和服务单独介绍。

第三部分：我们做过什么？即公司业绩及案例介绍。通常包括外贸出口能力、相关证书和案例。案例通常最有说服力，为增加宣传效果案例介绍部分往往非常关键。如果是新公司，没有大量成功案例时，可以略过不提，重点突出其他方面的实力，如获得的资质、合作伙伴等。

第四部分：我们将来要做什么？在结尾部分，可以对公司的愿景及中远期规划做一下介绍。

4．公司文案参考模板

一份精彩的公司文案能吸引客户对公司产品、服务产生兴趣。公司文案的撰写应简明扼要、抓住重点。以下是一份公司文案模板，读者可按照括号中的提示填写相应的英文，供参考学习。

Established in_____（成立年份），_____（公司英文名称）is a professional manufacturer and exporter that is concerned with the design, development and production of_____（行业产品）. We are located in_____（公司所在城市），with convenient transportation access. All of our products comply with international quality standards and are greatly appreciated in a variety of different markets throughout the world.

　　Covering an area of _____（工厂占地面积）square meters, we now have over _____（员工人数）employees, boast an annual sales figure that exceeds USD_____（销售额）and currently export _____（出口比例）of our production worldwide. Our well-equipped facilities and excellent quality control throughout all stages of production enable us to guarantee total customer satisfaction. Besides, we have received _____（国际证书，如 ISO9001）.

　　As a result of our high quality products and outstanding customer service, we have gained a global sales network reaching_____（主要出口国家）.

　　If you are interested in any of our products or would like to discuss a custom order, please feel free to contact us. We are looking forward to forming successful business relationships with new clients around the world in the near future.

　　译文：

　　ABC 公司成立于×××年，专业生产和出口×××产品，集产品设计、研发和生产于一体。我公司地处×××市，交通便利。我公司所有产品均采用国际质量标准，产品远销海外，并享誉海内外众多市场。

　　我公司现有工厂占地面积×××平方米，拥有×××名员工，年销售额逾×××美元，百分之×××的产品远销海外。为了保证客户满意度，我们引入了先进的设备设施，并在生产各个环节贯彻完善的质量检查措施。同时，我们已通过×××认证。

　　鉴于高质量产品和出色的客户服务，我们已经成功建立了一个全球销售网，网点已覆盖×××等国家。

　　如果贵司对我们任一款产品有意或有订单意向，欢迎随时联系我们。我们期待与全球客户携手合作，共创未来。

二、撰写产品文案

1. 产品文案概念

　　产品文案是为了让公司所经营的产品更有认知度、销售力，更好地获得目标受众（潜在消费者或客户）的认知，更有效地把产品价值传达给目标受众，激发客户的购买欲望而创作的文案。

2. 产品文案三要素

　　产品文案三要素是产品、品牌、消费者，如图 3-2 所示。好的产品文案是这三者的有机结合。

　　产品的核心是利益点，即产品的特点，及能带给消费者的好处。例如：运动鞋用了怎样的材料，怎样的拼接手法，这种材料的特点是什么，

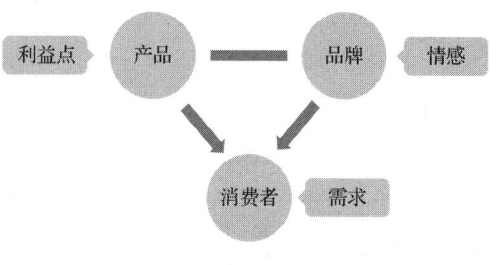

图 3-2　产品文案三要素

减轻了多少重量,透气性加强了多少,用了怎样的配色,以哪一个系列为模板,与哪一个明星有联系,向哪一款经典款致敬等。

品牌的核心是情感,即产品的符号价值、品牌调性能够唤起消费者何种情感和心理。例如:运动鞋的风格是前卫、街头还是运动,是否是当前正流行的风格,拥有它可以令你得到周围人群怎样的评价等。

消费者的核心是需求。以上两者,都是为消费者需求服务的。例如:消费者为什么要购买这双运动鞋,他最看重的点是什么,他是不是哪个明星的粉丝,是不是哪支球队的球迷,是迷恋某种风格,还是追逐流行,是追求功能至上,还是希望得到认可,是重视性价比,还是为了标榜自己的个性等。每一个消费者都可能有许许多多的需求,其中必然有着强弱之分。一条好的产品文案就要抓住消费者最强的需求点,用他喜欢的语言将产品的利益点和品牌的调性传达出来。

产品文案的本质就是帮助消费者解决问题。一个需求对应一个利益点,正如同一个问题对应一种解决方式。找到消费者需求之后,就应继续深挖消费者的需求点,细化到情境、体验、感受及解决方式。例如:消费者会在怎样的情境中产生这样的需求?他的内心感受是怎样的?产品的哪一个属性可以帮助他解决这个问题?解决之后他的状态会是怎样的?将上面这些过程用消费者能接受的语言写出来,就是一条合格的文案。

3. 产品文案写作的 FABE 法则

FABE 法则是非常典型的利益销售法,而且是非常具体、可操作性很强的利益销售法,具体内容如图 3-3 所示。它通过 4 个关键环节,极为巧妙地处理了顾客关心的问题,从而顺利地实现产品的销售。

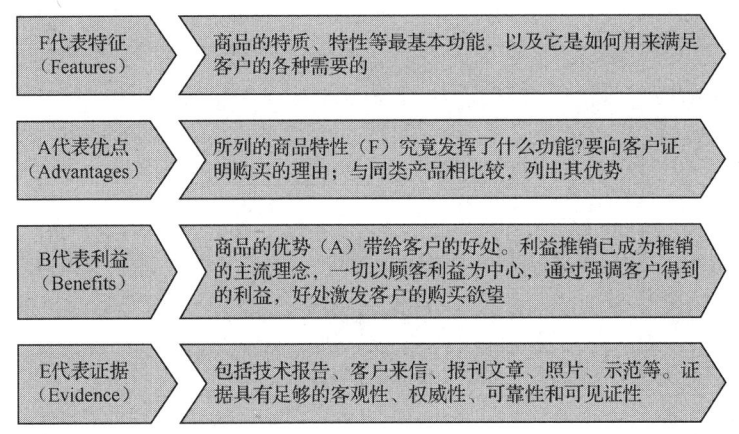

图 3-3 FABE 法则

在电商平台进行页面设计时,产品文案就像是传统意义上的推销员、导购员,其目的也是一步步让客户心动,最终激发其购买的欲望,成功下单。将用于传统销售中的 FABE 法则迁移应用到电商平台的产品文案中,有利于提高点击率及转化率。

(1)F 代表特征(Features)。

产品的特征即产品的功能、属性、参数、特性等最基本功能,也就是这个产品的内在属性,即消费者需求。电商运营中,产品同质性比较明显,如何让你的产品与众不同?深挖消费者需求,找到产品自身的潜质,努力去找到竞争对手所忽略的特性,就能在同等竞争中略胜一筹。如你卖的衣服用的都是国际顶级标准进口面料，产品文案就可以提炼出"国际顶级标准进口面料"这个特征卖点。

（2）A代表由这一特征所产生的优点（Advantages）。

A代表由这个特征所产生的优点，即F所列的商品特性究竟发挥了什么功能，是要向消费者证明购买的理由。从需求到产生购买行为，其中就包含了购买理由。每一个消费者在购买一个产品时都会需要一个购买理由来激发其潜在需求。例如：你卖的衣服因为这种材质而具备特别轻柔、触感好、耐磨耐穿的优点。注意优点与特征不同的是，特征只是与别人不同的地方，而优点是比别人好的地方。

（3）B代表这一优点能带给顾客的利益（Benefits）。

B代表这一优点能带给消费者的利益，即商品的优点A带给消费者的好处，即利益点。利益点在销售中至关重要，如果说优点可以激发消费者潜在需求，那么利益点就可以直接影响消费者的购买行为。例如：你卖的衣服有穿着舒适、好打理、耐穿省钱的好处。此外，痛点比利益点更容易激发购买行为，比起好处带来的额外收获人们更不愿意失去原本拥有的利益。为了更好的转化率，产品文案可以将消费者的利益点和痛点都放进去。

（4）E代表证据（Evidence）。

消费者虽然可以通过图片及产品文案来判断产品的好坏，但产生购买行为还需要至关重要的临门一脚，这就是"证据"。如质检报告、买家评价反馈、产品销量纪录等。食品类目中消费者最关心的是安全，所以食品类目的商家可以在详情页里将质检报告等证书呈现出来，做到有图有真相。

例如：卖一款纯棉T恤。电商平台中，服装样式极多，每款衣服又有很多特性，为了吸引受众，增加其在页面停留的时间，产品文案撰写就要找出一些与众不同的闪光点。如夏天的T恤很普遍，纯棉是目前受众所愿意接受的。因此"纯棉"就是产品的特性，纯棉的面料最大的特点就是"吸汗、透气"，这个优点能给顾客带来的好处就是穿着比较"凉爽、舒适"，如表3-1所示。FABE法则就是根据产品自身的性能特点，在找出顾客最感兴趣的各种特征后，进一步分析这一特征所产生的优点，同时找出这一优点能够带给顾客的利益，最后拿出证据，进一步佐证它，证实该产品确实能给顾客带来这些利益。FABE法则在电子商务领域常应用于产品文案中，一般要按照产品特征、优点、益处、证据的顺序介绍产品，运用得好将很有说服力，可以将产品信息全面、准确地传达给消费者，从而打动他，明显提高转化率。

表3-1 纯棉T恤的FABE分析

F：纯棉	B：夏天穿着它，比较凉爽、舒适
A：吸汗、透气	E：可以用检验报告来说明这款衣服的材质，以及用网友评价来展示这款衣服的好评等

第二节 活动营销

阿里巴巴国际站的流量来源渠道包括自然流量、付费流量和活动场景流量，其中活动场景流量是能够最快获得流量的渠道，也是打造爆款效果最快的渠道。参与阿里巴巴国际站活动的商家一般在短时间内就可以通过活动流量快速地聚集客户，带动店铺销量，然后再反馈到自然排名的获取，达到以活动促营销的良性循环。

一、营销活动简介

营销活动是指以营销为目的而开展的活动,以此为载体,使企业获得品牌的提升或是销量的增长。在阿里巴巴国际站运营场景下,营销活动主要由商家围绕国际站活动而展开,一般包含行业活动、主题活动、区域活动、特殊产品活动、特色活动等。2020年国际站主要活动如图3-4所示,其中常规活动包含 WEEKLY DEALS,3月新贸节和9月采购节,其他活动日期及类型不固定。WEEKLY DEALS 是全球批发第一个场景,面向全球 B(Business,企业)类客户推出的极致性价比限时采购现货场景,以最大限度地实现海外买家流量和不同品类商品、供应商之间的精准匹配、快速成单,是高效实现海外买家在线交易转化、留存、复购的场景。阿里巴巴国际站每年都有两次大型官方活动:3月新贸节和9月采购节。活动时间分别在3月和9月,持续时间为整个月。3月新贸节一般在1月初开始报名;9月采购节一般在7月底开始报名。商家星等级一般为2星及以上或者金品诚企会员1星及以上,如果需要参加活动,需要提前确保星级达标。活动内容一般有对买家包邮、折扣等活动,很多活动针对 RTS 品(Ready to Ship,现货并且可以下单即发货的产品),另外商家报名专场活动时只能在自己平台所在一级类目下报名,报名的商品会展示在对应的会场中。

时间	活动类型	活动名称	建议参与指数	备注
1月	行业活动	机械品牌站(2020)	3颗星	
2月	特殊商家活动	超级卖家(2020)	4颗星	
3月	大促活动	3月新贸节	5颗星	
6月	主题活动	6月跨境贸易服务节(2020)	5颗星	除3月新贸节、9月采购节,其余活动出现日期均不定期
6月	区域活动	浙江大区专享—优品超车计划(2020)	5颗星	
7月	主题活动	直播、短视频活动	5颗星	
8月	区域活动	宁波消博会(2020)	3颗星	
9月	大促活动	9月采购节	5颗星	
10月	特殊产品活动	RTS产品活动	3颗星	
11月	主题活动	双十一大促活动(2020)	4颗星	
12月	主题活动	圣诞活动	3颗星	
全年	特色活动	WEEKLY DEALS	5颗星	

图3-4 2020年国际站主要活动

参加阿里巴巴国际站营销活动,有助于商家快速引流,提升转化率,其主要获益如下所述。

1. 产品排序获得加权

活动一般分为蓄水预热期和爆发期。活动前,蓄水商品买家数和交易金额越多,商品排名权重越高。活动后,会积累买家数和交易金额等数据,搜索排名随之抬高。

2. 借势打造爆款

爆款的意义对于一个店铺来说非同寻常,爆款的打造也是相当困难的,一般要花费大量财力、物力和精力,去引流宣传。爆款可以提升店铺的流量,同时也可以带动店铺其他宝贝的销售。阿里巴巴国际站很多活动场景可以为打造爆品带来有效路径,因为此时买家数量很多,容易产生冲动消费。

3. 提升知名度

无论产品还是店铺,拥有了一定知名度就不愁客户来源,阿里活动面向更大流量峰口,可以快速提升店铺和产品的知名度。

4. 吸引新客户,召回老客户

没有客户的店铺就像没有水的鱼,维护客户也是店铺的重要工作之一。活动可以通过营销场景、优惠利益点等方法召回老客户囤货。而活动期间的活动场景、产品优惠、品牌站等则可以吸引新客户成交。

二、线上展会

受全球疫情影响,国内外会展活动按下暂停键。随着客户自身业务调整,加之政府积极鼓励网上办展,特别是广交会这一标志性展会选择线上举办,业内人士开始从焦虑、观望、转为行动,以实现展会数字化转型,谋求线上展会新模式。阿里巴巴国际站作为引领全球跨境贸易行业的在线平台,秉承"数字化重构跨境贸易"的理念,变革性推出 B2B 领域线上展会。

1. 阿里巴巴国际站线上展会结构及圈品规则

阿里巴巴国际站线上展会分为三大类:综合展,以阿里巴巴网交会和 9 月采购节为代表;行业展,如线上家居健康展、线上工业展;政府联合展,包括广东、江苏、福建和浙江义乌等地的云展会,涵盖了中国绝大多数出口大省。线上展会主要涉及行业主题场景和特色主题场景,阿里巴巴国际站线上展会会场结构如图 3-5 所示。各会场的圈品逻辑和排序规则如图 3-6 所示。

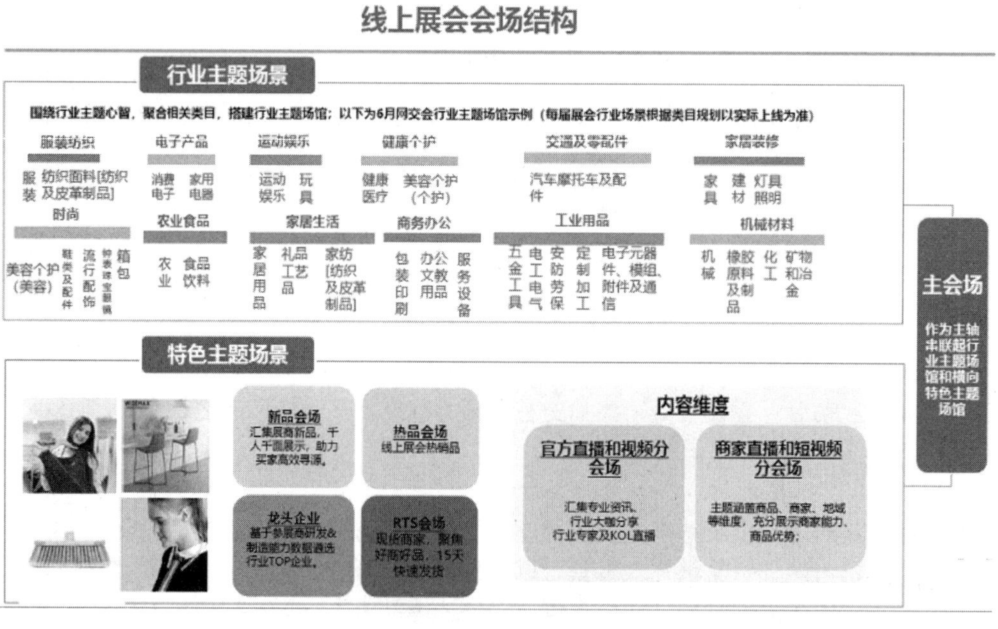

图 3-5 阿里巴巴国际站线上展会会场结构

会场圈品逻辑&排序规则

会场	商家范围	圈品逻辑	排序规则
行业主题会场	所有参展商 主题对应类目商家	商品成长分， 主图有视频	根据买家偏好千人千面排序
新品	所有参展商	商品成长分， 主图有视频， 发布时间及关键词	根据买家偏好千人千面排序
热品	所有参展商	商品成长分， 主图有视频	根据买家偏好千人千面排序
RTS品	所有参展商 截至**，RTS发品量占比全店商品量≥30%的商家	商品为RTS品 商品所属24个RTS一级行业	根据买家偏好千人千面类目排序+类目内根据规则赛马；
主会场猜你喜欢	所有参展商	商品成长分， 主图有视频	根据买家偏好千人千面排序
龙头企业	参展商中综合实力强的商家	商品成长分， 主图有视频	根据买家偏好千人千面排序
参展商名录	所有参展商	商品成长分	根据买家偏好千人千面类目排序+类目内根据规则赛马
商家直播&短视频分会场	报名直播并审核通过的商家； 报名短视频并审核通过的商家	-----	直播：根据买家偏好、直播热度等因素综合排序 视频：根据买家偏好、播放效果等因素综合排序

图3-6 会场圈品逻辑和排序规则

2. 线上展会案例：2D在线定制2021新年新品展

（1）会场介绍。

自2020年9月下旬国际站2D在线定制功能上线以来，数千商家已开始使用2D在线定制功能，提升商品点击转化率、获取优质买家流量。为更广泛地推广2D在线定制的优商优品，促进买家和卖家精准匹配，自11月开始，以月为单位，持续开展2D在线定制优品大赏活动，重点推广2D在线定制的高使用率商家、高分商品。

（2）报名方式。

My Alibaba后台—营销中心—官方活动报名—国际站2D在线定制2021新年新品展。

（3）商家报名资质。

①商家认可并遵守阿里巴巴制定和发布的活动相关要求和细则；

②本次活动仅覆盖"一级主营类目"，包括礼品工艺品、家居园艺、家具、灯具、家纺、服装、鞋靴、时尚配饰、美妆个护、珠宝首饰手表、箱包、运动娱乐、消费电子、食品饮料的商家；

③本次活动不设商家星等级门槛，但要求商家店铺具备须2D在线定制功能，对于2D在线定制使用率高的商家，有机会获得海景房资源展示；

④商家为信用保障亮灯用户且信用保障服务未中止或终止；

⑤商家报名账号的违规分值<24分且知识产权严重违规被处罚次数<1次；

⑥商家若有所列任一违法违规行为，则不允许参加本次活动：虚假交易被平台处罚、阿里平台金融产品逾期、工商或税局状态异常、税局稽查等违法违规案件、法院失信、海关失信、法人刑事涉案记录；

⑦阿里巴巴国际站会根据本活动的整体策略，优先选择与可以更好地为买家服务的商家（优选条件包括但不限于活动契合度、买家需求、诚信经营情况、履约及服务保障情况等）进行合作；国际站与商家之间的选择是双向的，未形成一致意见之前任何一方均有权自主决定是否与对方开展合作。国际站与商家就本活动达成的合作是免费的。

（4）商品提报规则。

①必备条件 A：所提报商品必须绑定 2D 在线定制模型（即真正具备 2D 在线定制功能），且商品成长分≥60；

②必备条件 B：因活动主题为 2021 新年新品展，要求商品最新更新时间为 2020-11-01 00:00:00—2020-12-31 23:59:59（美国时间）；

③加分项：请积极提报商品成长分较高的商品，此类商品将获得优先展示和推荐；

④每个商家可提报最多 50 款商品，所提报商品必须绑定 2D 在线定制模型；

⑤知识产权：商家填报的活动产品及相关信息资料等均系商家合法使用、销售、无图片盗用、知识产权侵权等情形；

⑥发货期：必须按照买卖双方约定的时间进行发货，如平台收到买家反馈未按约定时间内发货，平台核实后将按照《国际站交易违规处罚规则》处罚。

三、活动营销策划与执行

活动营销是为了在短时间内达成目标而开展的具有爆发性的营销手段，完整的活动营销包含活动策划、方案执行、复盘总结等环节。从时间的角度讲，活动营销的策划与执行包括准备期、策划期、执行期、传播期、复盘期等阶段，每个阶段的任务及要点如表 3-2 所示。

表 3-2 活动营销各阶段的任务及要点

阶 段	任 务	要 点
准备期	明确目标用户和活动目的	活动目标：拉新、促单、转化、品牌； 目标用户：是谁、在哪、特征、喜好； 怎么做：短期、长期； 花费多少：成本、投入产出比
策划期	准备一份完整的策划案	活动形式：关联度、吸引力、可执行性； 策划案内容：主题、时间、背景、目的、描述、规则、传播计划、预期效果、成本、风险控制； 活动文案：活动页文案、活动传播文案
执行期	根据数据及时调整活动方案	执行案：项目拆解、负责人、时间节点、完成标准； 内部结构：产品、设计、开发； 外部结构：合作商、合作渠道
传播期	预热、引爆、收尾	预热：海报、客户通知； 引爆：全渠道传播、数据监控、用户反馈收集； 收尾：二次传播、奖励发放、返场活动
复盘期	回顾、对比、总结	回顾活动目标； 呈现活动效果； 差异对比分析； 导出经验总结

活动营销的重点主要包括以下几个方面。

1. 明确活动目的

明确活动目的是活动策划的第一步，目的是之后一切决策的指导方针。常见的活动目的如图 3-7 所示。

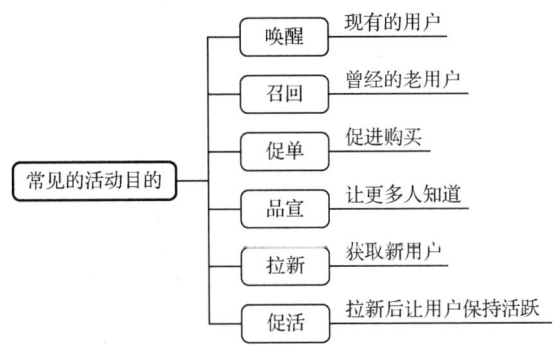

图 3-7　常见的活动目的

2．选择合适的时间节点和活动主题

活动要师出有名，不说明理由的送福利，用户会难以接受，因此必须找到这个理由，然后把这个理由与产品结合起来。这个理由是商家与用户的第一个"触点"，是活动策划中的核心。

3．活动策划因素及玩法

策划活动应考虑的因素如图 3-8 所示。电商活动中常见的"玩法"如图 3-9 所示。

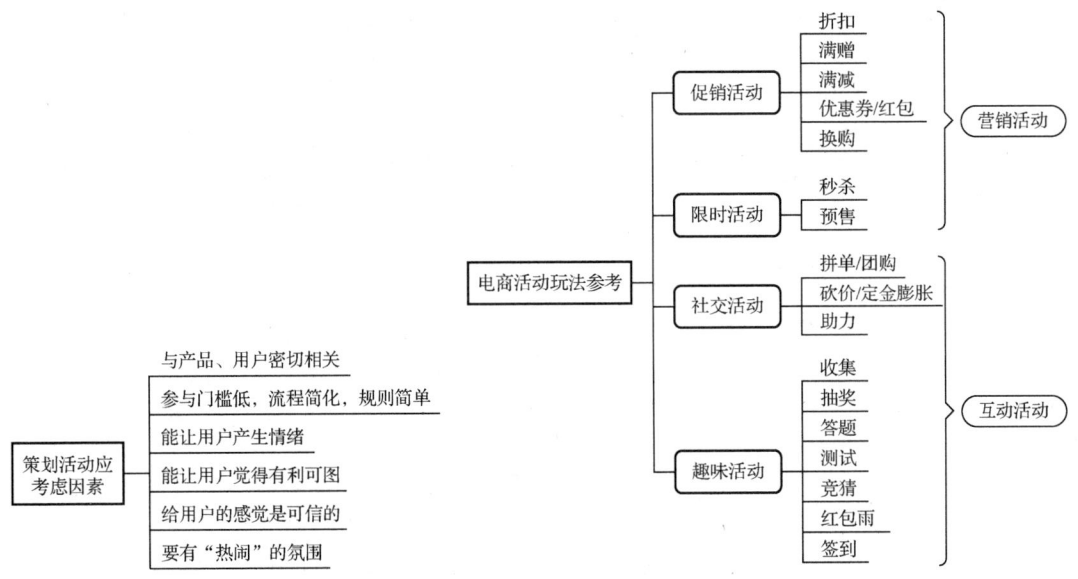

图 3-8　策划活动应考虑的因素　　　　图 3-9　电商活动中常见的"玩法"

4．资源分配

合理分配资源，包含金钱预算、推广资源、人力资源。

5. 做好数据监控和统计

数据可以帮助商家判断是否已达到目标，是否需要及时对活动内容进行优化。电商活动中常见的数据指标如表3-3所示。

表3-3　电商活动中常见的数据指标

电商数据分析基本指标体系	总体运营指标	流量类指标	访客数浏览量、人均浏览量
		订单产生效率指标	总订单数、访问—下单转化率
		总体销售业绩指标	下单金额、支付金额、客价
		整体指标	销售毛利、毛利率
	网站流量指标	流量规模类指标	访客数、浏览量
		流量成本类指标	访客获取成本（付费金额/付费带来的流量）
		流量质量类指标	跳失率、平均停留时长、人均浏览量
	销售转化指标	购物车类指标	加购人数、加购件数、访客—加购转化率、加购—支付转化率
		下单类指标	下单件数、下单金额、下单买家数、下单转化率
		支付类指标	支付金额、支付买家数、支付件数、浏览—支付转化率、下单—支付金额转化率、下单—支付时长
		交易类指标	支付订单数、支付金额、支付买家数、支付件数、交易失败订单数、交易失败订单金额、交易失败订单买家数、交易失败商品数、退款总订单量、退款金额、退款率
	活动效果及投入指标	市场营销活动效果指标	新增访问人数、新增关注人数、总访问人数、订单数量、下单转化率、投资回报率
		广告投放指标	新增访问人数、新增关注人数、总访问次数、订单数量、访客订单转化率、广告投资回报率

6. 及时进行活动复盘

执行的结束并不意味着活动的结束，还有一个非常关键的环节需要商家重视，那就是对活动的结果复盘，包括效果评估、原因分析、总结经验和教训等，对后续活动可以起到很好的借鉴意义。其中，树状图和鱼骨图都是很好的分析总结工具。

第三节　商家自营销

为帮助阿里巴巴国际站的商家更好地实现自营销，不断吸引新客户并推动二次回访，阿里巴巴国际站目前已上线折扣营销、优惠券、SNS（Social Network Services，社交网络服务）智能分享、视频营销和直播营销等工具。

一、折扣营销

电子商务极大地扩张了传统折扣外延，而阿里巴巴是较大程度运用折扣营销理念的平台之一。在阿里巴巴的生态系统里，折扣营销被广泛应用到新品试销、旺季促销、尾货清仓等各个方面，在销货之余还承担了越来越多的营销功能。

1. 折扣营销概念

折扣营销是指卖方在销售货物时给予买方的价格优惠，是仅限于货物价格的商业折扣，这种方式往往是相对短期的、有特殊条件和临时性的，如批量折扣、一次性清仓折扣等。在阿里巴巴国际站，折扣营销是商家常态化的自营销工具，通过设置限时的折扣优惠，提升订单转化率，短期内收获大量订单。

2. 折扣营销规则

阿里巴巴国际站折扣营销的主要规则包括：①活动商品的折扣信息将在产品的详情页展示；②目前，只有直接下单品才能设置折扣营销；③"直接限时折扣"只能应用在买家直接下单的订单上，前提是必须满足非样品单、在限时折扣有效期内、折扣优惠库存大于零的条件；④限时折扣减免的是订单金额中商品货款部分，不包括物流费用；⑤同一个商品上有多个限时折扣活动，根据折扣力度优先展示最优惠的那一个；⑥订单中同一商品上的优惠叠加抵扣的计算逻辑是：先扣限时折扣，再扣优惠券。

3. 折扣营销设置

（1）进入折扣营销路径。

My Alibaba 后台→商家自营销中心→折扣营销，如图 3-10 所示。

（2）新建活动。

活动编辑分为基本信息、选择商品和优惠折扣两部分，如图 3-11 所示。

图 3-10 阿里巴巴国际站营销中心

图 3-11 活动编辑

基本信息中主要设置活动名称、活动时间、活动人群、优惠条件等。其中，活动时间选择的是美国时间，标注有对应的中国时间；活动人群暂时只可选择所有人；优惠条件为折扣。选品部分需要手动添加，且只可选择直接下单品作为活动商品，单次活动最多支持添加 50 个商品，选品结束后点击"确定"按钮。

（3）设置活动商品库存和折扣。

手动选品完成后，可设置每个活动商品的库存及优惠方式，如图 3-12 所示。优惠方式的设置范围为 1～9.9，可保留小数点后一位。

图 3-12　活动商品的库存及优惠方式设置

（4）完成创建。

（5）管理活动。

到活动时间后，活动商品的产品详情页将展示折扣信息，PC 端网页上的详情页还显示活动结束时间倒计时，如图 3-13 所示。

图 3-13　活动商品的折扣信息展示

如果某项活动在开始前或进行中需要修改活动信息，可进入活动详情页，点击右上角"编辑活动"按钮，弹出设置页面，对活动内容和活动商品进行编辑。处于活动开始前或进行中状态时，也可以提前结束，如图 3-14 所示。

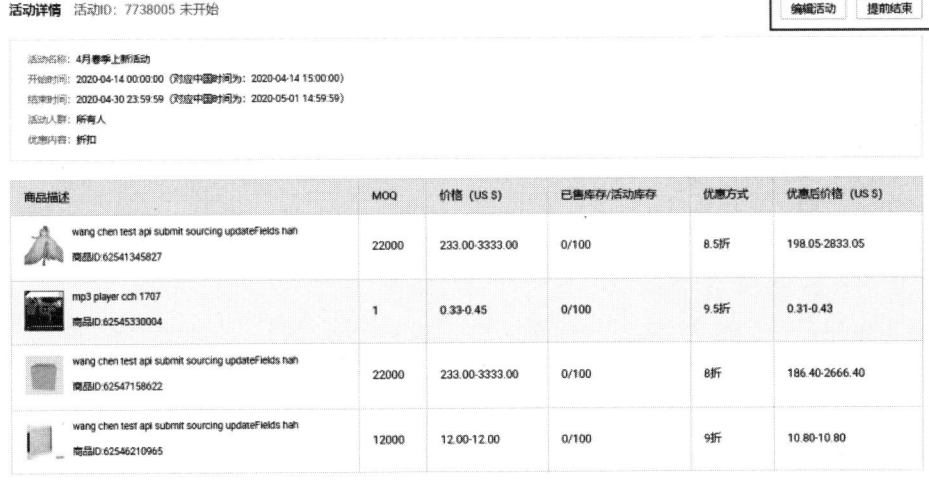

图3-14 修改活动或结束活动

二、优惠券

1. 优惠券概念

优惠券是商家给予潜在客户的优惠凭证。在阿里巴巴国际站，优惠券是商家常态化自营销的工具，商家通过优惠券的设置、发布和推广，打造更丰富的营销场景以吸引客户，根据营销数据沉淀了解客户信息，更精准、更有效地进行推广营销活动。

2. 优惠券规则

在阿里巴巴国际站中，优惠券规则主要包括优惠券使用规则、优惠券核销规则和优惠券设置规则3个方面。

（1）优惠券使用规则。

①优惠券抵扣的是订单金额中商品货款部分，不包括物流费用。

②优惠券有特定使用条件，即1张优惠券仅限于单笔订单消费抵用，不可拆分，过期作废。

③使用门槛：订单货款金额必须大于优惠面额，且当订单货款金额（不含运费）满足优惠券抵扣标准时，买家才能使用优惠券进行抵扣。

④买家无法在样品订单中使用优惠券。

⑤如果订单中没有包含优惠券适用范围的商品，则买家无法使用优惠券。

（2）优惠券核销规则。

①每个订单只适用于1张优惠券，优惠券有特定使用条件，仅限于单笔订单消费抵用，不可拆分，过期作废。

②买家领取优惠券后，在对应商品中下单时，系统会自动判断出符合使用条件的优惠券供买家选择，但直接限时折扣和优惠券能在同一订单上叠加抵扣。因此，最终订单金额为：

最终订单金额=订单金额（不含运费）×直接限时折扣百分比-优惠券券面金额（满减券）

或

最终订单金额=订单金额（不含运费）×直接限时折扣百分比×满折券折扣百分比

③当订单货款金额（不含运费）满足优惠券抵扣标准时，买家才能使用优惠券进行抵扣。

④下单后，订单价格会锁定为优惠券减扣后价格，买家需要在优惠券有效期内进行支付使用。

⑤如果订单被取消，优惠券还在有效期内，被冻结的优惠券会被释放，供买家继续使用。如果优惠券已过期，则优惠券失效。

⑥当买家使用优惠券时，优惠券会优先抵扣尾款，如尾款金额不足抵扣优惠券金额，则会优先抵扣首付款。

⑦含优惠券订单支付成功后视为优惠券已使用，发生退款行为时，退款金额不包括优惠券金额。

（3）优惠券设置规则。

①优惠券类型：目前有满减券和满折券两种。

②券标题设置：60个字符以内。

③优惠券有效期：有效期不得超过62天。

④券发布数量：商家同时可发10张优惠券，1张优惠券最多可以发售1万张。

⑤商品数量：可以设置为全店铺商品和特定商品，特定商品上限为50款。

⑥当优惠券设置适用范围为全店铺商品时，直接下单品和非直接下单品均适用。

⑦当优惠券设置适用范围为特定商品时，只适用于直接下单品。

⑧优惠面额：最低设置5美元，可设置5的倍数。

⑨优惠券变更：发放中优惠券可以增加数量，如要减少优惠券数量需要停止使用优惠券后再进行设置。

⑩当设置多张优惠券时，商品详情页会按照以下展示顺序展示多张优惠券：平台券优先于店铺券，即优先展示平台券，再展示店铺券；如果券的类型一致，则优惠力度越大的券排序越靠前。

3. 优惠券设置

（1）进入My Alibaba后台，点击"营销中心"→"商家自营销中心"→"优惠券"命令，进入"优惠券"页面，在页面右上方点击"创建优惠券"按钮，如图3-15所示。

图3-15　创建优惠券

（2）编辑优惠券信息。

优惠券信息分为基本信息、面额信息和产品信息 3 个部分，如图 3-16 所示。当优惠券的使用场景设置为直播（仅在直播间使用）时，直播优惠券为直播间专属优惠券，买家仅可在直播过程中领取该优惠券，该优惠券可选择全店通用或部分商品通用。直播优惠券设置后，商家可自主控制直播优惠券的弹出时间及优惠力度。当优惠券设置适用范围为"全店铺"商品时，直接下单品和非直接下单品均适用。当优惠券设置适用范围是"特定商品"时，则优惠券只适用于直接下单品，且最多可以选择 50 个商品。

图 3-16　编辑优惠券信息

（4）创建成功。

三、SNS 智能分享

在 2020 年年底，阿里巴巴国际站 SNS 智能分享功能上线。该功能可帮助商家一键同步阿里巴巴国际站内容到 LinkedIn、Facebook、Twitter 等社交平台，实现站外引流、站内成交。

1. SNS 简介

SNS 全称为 Social Network Service（社交网络服务），是为一群拥有相同兴趣与进行相同活动的人创建的在线社区，国际上知名的 SNS 包括 Facebook（脸书）、Twitter（推特）、LinkedIn（领英）、Instagram（照片墙）、Pinterest（拼趣）等。在中国大陆地区，以 SNS 为主的流行网站有人人网、QQ 空间、百度贴吧、微博等。SNS 为信息的交流与分享提供了新的途径。作为社交网络的网站一般会拥有数以百万的注册用户，使用该服务已成为人们生活的一部分，对人们的信息获得、思考和生活产生了不可低估的影响。社交网络日益成为人们获取信息、展现自我、营销推广的重要窗口。

2. SNS 智能分享操作步骤

（1）进入路径。

点击 My Alibaba 导航栏的"营销中心"或"媒体中心"命令可以打开"SNS 智能分享"页面，系统会自动推荐新品的智能合成图片，选择后点击"分享"按钮分享页面。若首次进入，则会弹出站外分享的法务协议窗口，仔细阅读后，若接受，则点击"确认"按钮。

（2）绑定账号。

点击"确认"按钮后，若之前未绑定社交账号，则会提示需要绑定社交账号；若之前已绑定社交账号，则会自动打通，无须额外操作即可进入"SNS 智能分享"页面，如图 3-17 所示。

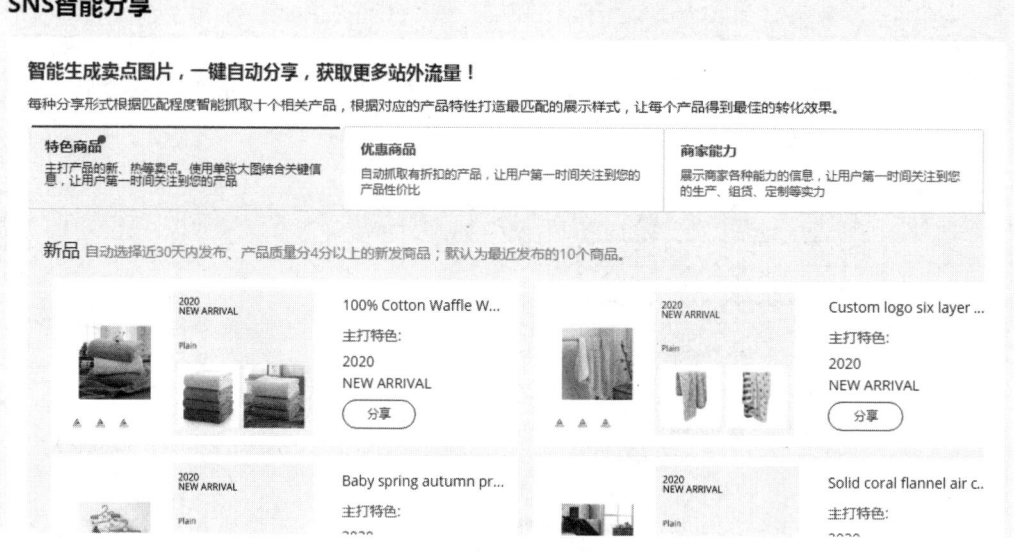

图 3-17 "SNS 智能分享"页面

（3）点击"分享"按钮。

"SNS 智能分享"页面可以分享的内容包括特色商品、优惠商品（暂未上线）和商家能力（暂未上线）。已经上线的功能只有特色商品，主打产品的新、热等卖点。新品自动选择近 30 天内发布、产品质量分在 4 分以上的新发商品，并将其默认为最近发布的 10 个商品。热品自动选择最近一个月有询盘沟通且达到一定销量的产品，但此功能尚未上线。每种分享形式根据匹配程度智能抓取 10 个相关产品，根据对应的产品特性打造最匹配的展示样式，让每个产品都得到最佳的转化效果。目前，系统每天自动推荐 10 个新品智能合图，可以选择想要分享的图片，点击"分享"按钮，进入"分享商品内容"页面，如图 3-18 所示，然后勾选自动分享的社交账号。

图 3-18 "分享商品内容"页面

分享方式分为自动分享和手动分享。自动分享靠技术接口自动同步，操作简单，但渠道有限，目前仅支持 LinkedIn。手动分享需要手动发布，但渠道更多元，目前支持 LinkedIn、Twitter、Facebook、News Feeds 及 Your Story。点击对应的社交平台图标，进入对应的页面，会自动填入图片和默认文案，只需勾选渠道即可，如图 3-19 所示。分享效果如图 3-20 所示。

图 3-19 分享渠道勾选

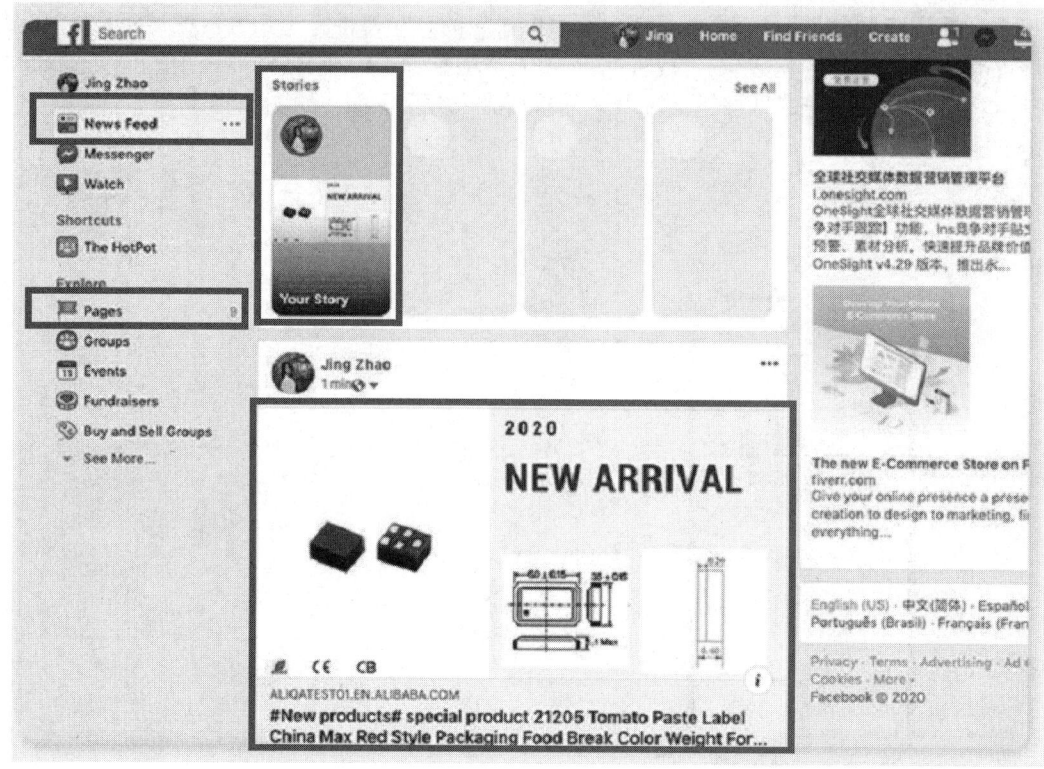

图 3-20　分享效果

四、视频营销

视频消费在国内外主要社交平台中逐渐成为用户主流行为，视频营销已成为 B2B 行业较为常用且有效的营销手段之一。用户每年花在观看视频的时间在逐年增长，视频内容已成为 B2B 营销里的重要部分。2020 年，超过 30% 的 B2B 营销人员在内容营销中使用视频形式，尤其是短视频，阿里巴巴国际站短视频内容消费意愿高，有望迎来爆发式增长。

1. 短视频频道简介

2020 年年底，阿里巴巴国际站原 Feeds（粉丝通）频道升级为 True View（短视频频道），如图 3-21 所示。短视频成为商家自主展示商品、企业实力等业务动态的重要形式，通过无线旺铺、短视频频道等内容渠道精准触达买家，获得买家的关注和信任。短视频频道给买家提供了更加真实、直观的视频购物体验，为远场用户提供近场体验，作为买家二次访问的重要入口，有助于促进商机的高效转化。对于卖家而言，此频道提供了更多展示产品的机会，增加了商品的曝光率，优质视频能高效提升订单转化率。

2. 视频分类

在阿里巴巴国际站运用场景下，根据展示位置，视频主要分为主图视频、True View 视频、旺铺视频、详情视频。各类视频制作的注意事项及前台展示场景如表 3-4 所示。

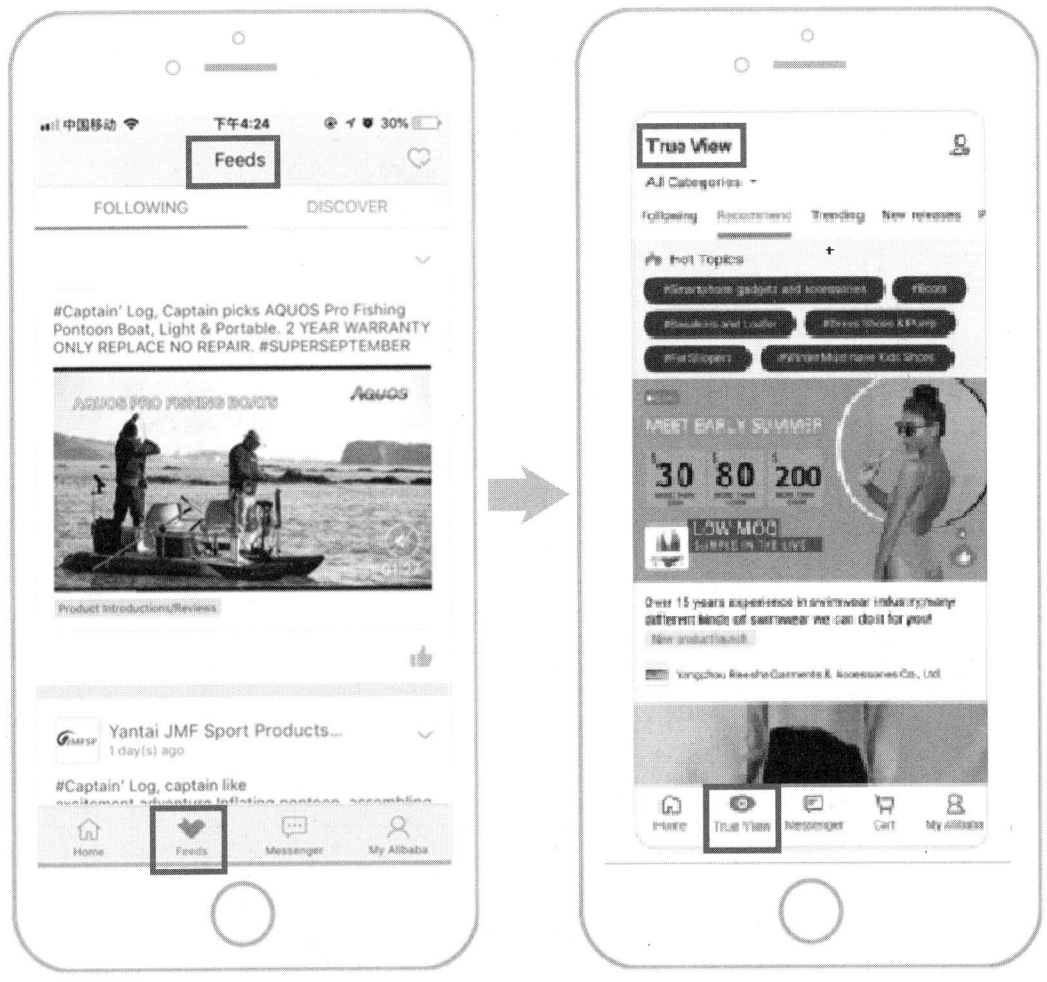

图 3-21　Feeds（粉丝通）频道升级为 True View（短视频频道）

3．视频内容选择

通常，视频内容包括商品信息、商家动态、优惠折扣和其他信息 4 个方面，具体内容及其作用如表 3-5 所示。①商品信息，激发联想和兴趣：多尝试场景化的产品表达、产品评测（可以是性能小测试，如防水、防爆、强度测试等，也可以是和竞品的对比试验）、产品操作／使用指南、产品目录等，不要简单堆砌商品，不要总发 360°产品展示的视频或 PPT 式的翻页视频；②商家动态，激发信任：多尝试企业产品流程（产品生产过程、产品交付过程）的图文／视频、企业认证信息（ISO9000、CE 认证等）、企业故事；③优惠折扣，激发冲动：写明价格变动、MOQ（最小订单量）调整、促销打折等；④其他信息，辅助信任。分享行业趋势、行业见解、参加的行业活动及线下展会、其他买家的评论、感言、案例等。视频内容选择在一定程度上决定了视频的最终效果。视频内容选择的维度及示例如表 3-6 所示。

表 3-4　阿里巴巴国际站各类视频制作的注意事项及前台展示场景

分　类	注意事项	前台展示场景
主图视频	商品类视频：建议主要展示商品属性、使用效果、品质等信息。 推荐尺寸：16:9、1:1 推荐时长：30s 清晰度：720P 高清及以上 视频大小：100MB 以内	
True View 视频	内容类短视频：通过真人出镜、实拍、真实场景试用等体现商品的核心卖点，展现商家实力（注意不要做成电视广告），以视频形式告诉买家为什么值得买，分享购后的经验，注重专业性与真实性。 推荐尺寸：9:16 推荐时长：1min 清晰度：720P 高清及以上 视频大小：500MB 以内	

续表

分 类	注意事项	前台展示场景
旺铺视频	商家实力类视频：公司规模、研发能力、资质认证、业务团队等展现商家实力的视频。 推荐尺寸：16:9 推荐时长：1min 清晰度：720P 高清及以上 视频大小：100MB 以内	
详情视频	商品商家类视频：详细展示商品卖点和商家实力以及相关服务。 推荐尺寸：16:9 推荐时长：1min 清晰度：720P 高清及以上 视频大小：100MB 以内	

表 3-5 视频的具体内容及其作用

	商品信息	商家动态	优惠折扣	其他信息
具体内容	上新、爆品、产品操作指南、产品测评、新品清单、爆品清单、产品目录	360验厂、资质认证、企业宣传、企业成长记录	商品折扣、旺铺活动、优惠券	行业新闻、趋势、洞察、行业活动、展会、其他买家的案例等
作用	激发联想和兴趣	激发信任	激发冲动	辅助信任

表 3-6 视频内容选择的维度及示例

维度	示例
专业性	企业资质、认证、验厂视频、产品测评、买家评论、买家案例、产品关键性能数据、线下展会等
实用性	产品使用教程、MOQ（Minimum Order Quantity，最小订单量）、价格优惠、拿样信息等
创意性	有用有趣、吸引眼球、新奇特产品展示
场景化	产品的使用场景，如运动器材、工业类
差异化	与同类产品相比，差异在哪里，如原材料、生产工艺、生产流程等
贴热点	世界杯、目标国家的节假日、大型展会等
话题性	公益、手工艺、环保等

4．视频制作规范和要求

视频要符合基础规范，视频内容不能违反影视行业相关法律法规条例，视频中不得出现违反广告法的信息，整体短视频内容符合社会主义价值观。此外，阿里巴巴国际站对于视频制作的基本要求如下。

（1）画面稳定，无抖动、无黑边。可使用云台、三脚架等辅助设备保证画面稳定，以提升买家的观看体验。

（2）无片头、无水印、无商家 LOGO（标识）。直接展示产品本身，使用无片头、无水印、无商家 LOGO 的剪辑软件进行后期处理，同时要避免商家自制片头。

（3）无外域网址及私人联系方式。不在视频内任何位置添加个人联系方式（包括个人邮箱、电话、微信等），同时也要避免外域网址链接的宣传，通过阿里巴巴官方平台与买家沟通，才能更好地保护双方的权益。

（4）画面清晰，光源充足，无屏闪问题。视频画面最低要求为 720P、4:3/16:9 画幅、一般不高于 100MB，建议 20MB～30MB；拍摄环境光线充足、对焦准确，产品需要在画面中完整展现，使用优质光源或拍摄器材快门速度在 1/50s 以内（0.02s）。

（5）避免单纯图片切换形式的视频。图片切换形式的视频无法通过阿里巴巴优质视频的审核，要充分利用短视频的特性，多维度地展现商品卖点。

（6）卖点阐释使用英文字幕。通过文字能够将产品不易展现的卖点表达出来，引导买家购买产品，因为面对的是外国客户，因此使用英文字幕才是最优选择。

5．电脑端视频发布

电脑端视频发布主要有产品视频、True View 视频、短视频活动投稿等入口。

（1）产品视频。

产品视频主要涉及主图视频、详情视频，其发布操作流程为：My Alibaba→媒体中心→视频素材→上传视频→确认上传→关联主图/详情商品→等待审核。

在主图视频的基础上，阿里巴巴国际站鼓励商家多多申请优质视频，当视频达到可以申请优质视频的要求时（在主图视频良好的基础上，加上视频的效果数据：近30天有效播放次数大于10次），即可申请。优质视频将给商家带来更多的流量曝光，有利于转化率的提高。

（2）True View视频。

True View频道以内容型视频为主打，需要"品""商""行业"三个维度的标签选择（最多可以选择3个标签），贴对标签将更加有助于商家产品的展示和曝光，可以获取更多的流量，吸引买家，获取关注。视频发布流程为：My Alibaba→媒体中心→视频发布→发布视频→True View视频→立即发布。

（3）短视频活动投稿。

阿里巴巴国际站短视频中心化场景每月都推出话题专区，通过高质量的定向生产视频内容，展现市场最新动态、行业特色内容、买家感兴趣的特色主题等。短视频活动投稿发布流程为：My Alibaba→媒体中心→活动投稿→视频活动→查看详情→立即投稿。

6. 手机端视频发布

手机端视频发布主要有产品视频、True View视频等入口，需要下载安装阿里巴巴卖家客户端。

（1）产品视频。

手机端发布产品视频的流程为：阿里巴巴国际站卖家首页→产品视频→拍摄产品视频→上传产品视频→发布，可参考图3-22所示。

（2）True View视频。

手机端发布True View视频的流程为：阿里巴巴国际站卖家→短视频→上传短视频→发布，也可参考图3-22所示。

图3-22　手机端发布产品视频和True View视频的流程

五、直播营销

随着互联网的发展,直播行业快速兴起,越来越多的企业利用直播去营销,从而实现和客户实时互动,满足客户多元化的需求。

1. 直播营销概念

直播营销是指在现场随着事件的发生、发展进程同时制作和播出节目的营销方式,该营销方式以直播平台为载体,达到企业提升品牌价值或增长销量的目的。

2. 直播营销核心元素

随着技术的发展,直播营销在如今的市场里已经形成了一股势不可挡的潮流,无论是想要更好地营销产品的商家,还是普通的运营新手,想要做好直播营销,关键要抓住直播营销的六大核心元素,如图3-23所示。

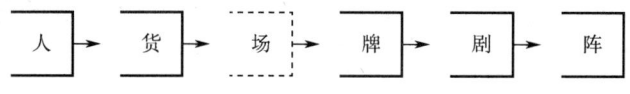

图3-23 直播营销的六大核心元素

(1)人:主播、商家、客户。

直播主播的选择首先要考虑整个人的形象、气质是否符合直播主播的人设。性格、习惯、口头禅、生活方式等都是需要认真打磨的元素;其次是主播的卖货能力,一名合格的主播除了要掌握相关产品的专业知识,还要有较好的语言表达能力和与观众互动的能力,能够很好地调动直播间的氛围,同时可以巧妙地引导客户去购买产品。除了主播以外,商家和客户都是需要考虑的因素,商家一定要靠谱,可以保证产品的质量和供应,这样才能满足客户的需求,为直播营销做好后盾。客户,也就是消费者,直播营销的对象就是进入直播间的观众,只有清楚客户的需求,做到有的放矢,才能给客户带来价值。三者兼顾,统筹规划,才能够做好直播营销中人的这一部分。

(2)货:商品选择与售卖策略。

直播营销中的货,主要涉及商品的选择和售卖策略。本书推荐一个简易的公式,即:

选品=价格好(性价比高或高折扣)×高知名度×强需求

从上式中可以看到,影响客户决策的因素主要体现在三个方面:①需求程度:是否为刚需好货;②直播价格:是价格中等、折扣高的产品,还是直播间专享价或商家最低价;③品牌知名度:知名度越高,品牌影响消费者心智的势能就越大,转化门槛就越低。

据统计,商家直播第一单提供优惠力度大、性价比高的商品,容易打造"爆品",可以逐渐强化客户需求强度,提升品牌价值,增强客户黏度。

(3)场:直播场景设置和互动。

场就是直播场地,其实直播并不仅仅束缚于一间小小的房间,也可以带着观众去户外或工厂,做实地探访,这样做更能增加用户对产品的信任度,直播也具有真实性。直播场地是最接近客户对产品和品牌生活方式幻想的承载,过于简单的直播间会让观众觉得商家对这次直播不够重视,进而质疑产品的质量。直播间的设置不需要太奢华隆重,背景尽量干净整洁,只放一些与直播内容相关的产品,要保证美观,起码看起来舒适,让观众有继续观看的欲望。

除了场地以外,直播间的互动也属于一种"场"。如果整场直播中主播都在不停地给用户推销产品,那么必然会引起大多数观众的反感,甚至导致直播失败,所以直播互动非常重要。直播互动除了要尽量回答观众的一些问题,和他们交流以外,还可以设一些优惠福利,以激发他们的积极性。例如,抽奖、发红包等活动,都会起到留住观众的作用。

(4)牌:品牌的承载功能。

由于产品太具体,叙述时无法表达很抽象的生活方式,这时候品牌的作用就显现出来了。只要品牌真实存在,就别把它当作一个简单的标志,而要赋予它一个美好的意义。

(5)剧:直播内容的合理设计。

直播就好像主播在演戏,要有一个设定好的脚本,直播的内容要在主播的掌控之中。这就类似于在拍戏,每分钟都是编排好的,知道剧本的高潮在哪,低潮在哪,做到心中有数。

(6)阵:直播团队。

直播的成功通常离不开团队的共同努力,搭建团队首先要考虑的是岗位设置,其次是工作职责,最后是工作流程和制度规则等。一般而言,一个直播团队主要包括主播团队、策划团队和运营团队,各团队的主要岗位及职责如表3-7所示。

表3-7 直播团队岗位及职责

团队	岗位	职责
主播团队	主播	进行正常直播、熟悉产品信息、介绍展示产品、粉丝互动、活动介绍、复盘直播内容等
	副播	协助主播直播、与主播进行配合、说明直播间规则等
	助理	负责配合直播间所有现场工作,如灯光设备调试、商品摆放等
策划团队	编导	编写直播脚本,负责根据主播的人设、粉丝属性、商品特点等撰写直播策划案
	场控	操作直播中控台,如商品临时上下架、发优惠信息、红包公告、抽奖送礼、促销、实时改库存改价格、弹关注卡片; 控制直播间节奏等
运营团队	商品运营	提供商品、挖掘产品卖点、培训产品知识、优化商品等
	活动运营	搜集活动信息、活动执行等

3. 直播营销流程

无论是大企业还是中小企业或个人,在利用直播进行营销时往往离不开以下几个流程。

(1)充分且精准的市场调研。

充分且精准的市场调研是直播营销最基础的一个步骤,有了这个步骤才能保证后面的流程准确、有序地进行。因为直播是向大众推销产品或服务,所以推销的前提是商家深刻地了解客户需要什么,自己能够提供什么,如何避免同质化竞争。俗话说:好的开头是成功的一半。商家只有精确地做好市场调研,才能制定出让客户喜欢的营销方案。

(2)清晰的项目认知。

在做直播营销前,需要对营销活动有非常准确的认识,需要仔细分析营销活动本身,取长补短。当直播营销经费充足、人脉资源丰富时,通常就可以实施任何想法。但是,大多数企业没有这么充足的资金和人脉储备,这就需要充分地发挥优点、弥补不足。一个好的营销活动并不是仅靠人脉、财力的堆积就可以达到预期效果的,只有充分地发挥商家自身优点,才能取得意想不到的效果。

(3) 准确的市场受众定位。

直播营销的预期是产生有价值的结果,然后让其成为一个有价值的营销链,商家的受众是其中非常关键的一环。那么受众是谁,他们能够接受什么,都需要商家做恰当的市场调研,只有找到合适的受众才是商家做好整个直播营销的关键。

(4) 合理选择直播平台。

现在的直播平台数量繁多,鱼龙混杂,所以商家在选择平台时需要考虑自己与平台的适配性,要选择匹配度高的平台进行直播营销。

(5) 良好的直播方案设计。

做完前期的准备工作之后,就要考虑如何将最好的效果呈现给观众的直播方案了,在整个方案设计中需要销售策划及广告策划的共同参与,让产品在营销方式和视觉效果之间恰到好处。在直播过程中,过分的营销往往会引起观众的反感,所以在设计直播方案时,如何把握视觉效果和营销方式,需要不断地调整。

(6) 有效的后期反馈。

后期反馈非常重要,因为营销最终是要落实在转化率上。有效的后期反馈主要体现在数据上,通过数据的反馈可以不断地修整直播营销方案,使营销方案的可实施性和转化性不断提高。

4. 阿里巴巴国际站直播

目前,阿里巴巴国际站的直播类型有日常直播和活动直播。

(1) 日常直播。

日常直播是指将直播在商家旺铺、直播商品的详情页面等场景进行分发,可帮助商家引流及盘活商家已有流量。进行中的直播会投放在电脑端及手机端旺铺及手机端的商品详情页中。日常直播功能尚处于内测阶段,如果商家在相关页面看到"本周剩余 0 次",说明商家不是内测用户。内测暂时只开放给有大促直播经验的商家,不支持人工报名,建议商家尽快完成主播认证考试并绑定账号,才会有机会参与下阶段内测。如果看到"本周剩余 1 次",说明商家已经被圈为内测用户,系统将在每周一的零点发放日常直播场次,如当周没有消耗日常直播场次,将会在周日 23:59:59 自动失效,不做累计。获得日常直播权限的商家,每周有一次直播机会,每场可播时长 15min~3h。日常直播手机端创建路径:创建正式直播→选择直播类型→日常直播。日常直播电脑端创建路径:My Alibaba→媒体中心→直播管理→创建正式直播→选择正式直播类型→日常直播。

(2) 活动直播。

活动直播是指阿里巴巴国际站的直播活动,如展会、大促、行业活动等营销直播活动,可在以上活动场景展示。活动直播主要涉及以下环节。

①直播准备。

直播报名通过后,需要提前准备的物料有:背景板和贴纸、计算机、拍摄设备(灯光非常重要)、音频设备、提词板、产品提卡、手机支架、云台(用于安装、固定摄像机的支撑设备)。阿里巴巴卖家直播软件、直播优惠券、产品目录等。

②查看直播场次安排。

报名成功后,平台会排期直播时间,一般每场 4 小时。排期后如有特殊情况,可以不播,但是不要创建直播预告。严禁创建了直播预告,但直播时无真人主播出现,直接播放录播视频等。如果出现此类情况，系统会直接结束直播，并且出现两次及以上，将会影响商家后续直播活动报名资格。

③测试直播。

直播前可以试播，试播和正式直播一样都需要提前创建一个直播预告，并且进行审核，1小时内系统会返回审核结果。试播时，前台不会展示给观众。创建试播路径："My Alibaba"→"媒体中心"→"直播管理"→"创建试播"。

④创建正式直播预告。

直播预告建议提前2~3天创建，提交后1小时内会有审核结果。进入直播创建页面后，按照页面要求填写，需注意以下几点。

- 直播时间：正式直播预告的时间需要选择在平台排期的时间段内，选择开播时间后需要在2小时内开始直播，如超过2小时未开始直播，系统会自动结束。
- 直播类型：第一次要按照报名时选的类型，第二次没有要求。
- 类目：根据商家的行业选择对应类目，直播会场会按照商家选的类目展示。
- 封面图：图片大于340像素×340像素；如果是1∶1封面图，系统会自动截取左侧3/4在直播会场展示，所以要将封面中想展示的内容放在左侧；在点击直播列表进入直播后，16∶9封面图正常展示不会被截图，建议选两张一样的封面图。
- 直播产品：商家可根据自己的推广需求选择产品，直播时观众可以在直播页面看到产品。建议添加20个产品，不超过100个，单次只能选择9个产品，可多次添加，产品添加后无法移除。直播产品的要求包括：必须是审核通过且已上架产品，若直播类型为新品发布则必须是近180天内发布的产品；不能为私域品，不允许出现防疫物资相关产品。
- 添加优惠券。
- 如果商家有多个账号，需要注意每个账号的直播内容不能重复，如封面、简介、标题、产品都要不同。否则，会场中会出现一模一样的直播间信息被系统检测到，这属于"重复创建直播间"违规行为，系统只会保留一个直播，而直接结束其他直播。

⑤邀请客户观看直播。

正式直播预告创建后，建议通过True View/EDM营销/SNS账号告知客户，进行预热，前台直播会场展示预告。商家也可以在创建直播预告后，登录My Alibaba后台，获取直播链接或二维码，发送给客户。

⑥正式直播操作和互动。

正式直播需要在手机上通过阿里巴巴卖家App进行，同时在电脑端直播中控台去查看数据和互动。阿里巴巴卖家App直播入口如图3-24所示。直播中控台入口：电脑端登录My Alibaba后台→媒体中心→直播管理，进入直播中控台查看在线人数、买家评论等实时数据，并回复评论，可公开或私密回复。

⑦直播会场展示及回放。

活动开始后商家可以查看阿里巴巴国际站前台带有Online Trade Show（在线展会）的活动会场，根据关键词找到自己参加的活动。会场展示规则：①主会场中LiveStream、True View、Trending Products等各版块都是根据买家喜好度排序的；②直播分会场内的所有类型内容（直播中、回放、预告）都会实时根据热度（观看人数、点赞数、评论数）排序；③会场内的回放会展示到活动期结束，也就是如果前台没有会场链接则不展示回放，但商家的管理直播位置是一直有的。

图 3-24 阿里巴巴卖家直播入口

本 章 小 结

本章主要介绍阿里巴巴国际站店铺基础营销。首先介绍了两种营销文案：公司文案和产品文案。接下来对阿里巴巴国际站营销活动及线上展会做了概括式描述。重点对阿里巴巴国际站提供给商家的折扣营销、优惠券、SNS 智能分享、视频营销和直播营销等自营销工具及其使用方法做了详细的说明。希望读者在深度了解阿里巴巴国际站所提供的基础营销工具的基础上，能撰写公司及产品文案、策划并执行阿里巴巴营销活动及线上展会活动，用好阿里巴巴自营销工具以实现个性化营销，提升店铺绩效。

本 章 练 习

一、选择题

1．撰写产品文案需要考虑的主要要素有（　　）。
A．产品　　　　　　B．工厂　　　　　　C．品牌　　　　　　D．消费者
2．跨境电商运营中的营销文案主要包括（　　）。
A．公司文案　　　　B．品牌文案　　　　C．产品文案　　　　D．销售文案
3．FABE 法则中，E 代表（　　）。
A．特征　　　　　　B．优点　　　　　　C．利益　　　　　　D．证据

4. 阿里巴国际站全球批发频道的第一个场景是（　　）。
   A．Weekly Deals　　　　　　　　　　B．Top-ranking products
   C．Top-ranking supplier　　　　　　　D．Most popular
5. FABE 法则中，F 代表（　　）。
   A．特征　　　　　B．优点　　　　　C．利益　　　　　D．证据
6. 买家购买"直接限时折扣"产品需要满足的条件有（　　）。
   A．只能应用在买家直接下单的订单上　　B．非样品单
   C．在限时折扣有效期内　　　　　　　　D．折扣优惠库存大于零
7. 在阿里巴国际站中多用户管理系统的子账号身份不包括（　　）。
   A．采购员　　　　B．管理员　　　　C．业务经理　　　D．分产品业务员
8. 折扣活动编辑的基本信息内容包括（　　）。
   A．活动时间　　　B．活动地点　　　C．活动名称　　　D．活动人群
9. 优惠券标题设置的字符要求为（　　）。
   A．40 字符以内　　B．50 字符以内　　C．60 字符以内　　D．70 字符以内
10. 优惠券优惠面额最低设置为（　　）。
    A．1 美元　　　　B．5 美元　　　　C．10 美元　　　　D．15 美元
11. SNS 智能分享可以帮助商家一键同步阿里巴国际站内容到（　　）。
    A．Instagram　　B．LinkedIn　　　C．Facebook　　　D．Twitter
12. Trade Show 是指国际站社区中的（　　）。
    A．论坛　　　　　B．中国概况　　　C．贸易展会　　　D．社区
13. 根据展示位置，阿里巴国际站视频主要分为（　　）。
    A．主图视频　　　　　　　　　　　　B．产品视频
    C．True View 视频　　　　　　　　　D．详情视频
14. 阿里巴国际站的网址为（　　）。
    A．www.alibaba.com　　　　　　　　B．www.alibaba.net
    C．www.alibaba.com.cn　　　　　　　D．www.alibaba.org
15. 阿里巴国际站中优惠券规则主要包括（　　）。
    A．优惠券发放规则　　　　　　　　　B．优惠券使用规则
    C．优惠券核销规则　　　　　　　　　D．优惠券设置规则
16. 阿里巴国际站的直播类型主要有（　　）。
    A．每日直播　　　　　　　　　　　　B．日常直播
    C．活动直播　　　　　　　　　　　　D．促销直播

二、简答题

1. 什么是 FABE 法则？
2. 简述参加营销活动的主要目的。
3. 简述常见的营销活动玩法。
4. 阿里巴国际站上线的商家自营销工具有哪些？
5. 简述阿里巴国际站的视频分类。
6. 简述直播营销六要素：人、货、场、牌、剧、阵。

三、实训题

根据内容要求，撰写一份"家电"公司的英文公司文案，250个单词左右，信息自编。主要内容包括：公司历史、员工、主要产品、销售情况、主要市场及未来计划。

第四章　店铺付费营销

如果我们想要更多的玫瑰花，就必须种植更多的玫瑰树。

案例 4-1

里创贸易有限公司的 P4P 推广之旅

如何利用阿里巴巴国际站外贸直通车（P4P）做好跨境电商海外推广？国际站商家怎样应用"爆品助推"功能收割更多流量？里创贸易有限公司的成功经验给了我们很大的启示。

里创贸易有限公司是一家主营真人假发的企业，当前公司的主要询盘数均来自阿里巴巴国际站外贸直通车（P4P）。公司利用阿里巴巴国际站的数据管家、外贸直通车（P4P）和顶展（顶级展位）这些营销产品进行后台联动，提高了公司的营销效果。仅仅经过 4 个月的 P4P 跨境电商海外推广，公司就获得了明显的效果，截至 2019 年 10 月，在阿里巴巴国际站上的询盘量达 400 多条，TM 达 700 多条，TM 的效果优于询盘效果。公司每日预算 1550 元，其中关键词占 350 元，爆品助推占 1200 元。如图 4-1 所示是里创贸易有限公司 P4P 的运营推广效果数据。

图 4-1　里创贸易有限公司 P4P 的运营推广效果数据

通过P4P跨境电商的海外推广活动,里创贸易有限公司积累了有益的经验。公司的主要操作思路可以归纳为偶尔使用测品测款,搭配长期的顶展金品功能,双管齐下,真正做到"品效合一"。具体阐述如下。

(1)拒绝无效发品,只发布精品。

产品质量是企业占领市场的基础。如果产品质量没有保障,那么即使能在第一时间获得消费者青睐,最终也会因质量问题被抛弃,败坏品牌名声。因此,公司在发布产品时要选择有质量保障的精品。

(2)对人的需求大于对词的需求。

"直通车"的目的是为了找到对的人,而不是找到对的词。从根本上讲,找词也是为了找人。爆品里的"地域人群溢价"能针对不同地区投放给指定人群,这个功能非常好用,满足了企业按照商品销售地域差异及精准获取指定地域流量的推广需求。

(3)节省测品测款步骤,善用"爆品助推"。

真人假发行业的特殊性限制了款式的种类,"测品测款"不是必须,只有在必要时刻才使用。节省了"测品测款"这一步骤,针对优质产品使用"爆品助推"功能后,卖家往往能在推广2小时后就拿到一个询盘。

(4)9000多个关键词兼顾推广评分。

用9000多个关键词并不是为了增加询盘量,而是为了"养"推广评分,评分上升后,再"反哺"给智能推广,可进一步降低推广费用。

(5)使用顶展词包提升TM询盘。

自企业2019年10月使用顶展词包以来,TM询盘量开始突然暴增,这些询盘的订单转化率也都不错。虽然现在在顶展词包中还看不到拓展了哪些词的数据,但通过数据管家的"词来源"功能可以大概判断出,智能拓展的词占比较多。

(6)保持数据后台研究关键词的习惯。

观察数据后台中关键词指数与热度的变化,再把合适的关键词加入爆品自选词中。将出价区间设置为"0.1~同行平均出价",同时对重点市场中的重点人群做180%~400%的溢价,确保将钱花到想要花的地方。

P4P关键词推广、爆品助推、顶展等营销组合的运营思路,能真正帮助里创贸易有限公司将精准的流量用合理的费用集中引流到有价值的产品上,相信这也是绝大多数商家想要借助阿里巴巴国际站的外贸直通车(P4P)打造的营销效果!

第一节 P4P基础

为了帮助商家提高商品的曝光量,吸引更多的买家,并最终转化为订单,阿里巴巴国际站目前上线了顶展、外贸直通车(P4P)、橱窗等多个营销推广方式。其中,P4P是目前商家最常用的一种营销方式之一。

一、了解P4P

外贸直通车(Pay for Performance,P4P)是阿里巴巴国际站进行产品推广引流的核心板块之一,是商家通过设置多维度关键词,免费展示产品信息,通过产品的大量曝光来吸引潜在买家，并按照点击量进行付费的一种全新网络推广方式。由于可以让商家在推广与成交之间畅通无阻，迅速获得切实的推广效果，因此 P4P 又被人们称为"外贸直通车"。这种广告模式已经成为互联网上广泛应用的推广营销工具。

互联网上的推广营销广告随处可见，如图 4-2 所示为百度的推广营销广告。

图 4-2　百度的推广营销广告

P4P 按效果付费，即商家在购买 P4P 服务之后，并不是按照投放时间来付费的，而是按点击量付费。阿里巴巴国际站为了防止同行之间的恶意竞争，特规定中国大陆和尼日利亚境内进行的点击不收费。

外贸直通车需要商家单独付费购买后方可使用。只有管理员和授权的操作员账号可以查看并操作外贸直通车，如图 4-3 所示。

图 4-3　外贸直通车

二、P4P 的优势

P4P 是一种整合营销方案，以推广客户的外贸营销网站为最终目标，以 B2B 平台为坚实后盾，以搜索引擎营销为核心指导思想，从而保证客户网站的搜索引擎排名，以带来更多的询盘和访问量。

1. 站内优先排名

商家通过出价购买外贸直通车，获得搜索首页前 5 位（除其余资源位外，如顶级展位等），和每页底部 4 个或 5 个智能推荐位。商家的产品能够获得排名的优先权，获得很高的曝光量。阿里巴巴国际站外贸直通车的流量占整个站内总流量的 60% 以上，由此可见外贸直通车的地位极其重要。

在阿里巴巴国际站搜索首页页面上，右下角标有"AD"字样的就是 P4P 产品，如图 4-4 所示。

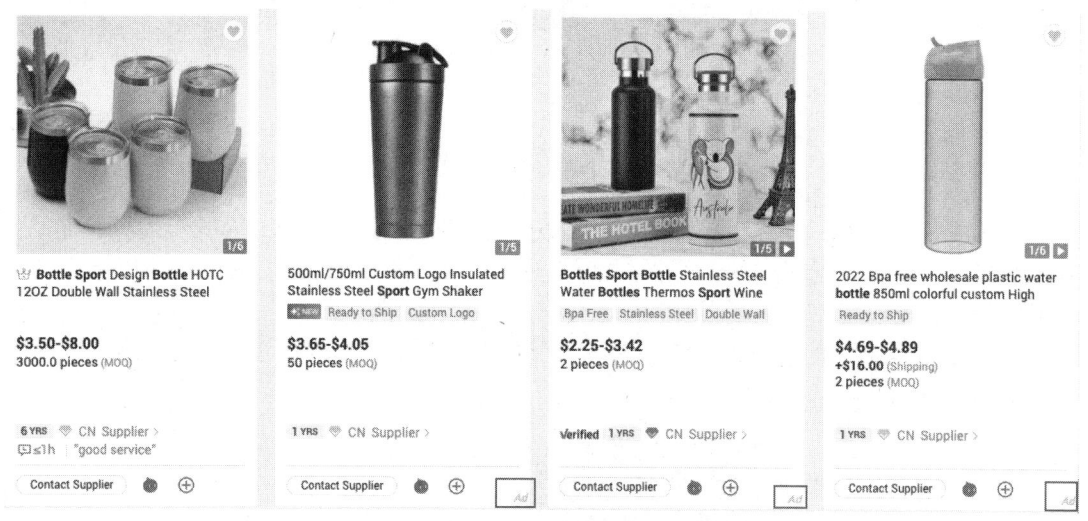

图 4-4　国际站搜索首页的 P4P 产品

搜索页面底部的 5 个智能推荐位（Premium Related Product）均属于 P4P，如图 4-5 所示。

图 4-5　国际站页面底部智能推荐位的 P4P 产品

2. 增加站外流量

P4P 产品除能够在阿里巴巴国际站上获得靠前的排名、提升产品的曝光率外，还能够帮助引流，增加站外的流量，如图 4-6 所示。例如，在 Google、Facebook 等主流网站都能够搜索到阿里巴巴国际站上的 P4P 产品。

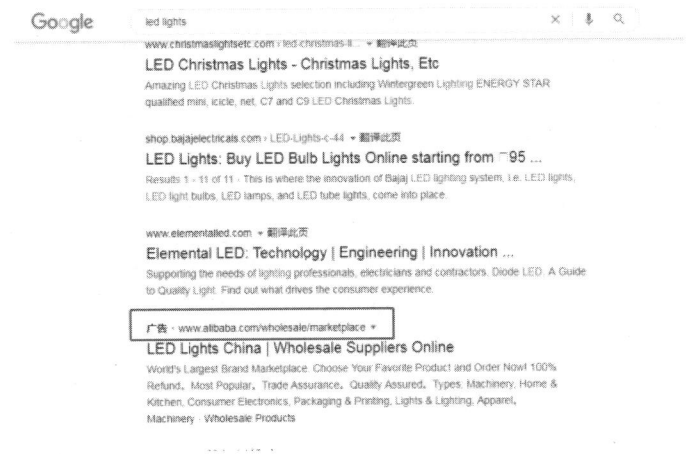

图 4-6　外贸直通车的站外引流

3. 设置优先推广产品

外贸直通车的推广形式更具有针对性。例如，商家将关键词 acoustic guitar 设置为"优先推广"，如图 4-7 所示，当买家在搜索 acoustic guitar 时，就会优先出现商家指定的产品。

图 4-7　P4P 设置"优先推广"产品

4. 快速积累店铺数据

通过 P4P 推广的产品在获得大量曝光之后，点击量和反馈量也会随之增加，整个平台的权重就会提升，而店铺权重越高，产品排名就越靠前。

5. 可控性

P4P 推广产品更具有可控性。通过对店铺前期经营数据的分析，商家可以根据实际情况对整个账户进行启动或暂停，或者对单个关键词进行启动或暂停。例如，商家可以针对 acoustic guitar 这个关键词设置启动或暂停，如图 4-8 所示。当商家需要对选定的关键词开启推广模式时，可选择启动键；当商家需要关闭推广模式时，可选择暂停键。

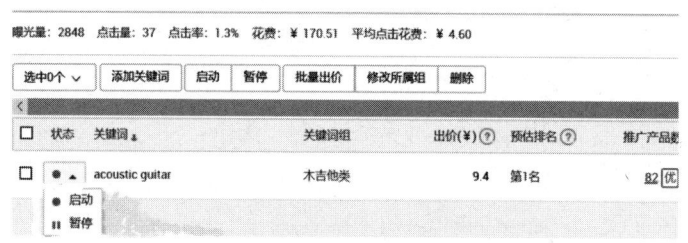

图 4-8　P4P 设置启动或暂停

三、P4P 账户设置

阿里巴巴国际站后台开通外贸直通车后，需要对 P4P 账户进行预算、参与拓展匹配、多语言站点投放、多地域投放及分时段等的设置。多地域投放和分时段设置是 LV4 用户的专属权利。

1. 预算设置

开通外贸直通车时，应首先进行 P4P 的预算设置。点击"营销中心"→"外贸直通车"→"关键词推广"命令，打开"关键词推广"页面。首先，开启 P4P 关键词推广状态，并且设置"今日预算"。国际站后台规定每日预算的设置必须大于等于 80 元。例如，根据商家的预算，我们将 P4P 的"今日预算"设置为 300 元，表明 P4P 的今日消费预算不高于 300 元，如图 4-9 所示。同时建议开启智能"周预算"，智能分配一周的预算，在一周预算不变的情况下，将获得更多的流量。例如，一周内的某天出现了高流量，如果当天的预算不足，则系统会自动帮助商家增加"今日预算"的 20%，每日最多允许超额扣除每日预算的 20%，但是每周的总预算是不变的。例如，商家的"今日预算"是 300 元，如果某天出现了较高的流量，那么系统将自动帮助商家增加 60 元的预算，也就是"今日预算"不超过 360 元，但是一周的总预算 2100 元是不会变的。

图 4-9　P4P 预算设置

2. 参与拓展匹配设置

点击"营销中心"→"外贸直通车"→"我的营销账户"→"账户设置"→"参与拓展匹配设置"命令，打开"参与拓展匹配设置"页面，可以进行参与拓展匹配的设置。根据商家产品的特征可以选择开启或关闭拓展匹配设置，如图 4-10 所示。

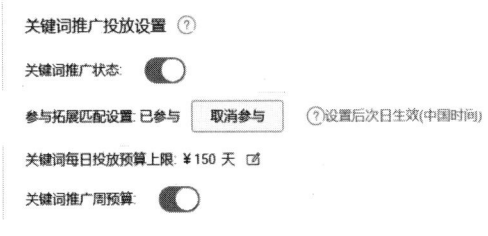

图 4-10　P4P 参与拓展匹配设置

设置参与拓展匹配可以使商家获取广泛的流量，在使用 P4P 进行推广的前期，可以开启此设置。例如，推广关键词为 lady dress，当客户搜索 casual lady dress 或其他与 lady dress 相关的关键词时，系统会将其判定为相关词产品，产品也会被展示出来。所以商家在前期引流时，可以开启"参与拓展匹配设置"。尤其是当产品类别较窄、P4P 关键词较少且曝光量较低时，建议商家开启"参与拓展匹配设置"。"参与拓展匹配设置"开启后，将于次日生效（中国时间）。

因为参与拓展匹配存在引流不精准从而导致点击量不精准的缺点，所以当商家对关键词稳定掌控后建议取消参与拓展匹配设置。

3. 多语言站点投放设置

点击"营销中心"→"外贸直通车"→"我的营销账户"→"账户设置"→"设置参与多语言站点投放"命令，打开"设置参与多语言站点投放"页面。在 P4P 的设置中，勾选相应的多语言站点，系统会自动进行翻译，并为产品在多语言站点进行推广。目前，系统支持 17 个多语言站点的投放，如图 4-11 所示。

图 4-11　P4P 多语言站点投放设置

虽然英语为多数人使用，但是客户还是习惯用母语来搜索产品，因此，阿里巴巴国际站开设了非英语的站点。多语言站点是阿里巴巴国际站的重要组成部分，这些站点每日都能为商家带来上百万的优质买家流量，是商家的一个重要的优质推广渠道。在这些多语言站点上，买家群体使用不同的语种，具有明显的地域特征，商家可以针对目标人群加大推广力度。为了更好地拓宽商家的推广渠道、提升推广效果，可以尝试在多语言站点上投放 P4P。商家可以根据自己的目标市场，有针对性地选择语言市场，设定目标人群，以更大限度地推广产品。

4. 多地域投放设置

当商家的 P4P 等级达到 LV4 后，就能够使用多地域投放功能，这是 LV4 用户的专属权益。点击"营销中心"→"外贸直通车"→"我的营销账户"→"账户设置"→"多地域投放设置"命令,打开"多地域投放设置"页面,开启多地域投放功能,商家可以选择目标投放区域,如图 4-12 所示。通过开启多地域投放功能能够有效减少无效点击。例如,商家的目标市场是英国,P4P 可以设置推广时间段从下午五点(中国时间)开始(英国的上班时间),以提高店铺的反馈率,通过这种精准的匹配可获得更加精准的流量和询盘。

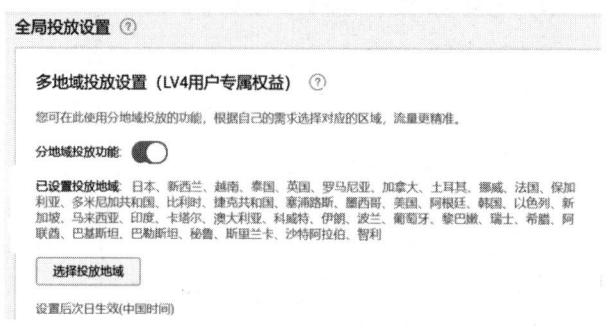

图 4-12 P4P 多地域投放设置

前期,商家可以先做一定的市场调研,精选出目标市场的热销产品,然后通过 P4P 设置推广某种产品,为店铺打造爆品。阿里巴巴国际站上的地域投放为过滤逻辑,所以未选中的区域将不再投放。

5. 分时段投放设置

国家站分时段投放也是 LV4 用户的专属权益,点击"营销中心"→"外贸直通车"→"我的营销账户"→"账户设置"→"分时段投放设置"命令,打开如图 4-13 所示页面。

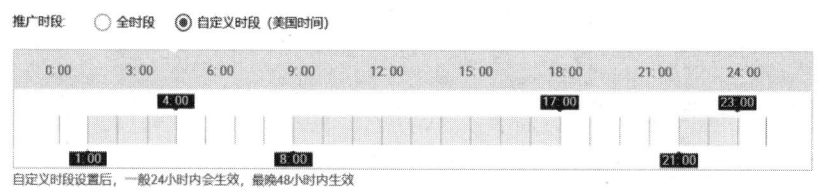

图 4-13 P4P 分时段投放设置

分时段投放设置将在次日后生效(中国时间)。商家可以根据前一个月客户询盘量及 TM 询盘数据的时间活跃程度,或者根据选定目标市场的工作时间,来设置 P4P 推广的投放时间,这样更有利于商家吸引更多客户。

四、P4P 的出价排序规则

通过在阿里巴巴国际站上设置 P4P 的关键词、多语言站点投放、多地域投放及投放的时间段,商家可以有针对性地使用 P4P 推广产品,接下来介绍 P4P 的出价排序规则。

1. P4P 出价排序规则

外贸直通车的出价排序规则是:推广评分×出价,乘积越大则排名越靠前,而且数据会动态实时更新，计算方法如表 4-1 所示。

表 4-1 P4P 出价排序规则

产　品	推广评分	出价（元）	总分=推广评分×出价	排　　名
A	15	8	15×8=120	3
B	17	12	17×12=204	1
C	20	10	20×10=200	2

在阿里巴巴国际站上，只有 3~5 星关键词有资格通过出价的方式在搜索页面的前 5 名进行展示，1~2 星关键词将展示在每一页右边或下方的智能推荐位上。

阿里巴巴国际站商品的排名实时更新，商家可以随时对产品进行优化，或者对出价做出更改。

如表 4-1 所示，推广评分中的"15、17、20"是系统根据星级给出的系统评分，星级越高则评分越高，但商家无法在阿里巴巴国际站的后台看到该评分，只能查看到星级。

如果商家的每日预算小于出价，可能会降低商家在 P4P 的排名，从而无法拿到之前预估的排名。

2．P4P 的扣费规则

P4P 是按照点击量扣费的，仅曝光不扣费。P4P 点击扣费的规则为：

$$P4P点击扣费价格 = \frac{（下一名商家的出价 \times 下一名商家的推广评分）}{自身的推广评分} + 0.01（元）$$

由上述公式可知，关键词的底价≤P4P 点击扣费价格≤商家的出价。P4P 点击扣费价格的计算示例如表 4-2 和表 4-3 所示。

表 4-2 P4P 点击扣费价格计算示例（1）

名　次	出价	推广评分	扣费	评分×出价
第一名	12	17		204
第二名	10	20	6.01	200

第一名的扣费为 10×20/17+0.01=11.77 元。

表 4-3 P4P 点击扣费价格计算示例（2）

名　次	出价	推广评分	扣费	评分×出价
第三名	8	15		120
第四名	7	15	6.68	105

第三名的扣费为 7×15/15+0.01=7.01 元。

从 P4P 点击扣费价格的计算中可以看出，商家自身的推广评分越高则扣费越低，而且扣费会小于出价。

五、P4P 全新升级

2019 年 11 月 20 日,阿里巴巴国际站 P4P 全新升级为"场景化营销",旨在帮助商家更智能、更高效、更便捷地应用 P4P 工具,进一步提升产品的曝光量和询盘数。"场景化营销"是基于买家采购需求和卖家营销诉求,搭建以买家、商品和活动为维度的场景并进行营销的方式,可以精准买家、定向引流,推动买卖双方高效匹配,最终提升买家采购率。

阿里巴巴国际站 P4P 全新升级后,有常规营销、智能营销和品牌营销三大类推广方式。

第二节　P4P 常规营销

常规营销是阿里巴巴国际站 P4P 的基础推广,是 P4P 升级改版前已有的功能,包含定向推广和关键词推广,如图 4-14 所示。

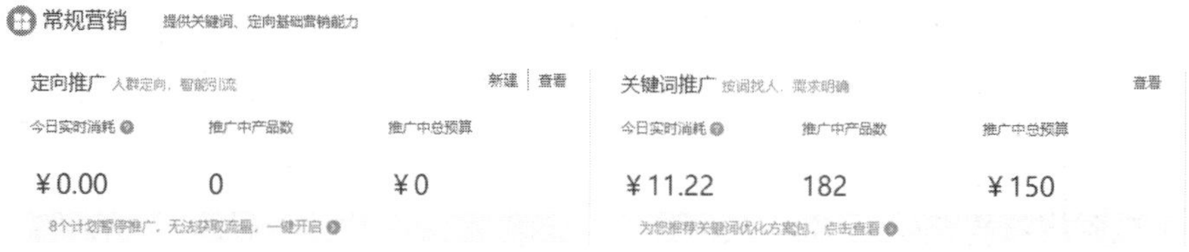

图 4-14　P4P 常规营销

一、定向推广

定向推广是系统选词与自主选词相结合的一种推广方式。系统智能匹配流量,对特定的人群和地域有溢价的功能。由于在定向推广过程中,商家为关键词设置了区间价格,因此当系统推荐的关键词在商家设置的价格区间时,买家才有可能浏览到商品并且点击商品;但是当商家认为自主选定的关键词一定是买家的搜索词时,就可以对自主选定的关键词进行出价,这样可以增加买家看到产品的可能性。

二、关键词推广

在阿里巴巴国际站上,用户多是通过关键词搜索进入产品详情页的,所以关键词发挥着至关重要的作用。

关键词推广是商家自主选品、自主买词,并根据买家的搜索行为,设定买家搜索偏好词,获取特定意向人群的推广方式。一旦买家搜索到商家的关键词,就能够浏览到商家商品,但是如果买家的搜索词不是商家的关键词,那么买家将无法浏览到商家的产品。因此关键词推广不适用于新手卖家,更适用于能够精准设定关键词的有经验的商家。

1. 关键词推广设置

点击"营销中心"→"外贸直通车"→"关键词推广"命令,打开"关键词推广"页面,如图 4-15 所示。确定"关键词状态"处于开启状态。关键词推广的核心是关键词和产品,客户搜索的也是关键词,因此商家在外贸直通车后台必须设置足够数量的精准关键词,因为关键词越精准,流量就越多。

2. 推广产品设置

在"关键词推广"页面的右上角有"推广产品设置"按钮,如图 4-15 所示。点击该按钮进入"推广产品设置"页面,可进行已发布产品的推广设置。

图 4-15 "关键词推广"页面

通常,商家会开启新增产品"加入推广"功能,这样新增产品就会被默认加入,避免出现关键词下没有匹配的产品,如图 4-16 所示。当确认产品不需要进行关键词推广时,可以在页面左侧的产品分组中重新设置一个组别,同时关闭此组中的"加入推广"选项。

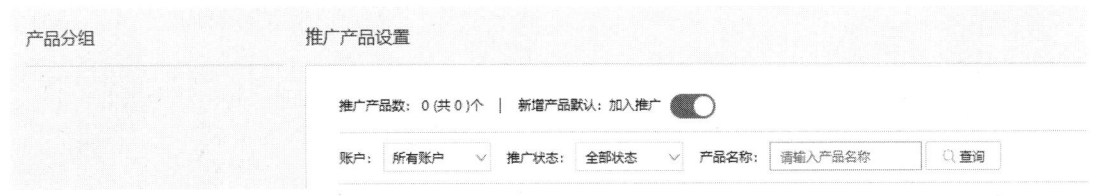

图 4-16 设置新增产品加入推广

3. 关键词组的设置及自定义列设置

在关键词推广页面的左侧有"关键词组"菜单,可以添加关键词组,如图 4-17 所示。商家可以根据产品的分类进行关键词组的添加。

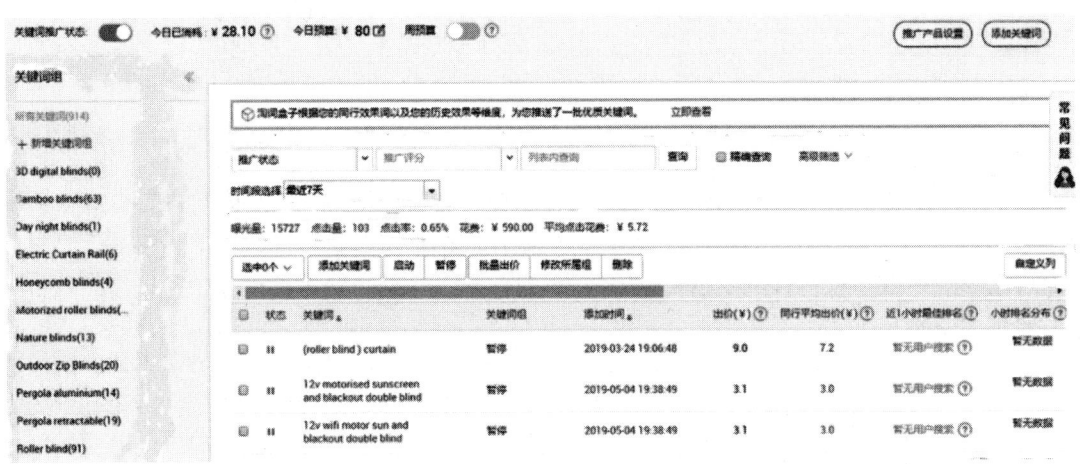

图 4-17 设置关键词组

商家可以页面在右侧自定义列表中添加关键词的属性,如关键词的状态、关键词、关键词组、出价、推广评分、搜索热度、购买竞争度、推广产品数、曝光量、点击量等。

4. 外贸直通车后台添加关键词

在外贸直通车的后台添加关键词,点击"关键词推广"→"添加关键词"命令,打开"关键词工具"页面,如图4-18所示。将收集好的关键词复制、粘贴至加词清单,加词成功后,可进行分组设置以进行推广,建议在添加关键词时直接进行关键词分组操作。

图4-18 "关键词工具"页面

5. 关键词推广加词

当在关键词推广中需要商家添加一些关键词时,商家可以通过以下方法查找相应的关键词。

方法1:关键词指数。打开"数据管家",可以查看关键词指数。

从阿里巴巴国际站后台"数据管家"中下载"关键词指数表",这些关键词都是符合要求的关键词,可以优先考虑添加。

方法2:引流关键词。可以使用"数据管家"中的"引流关键词"。店铺经过一段时间的数据累计后,就可以查看到商家的引流关键词。

可以按月查看后台关键词的数据,在"引流关键词"中搜索"非外贸直通车推广"。搜索到的这些词都是没有加入外贸直通车的,但是在店铺的运营过程中,能产生引流,是有效果的词。这种情况下,可以优先将这些关键词批量导入外贸直通车的词库中,以给商品带来更好的转化率。

方法3:系统推荐。在系统添加关键词页面的右侧有系统推荐词,如综合推荐、网站热门、高转化词、低成本词、同行推词、我的效果词、新增商机、我的词表,如图4-19所示。这些关键词是系统根据商品类目及商家自身的推广行为进行推荐的,商家可以根据需要进行选择添加。

方法4:参考其他跨境电商平台。商家也可以参考同类的跨境电商平台,如亚马逊、速卖通等。对同类的产品进行搜索,查看客户经常使用的关键词并添加。

图 4-19　系统推荐词

三、推广评分优化

推广评分即关键词星级，是指关键词和产品的相关程度，以及产品的信息质量，是影响产品的推广展示区域及产品排名的重要因素之一。同时，推广评分也与外贸直通车 P4P 的广告费用，即点击扣费算法有关。

1．推广评分

推广评分以星级的形式进行展示，分为 0～5 星。
0 星：该词与您的产品不相关，建议删除。
1 星：相关性较差，无法进入左侧。
2 星：相关性较差，无法进入左侧。
3 星：相关性较好，进一步优化点击率。
4 星：点击率较好，建议维持。
5 星：很好，建议维持。

2．推广评分的影响

关键词的不同推广评分对产品的影响是不同的。

（1）推广评分为 0 星的关键词无法进入主页。0 星的关键词没有预估排名，也没有推广评分，推广产品数也是 0。如果商家确定这个关键词与产品有关，就要对这个关键词进行产品补发。

（2）推广评分较低（1 星、2 星）的关键词也无法进入主页，1 星关键词和 2 星关键词无法参考前 5 名关键词进行出价，只能随机出价。同时，在关键词匹配产品中，1 星关键词和 2 星关键词也无法自主选择推广产品，将由系统进行随机匹配。

（3）3 星词只有通过出高价，才能使产品排到前面，由 P4P 排序规则可知，产品排序是由关键词出价和评分的乘积决定的，乘积越大排名越靠前，排名是动态实时更新的。页面左侧 3 星关键词出价能够排到前 5 名，而页面右侧 3 星关键词出价则无法排到前 5 名。

3．推广评分低的原因

造成关键词的推广评分低的原因主要有以下两点。
（1）文本匹配度。
文本匹配度是指关键词与推广产品标题的匹配度。关键词要与产品图片、产品属性、详细描述进行匹配,建议产品图片上传时以关键词命名。同时,根据词语类目和文本匹配优化标题,避免关键词堆砌。在标题、关键词、自定义属性和产品图片名称中多次地重复出现核心关键词,可以互相形成文本匹配的关系。

(2)类目匹配度。

类目匹配度是指要选择正确的类目。推广关键词对应的类目与推广产品选择的类目的一致性会影响关键词星级。查看产品的类目是否是最佳类目,可以输入关键词搜索,选择系统提示的第一类目;也可以用关键词在阿里巴巴国际站首页搜索,查看前 5 名产品所选择的类目,按照国际站提示的类目发布产品即可。

4．优化推广评分

在外贸直通车推广过程中,推广评分是影响产品的推广展示区域及产品排名的重要因素之一,因此,要优化关键词的推广评分,即提高关键词的星级。

提升关键词推广评分的方法有以下两种。

(1)0~3 星关键词的推广评分由推广产品和关键词的匹配度决定。3 星以下关键词要重新发布产品,作为主关键词发布有效产品,增加产品信息的完整度,提高关键词和产品相关度,以及产品的信息质量。

(2)4~5 星关键词的推广评分由产品的点击率决定,只有提高点击率和推广评分,才能更好地提升买家喜好度。

第三节　P4P 智能营销

一、P4P 智能营销场景

P4P 智能营销主要是以人、货、场相结合的广告形式展现;在推广的过程中,系统会依据商家设定的条件(产品、人群、地域、关键词)进行推广,会根据各类标签智能匹配给不同的人群和不同的国家;不同的关键词推荐不同的产品,从而实现用多种组合方式来展现产品,以获取更加精准的地域和人群买家,实现广告效果最大化,同时系统会不断地更新计划行为并不断地进行智能学习,以进一步提高整体的营销效果。

1．货品营销

货品营销是基于"商品"视角,依据商品的生命周期的,包含的功能有测品测款、爆品助推和库存清仓(待上线),如图 4-20 所示。

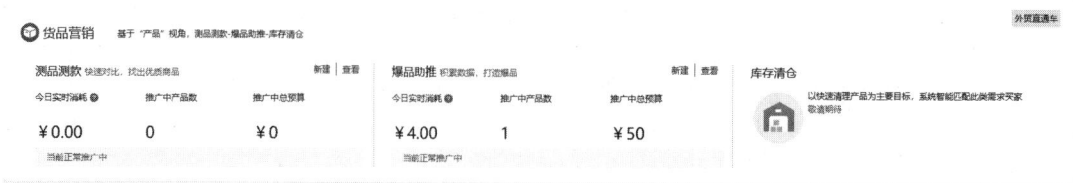

图 4-20　货品营销

(1)测品测款是指系统快速均匀地获取流量(7~14 天),商家可以利用此场景快速测出产品在网站的表现，帮助商家找出优质产品，并沉淀一批优质关键词。

（2）爆品助推是重点维护核心产品，瞄准高转化流量，帮助商家快速获得商机。爆品助推场景除系统选取外，还可以自主添加关键词，更加灵活机动。

（3）库存清仓是以快速清理库存商品为主要目标，系统快速匹配此类需求的买家，帮助商家快速清理库存商品。目前，库存清仓功能尚未上线。

2．买家营销

买家营销是基于"人群"视角，全方位多视角引流的，包含的功能有快速引流（原全店推广）、新客引流和老客召回等场景，如图4-21所示。

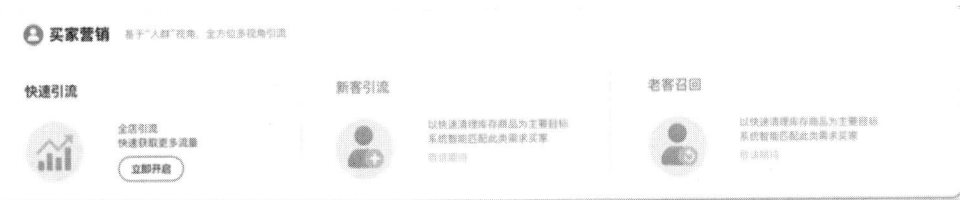

图4-21　买家营销

（1）快速引流：一键开启"快速引流"可以帮助商家进行全店商品的快速流量获取，商家可以利用此场景快速获取流量，积累店铺数据。

（2）新客引流：针对商家所在行业的网站新流量进行重点营销。

（3）老客召回：目前此功能尚未上线，功能是针对曾经访问过店铺的但未成交的客户进行重点营销。

3．主题营销

主题营销基于"场景"主题，通过行业化引流量和定制买家场景打造，丰富商家推广渠道，定向拓展流量，如图4-22所示。

图4-22　主题营销

主题场景是外贸直通车的一种新型推广方式，专款专用，重点针对该行业主题营销专场进行引流推广，凸显商家优质生产力，高效获取行业卖家。展示位置一般对应行业频道Banner位及站外推广定向引入。

4．定制营销

定制营销是阿里巴巴国际站为商家量身定制的一站式智能定制及智能投放营销解决方案，包含的功能有系统智能选流、智能选品及智能投放，如图4-23所示。

目前采用的定制营销推广方式有星探、大促包、夜间续航计划、国家方案包，其中，星探包含推荐场景。定制营销推广方式与 P4P 推广方式一致。

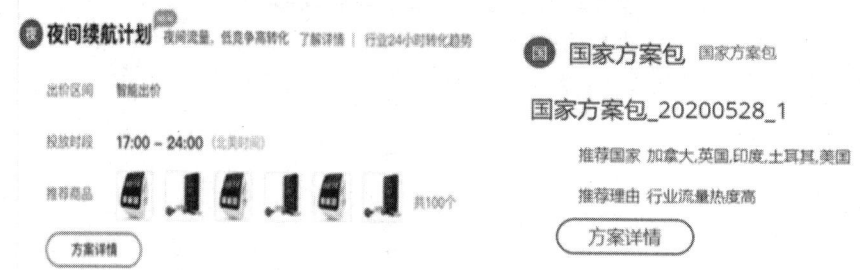

图 4-23　定制营销

二、智能营销组合

常规商品在市场中都要经历 3 个时期，试销期、适销期和衰退期，不同商品在这 3 个时期经历的时间长短也不同，如图 4-24 所示。商家要尽可能地将商品留在适销期内，成为畅销品。因此，商家应结合阿里巴巴国际站的智能营销推广方式，进行营销组合，尽可能延长商品的生命周期，以获得最大利润。

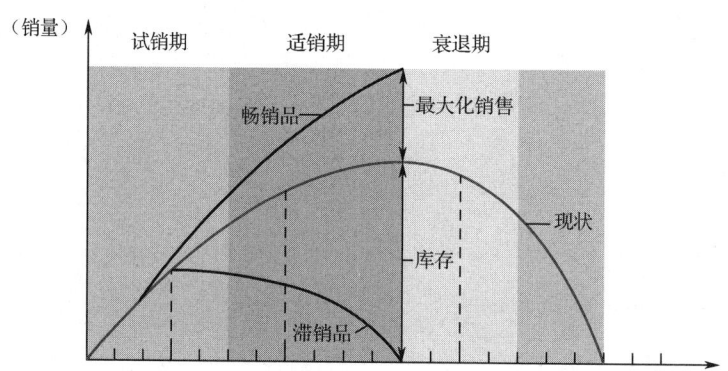

图 4-24　常规品类生命周期表

产品在试销期时，应开启"测品测款"计划，基于 7～14 天流量的均匀分配，选出核心产品；产品进入适销期后，应将核心产品放入"爆品助推"中，测出潜在爆款和核心主打品，选择定向关键词进行组合；当产品进入衰退期时，应开启"库存清仓"计划，进行快速清仓销售。

三、创建智能营销计划

根据商家的需求创建智能营销计划并进行管理。

1．创建计划

根据商家的需要对产品创建智能营销计划，共分以下 5 个步骤。

（1）选择营销目的，并添加计划名称，方便商家今后对营销计划进行管理，如图 4-25 所示。营销目的在货品营销、买家引流和主题营销中进行选择。

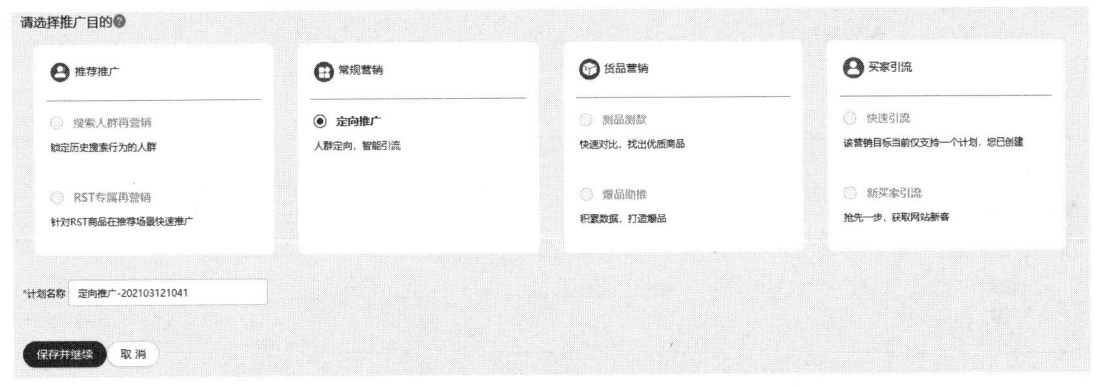

图 4-25 选择营销目的

（2）设置营销对象，即选择商家需要推广的产品，可以按页面进行添加，也可以按产品类目或产品分组进行添加，如图 4-26 所示。

图 4-26 设置营销对象

（3）投放设置，包括设置营销成本和出价区间，如图 4-27 所示。可以针对每个计划单独设置预算成本和出价区间。区间爆品助推和定向推广是可以同时选择添加关键词进行单独出价的。

（4）设置营销受众，包括选择区域、人群溢价和投放设置，如图 4-28 所示。L4 的用户可以选择投放区域。在产品销售初期，商家可能对产品的销售区域和人群及溢价的百分比并不是很清楚，此时可以先增加出价区间，如每个区域都设置为 1～20 元，每个地区都设置为 101% 的溢价。通过一段时间数据的积累之后，会发现不同地域不同产品的销售效果是不一样的。然后再降低商家的原始出价区间，如降到 1～15 元或 1～10 元，最后调高销售较好地区的溢价百分比，如 200%，建议最高不要超过 400%。

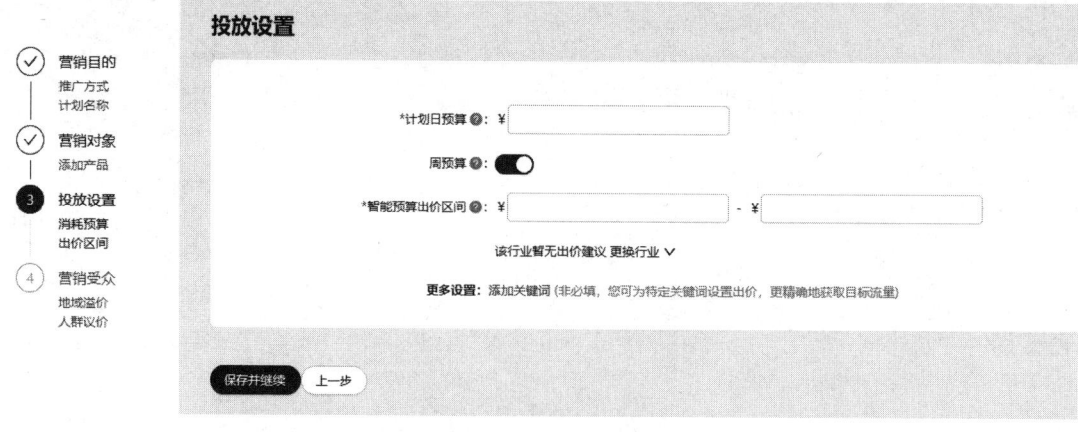

图4-27 投放设置

图4-28 设置营销受众

（5）计划创建完成，如图4-29所示。可以点击计划查看详情，也可以点击新建其他计划。

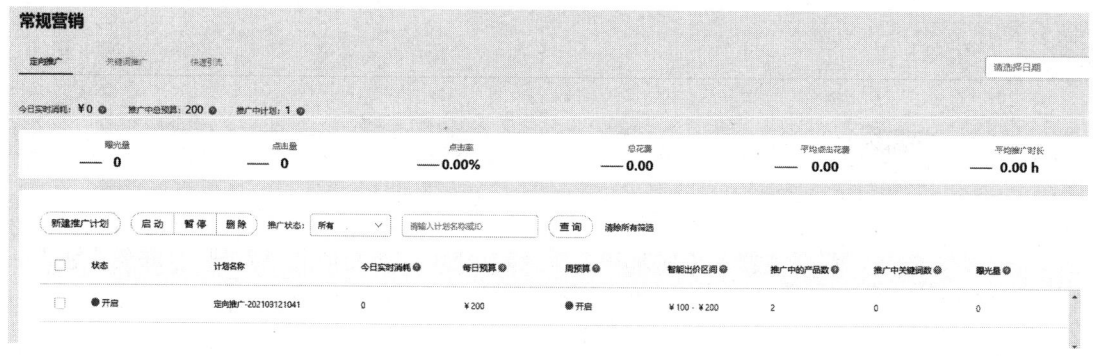

图4-29 计划创建完成

2. 管理计划

营销计划创建完成后，商家可以进入管理页面，对营销计划进行管理。操作步骤如下。

（1）点击推广管理下各场景名称即可进入管理页面，如图4-30所示。根据商家的需要可进入不同的子页面。

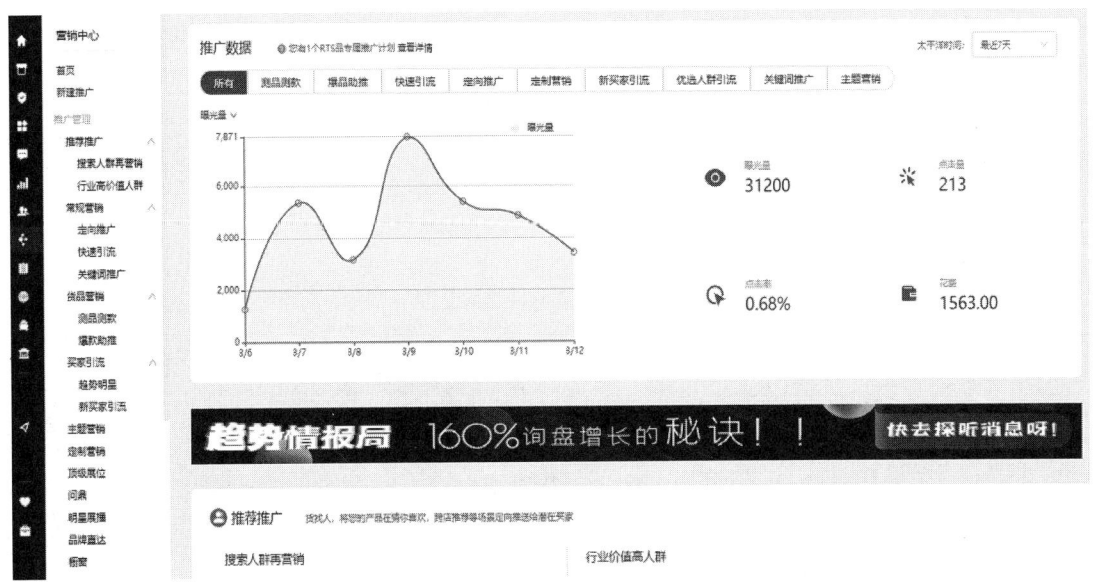

图 4-30 管理页面

（2）在管理页面上方，可以切换不同场景进行管理，同时也可以选择不同计划名称查看详情，如图 4-31 所示。

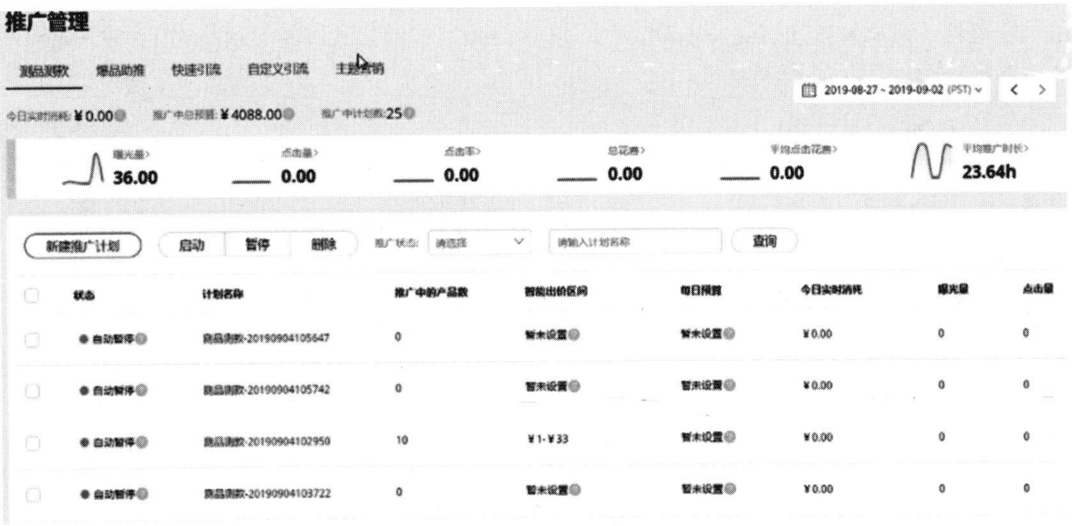

图 4-31 切换场景

（3）进入详情页面，如图 4-32 所示。根据需要，商家可以对商品的名称、关键词、标签、区域、溢价等进行调整修改。

图 4-32　详情页面

第四节　P4P 品牌营销

目前，单一的营销推广工具已经很难满足国内供应商的营销需求，于是阿里巴巴国际站推出一系列营销推广工具，以形成品牌矩阵。营销品牌矩阵工具包括顶展、回眸、明星展播、问鼎和品牌直达。

品牌矩阵是品牌必备的买家搜索第一承接阵地，不论是阿里巴巴的无线端还是 PC 端都是至尊展位，商家可以通过付费长期租用，以获得确定的流量。随着展示品牌工具的多样化，展示的形式也会更加具有创新性。

一、顶展

顶级展位（顶展）是阿里巴巴国际站为商家专设的独家推广位，以帮助商家提升产品曝光率和店铺流量。商家可以一次性抢占阿里巴巴国际站关键词搜索结果的最优曝光资源，并根据自身的产品特点和市场走势灵活地调整产品推广，获得更精准的曝光率。

顶级展位的产品均投放在阿里巴巴国际站关键词搜索结果展示区域的第一页第一位，在全网搜索页中脱颖而出，包括"product"和"supplier"区域，如图 4-33 所示。投放在顶展位置的产品前带有"皇冠"标志，同时在产品的右下方标有"Top sponsor listing"字样。

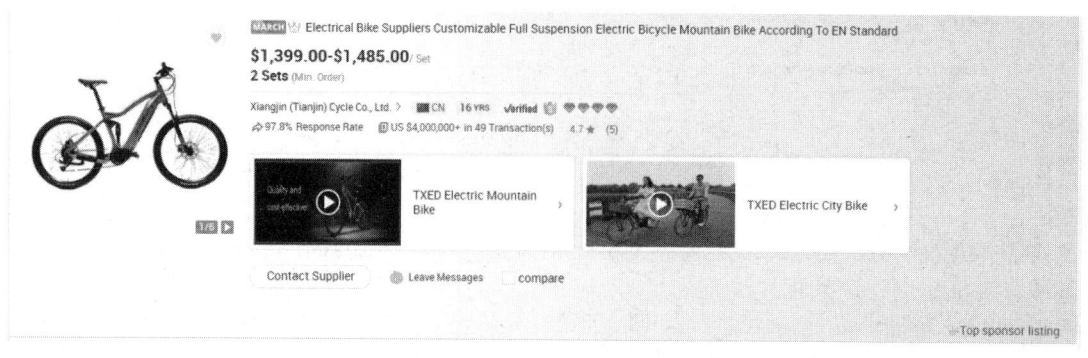

图 4-33　阿里巴巴国际站顶展展示

顶展的核心价值主要有以下两点。

（1）锁定第一位，精准曝光。

顶展的产品信息锁定在第一位，可以帮助商家在众多竞争对手中脱颖而出，同时每个关键词仅开放一个位置，如图4-34所示。绝大部分海外买家会首先聚焦位于搜索页面第一位的产品，这就为投放顶展产品的商家提供了先机。

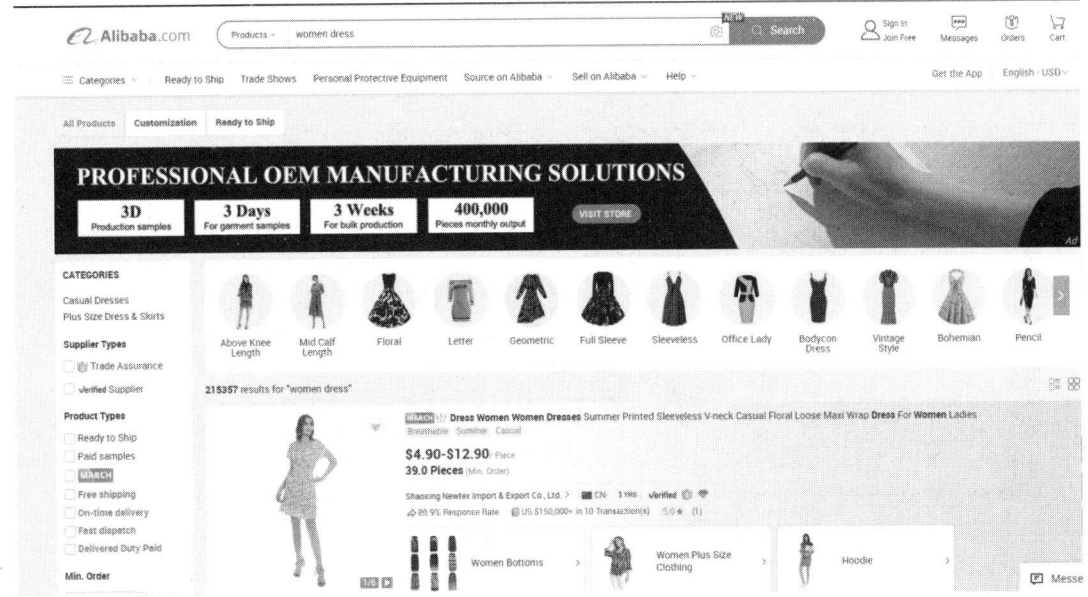

图4-34　阿里巴巴国际站顶展位置

（2）多站点曝光，全网投放。

阿里巴巴国际站可以进行多语言站点投放，在每个站点上都有顶展，可以进行多站点曝光，全网投放。

二、回眸

买家在阿里巴巴国际站浏览过商家的顶展商品后，7天内买家将在首焦、猜你喜欢位置再次看到该商品，从而加深品牌印象。

"回眸"再营销，是在顶级展位原有品牌广告价值的基础上进行的品牌展示再升级。"回眸"是利用"锁客原理"，通过对顶展浏览过广告的海外买家进行身份识别、流量锁定，在该类买家对阿里巴巴国际站进行重复访问时，以千人千面的方式向买家再次推荐顶展产品的广告，从而加强高意向买家对顶展广告主的品牌认知度，加深品牌记忆点，并且提升点击转化率的营销功能。

看过顶级展位的买家，7天内看到"再营销"商品的比例为30%～40%，7天内这类买家的回访次数为2～3次。

商业推广中最珍贵的是用户的注意力时间，如果想锁定高质量意向买家，想实现营销效果最大化，"回眸"再营销非常必要。一旦意向买家再"回眸"（退出浏览页后再进入浏览），第一眼看到的还是上次看到的产品，就可以再次唤醒买家浏览兴趣和品牌认知，最终提高点击转化率。

三、明星展播

明星展播面向阿里巴巴国际站全网提供近 80 个优质展位，可为企业提供专属展示机会，以彰显品牌实力，助力品牌实现海量曝光。

每个月特定时间段内，在营销中心后台，自助线上竞价首页的焦点展示位，竞价成功后在次月投放，焦点展示位包含 PC、APP、WAP 三端英文站首页焦点图，如图 4-35 所示。

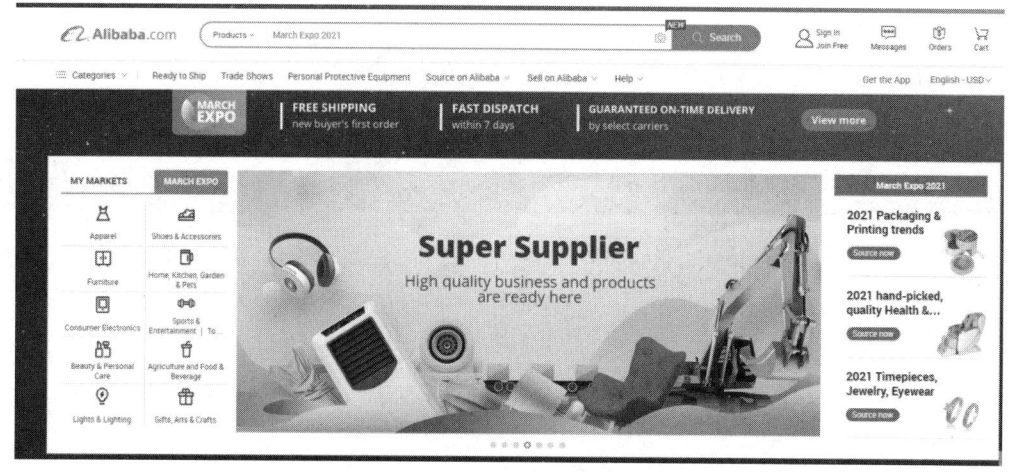

图 4-35　明星展播

明星展播在北美洲、南美洲、北非、非洲（除北非地区）、西欧、欧洲（除西欧地区）、东南亚、南亚、亚洲（除南亚、东南亚地区）及大洋洲，共计 10 个区域进行投放。

1．明星展播的优势

明星展播具有以下几个优势。

（1）稀缺资源。全网焦点资源，每月仅开放 80 个展位。

（2）彰显品牌。全面彰显企业实力，提升企业品牌价值。

（3）海量曝光。站内核心资源位，曝光更海量。

（4）精准投放。分地域展示，投放更精准。

2．明星展播的购买条件

购买明星展播的商家需要同时具备以下 4 个条件。

（1）服务中的金品诚企会员。

（2）开通营销中心账户（外贸直通车）。

（3）投放的商品或旺铺不在防控的高危类目范围内。

（4）因违规累计扣分小于 24 分且无知识产权严重侵权行为。

3．明星展播的购买流程

购买明星展播的商家必须满足以上 4 个条件，才能参与明星展播竞价。明星展播"按地域投放"，竞价成功后将在 PC、APP、WAP 三端英文站首页焦点图同时展示，竞价前应先确认具体的投放位置。明星展播每个月开放一次竞价，每次竞价持续 4 个小时，有 15 分钟的延迟竞价期。每竞价成功一个展位，就可获得一次设计公司免费制作创意图片的机会。创意图片准备好后，在投放前 2 天完成创意审核，审核通过后才能按时投放。投放时必须保证中国供应商处于服务状态中，并且推广中的创意图片、店铺或产品不能有侵权违禁等行为。明星展播的购买流程图如图 4-36 所示。

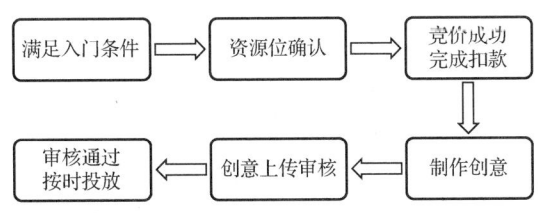

图 4-36　明星展播的购买流程图

4．明星展播竞价规则

明星展播竞价时长为 4 小时，最多延长 15 分钟。每月的竞价时间可以在明星展播后台进行查看。

假设当天竞价在 10 点结束，最后 1 分钟内，即 9 时 59 分 0 秒到 9 时 59 分 59 秒期间无人竞价，那么竞价就会自动结束。如果某一资源位在期间有人竞价，那么最后出价时间会自动延长 3 分钟，最多延长到竞价结束后的 15 分钟，即 10 时 15 分 0 秒。例如，如果有人在 9 时 59 分 12 秒参与竞价，则该资源竞价结束延长时间为 10 时 3 分 12 秒，若在此期间还有其他人出价，系统会按最后出价时间自动延长 3 分钟，不超过 10 时 15 分 0 秒结束。

四、问鼎

问鼎，简单来说，就是一种突出品牌的搜索广告，以条幅的方式直接展示品牌信息，展示位置是在搜索结果页面，以置顶广告的形式进行展示，广告 URL 可选择设置为产品或店铺链接，目前仅支持 PC 端展示，如图 4-37 所示。问鼎在获得站内平台高流量的同时，也拓展了站外流量，更好地展示了品牌调性，凸显了品牌的实力。

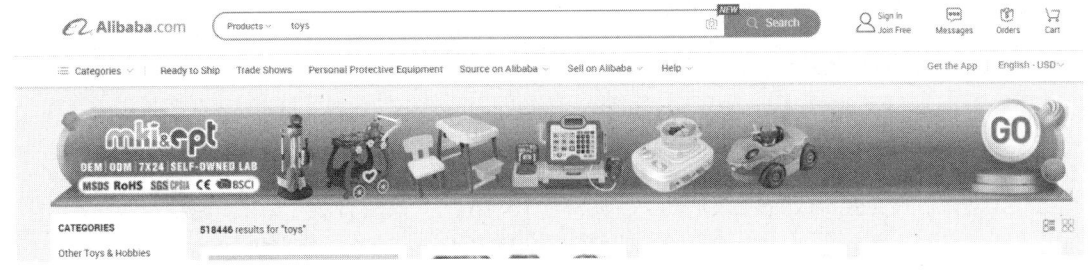

图 4-37　问鼎

问鼎的高商业价值词包含一个主词和两个辅词。问鼎是按照使用时长付费的，目前按年付费。问鼎的购买是按照品牌包的方式进行的，整包必须包括问鼎，其他服务（如顶展、回眸、明星展播等）可以选择购买。

五、品牌直达

品牌直达，也称独秀，是一种突出品牌的搜索广告。和问鼎一样，品牌直达也采用按时长收费方式。

品牌直达的售卖方式也是品牌包。因为品牌包中必须包含问鼎，所以想要购买品牌直达，就必须选择问鼎。

客户可购买一个品牌词（要求商家拥有自主商标 R 标或拥有品牌独占授权），同时获赠 3 个类目词。

PC 端和 APP 端是一致的，品牌直达的方式有 3 种。

（1）搜索词为品牌词+类目词，采用精准匹配方式。

（2）搜索词为品牌词。

（3）搜索词为公司全称，直达公司店铺。

六、顶展的购买及竞拍

除顶展既可以线上竞拍又可以联系客户经理进行购买外，其他品牌工具均为稀缺资源，需要与客户经理沟通订购。

1. 顶展合作流程

首先，由商家在阿里巴巴国际站上进行在线申请或直接联系客服，然后客户经理上门进行沟通咨询，接着商家选定关键词与阿里巴巴国际站签订合同，最后购买成功后，商家可在后台绑定产品进行投放。顶展的购买流程如图 4-38 所示。

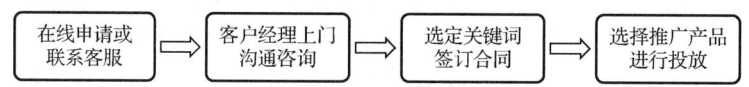

图 4-38　顶展的购买流程

在顶展合作的过程中，关键词的选定和秒杀是最为重要的。一般商家会选择阿里巴巴国际站上买家搜索量最多、流量最高的大类关键词，如 led light、kids toy、power bank 等，然后将产品投放在关键词搜索结果页面的第一页。

2. 顶展线上竞价流程

（1）登录顶展后台，接受协议。首次参与顶展竞价，需要先接受协议，协议只能由主账号接受。

（2）售卖前准备。接受协议后进入顶展竞价页面。主页面分为 PC 端顶级展位和 APP 端顶级展位两个端口。页面的内容随着这两个端口的变化而变化，分别表示当前所选的是 PC 端还是移动端的信息。变化的内容包括我的竞价、已购买关键词、我的收藏，以及页面右侧的搜索、收藏、出价等行动点。

在竞价开始前，商家可以先通过系统提前收藏需要参与竞价的词，如果系统搜索中没有商家想要的搜索词，也可以通过进度条下方的热词进行搜索。然后，点击"检测"按钮，查看当前商家是否有能和该关键词绑定为"优"的产品，如果没有，则建议商家提前发布相应产品。根据"PC 顶级展位"和"移动顶级展位"标签的区别，可分别替两个端口收藏词。

（3）售卖开始，进行出价。售卖开始后，"出价"按钮会变成黄色，点击"出价"按钮，会弹出出价框，出价提交之后即表示商家参与了该词的竞价，如图4-39所示。此时，系统会自动冻结商家的直通车余额，直到有其他商家出价高于此价格，直通车的余额才会被释放。

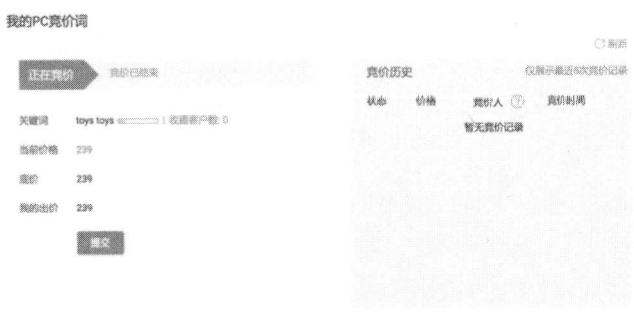

图4-39　出价

如关键词在本次竞价中第一次被拍，则出价为底价，无须加价。当该关键词在本次竞价中第二次以上被拍时，加价幅度可自定义，自定义范围为20～100元，金额是不含小数的整数。在出价框右侧可以看到该词最近的5次竞价记录，如图4-40所示。

图4-40　竞价记录

当本次竞价只有最后一分钟时，如果仍有商家继续出价，那么对应词的竞价结束时间将延时，最多延时30分钟。具体某个词的延时情况，可以在"竞价状态"的倒计时中看到。

假设竞价在10时结束，在9时59分0秒到9时59分59秒期间无人竞价，那么竞价会自动结束。如果有人在此期间竞价，竞价将自动延长3分钟。如果在10时1分0秒到10时2分59秒期间无人竞价，那么该关键词竞价就会结束。如果在10时2分30秒的时候，某商家参与了竞价，该关键词的竞价时间就会延长至10时5分30秒。对应该关键词的倒计时会在该商家拍下的当下开始重新倒计时3分钟。

（4）竞价结束。竞价结束后，商家可以在"我的竞价"中看到是否竞拍成功。关键词状态是"我已买下"代表商家已经成功竞到该关键词；关键词状态是"他人已买下"代表商家并未竞得该关键词。竞价结束2小时内，商家可以在"已购买关键词"中看到买到的词，并可进行绑定。

3．顶展产品绑定

（1）进入阿里巴巴后台中心，选择顶级展位，设置产品。

（2）进入投放管理，准备投放，点击"选择您的产品"按钮，为关键词绑定产品，选择信息质量为"优"的产品进行绑定。

（3）绑定产品。顶展绑定产品只能选择非在线批发产品中推广评分为优的产品。选中的产品会被锁定，无法在编辑页面进行编辑。如果需要即时展示，则选择已发布上网且正常展示的产品进行绑定，新发产品可能存在24小时的延时。如果想选择"良"或"—"的产品，则需要先优化此产品的信息。

4．顶展秒杀词

顶展秒杀词是指线上自助抢购秒杀的关键词。售卖周期为3个月，可使用外贸直通车余额进行付费，价格采用底价加上竞拍时的加价方式得出。

首先，商家每个月应在秒杀前提前选择需要购买的关键词并进行收藏。其次，在顶展竞价开始时进行购买，购买完成后绑定产品，并选择广告样式进行投放。最后，完成投放。顶展秒杀词的购买流程图如图4-41所示。

图4-41　顶展秒杀词的购买流程图

5．PC端顶展绑定创意

PC端顶展产品进行展示时有不同的创意形式，还可以选择新建创意，PC端顶展共有3种创意模式。

（1）经典顶展。

经典顶展和自然搜索最接近，除产品主图外，还可额外展示4张产品图片，无须创意审核，如图4-42所示。

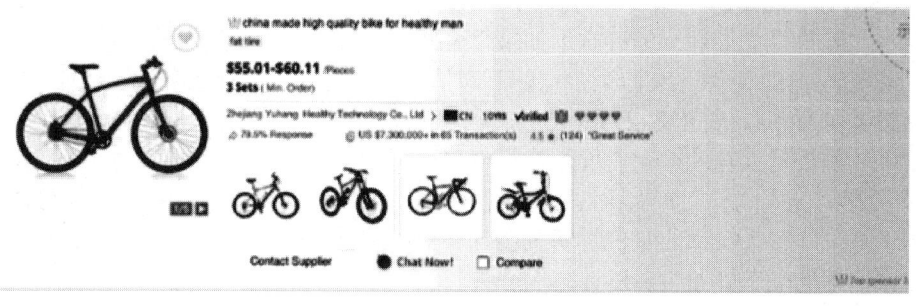

图4-42　PC端经典顶展

选择经典顶展后，添加主推推广产品时，只能选择产品右下角推广评分为"优"的产品，点击"保存并继续"按钮。

(2)视频样式。

PC 端顶展视频样式能够动态地展示公司和产品的优势,如图 4-43 所示。同样应先选择主推推广产品。

图 4-43　PC 端顶展视频样式

添加主推推广商品之后,再添加相似品,如图 4-44 所示。既可以添加系统推荐的相似品,也可以由卖家自主选择相似品,或者不展示相似品,点击"保存并继续"按钮。

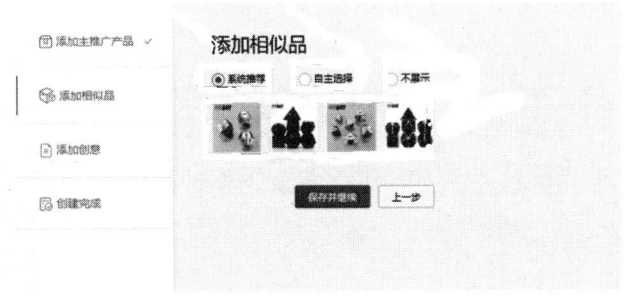

图 4-44　添加相似品

添加创意。设置广告语,广告语需要控制在 2~36 个英文字符;视频封面的图片大小为 600 像素×338 像素,视频尺寸为 16:9,视频时长范围为 20~45 秒,如图 4-45 所示。

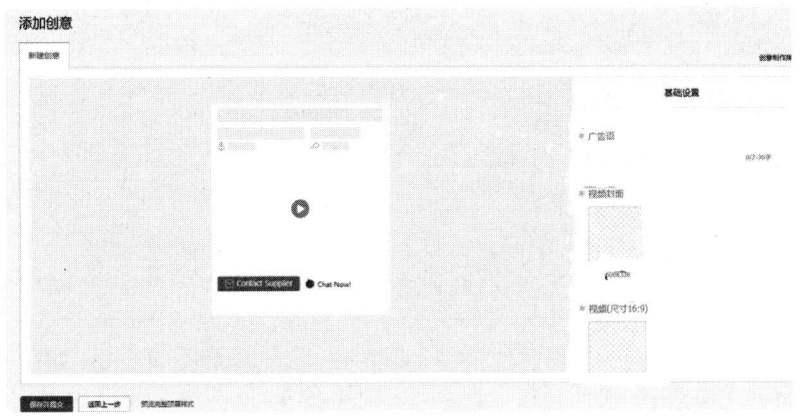

图 4-45　视频样式绑定

（3）PC 端子链样式。

PC 端子链样式的绑定，以"品"带"类目"，最终带动全店的曝光，如图 4-46 所示。

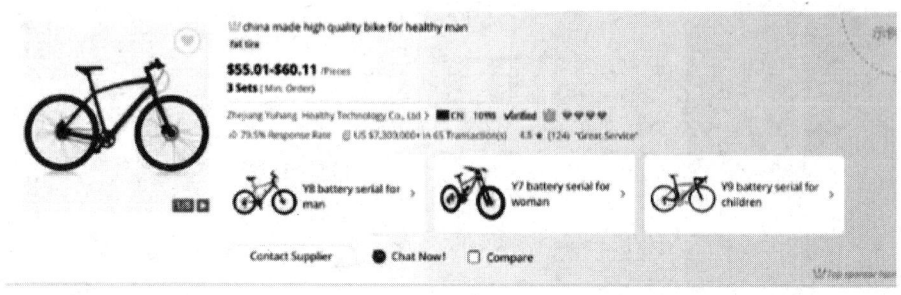

图 4-46　PC 端子链样式

点击 PC 端"子链样式"链接，在弹出的页面中首先添加创意名称，选择主推产品，然后对应选择旺铺产品分组内容，给每个分组设置一个适合的视频封面，最后点击"确认"按钮，如图 4-47 所示。

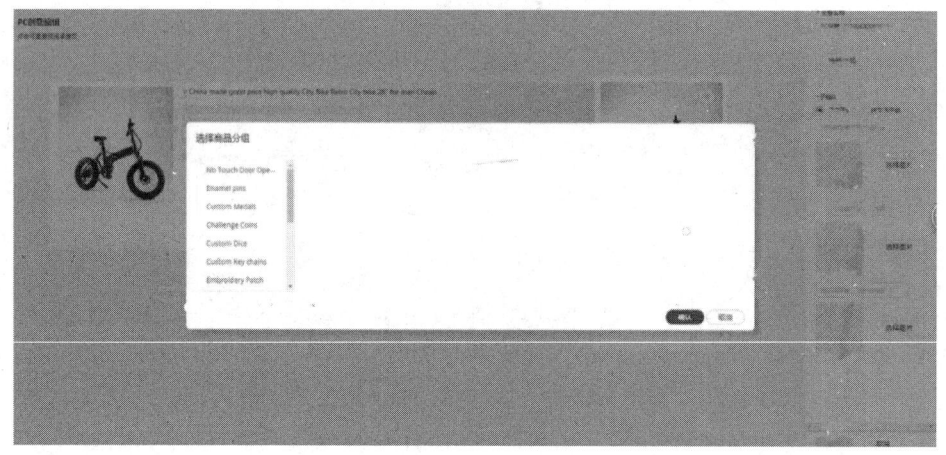

图 4-47　PC 端子链样式绑定

创意设置完成后，选择已有创意，点击"确定并进行推广"按钮。

6. APP 端顶展绑定创意

APP 端顶展进行展示时也有不同的创意，选择新建创意，APP 端顶展共有以下 3 种创意。

（1）多品创意模式。

多品创意模式显示 3 个产品，自定义承接页面，提升更多产品曝光，如图 4-48 所示。

选择多品创意模式后，再选择推广产品，如图 4-49 所示。需要选择 1 个主品和 2 个副品，选择图片风格一致和信息质量较优的产品。主品的推广评分要求为"优"，副品的推广评分要求为"优"或"良"。为了避免空投，投放创意中的主品和副品都无法进行产品详情编辑。

图 4-48　多品创意模式

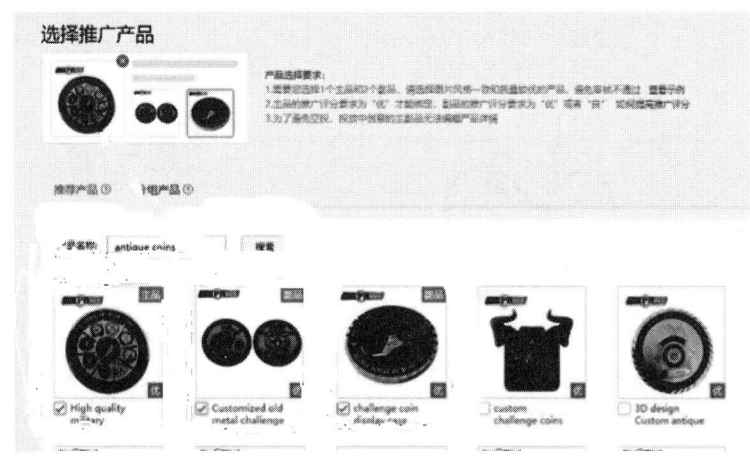

图 4-49　选择推广产品

接下来设置承接页样式，可以选择自定义样式或旺铺样式，如图 4-50 所示。

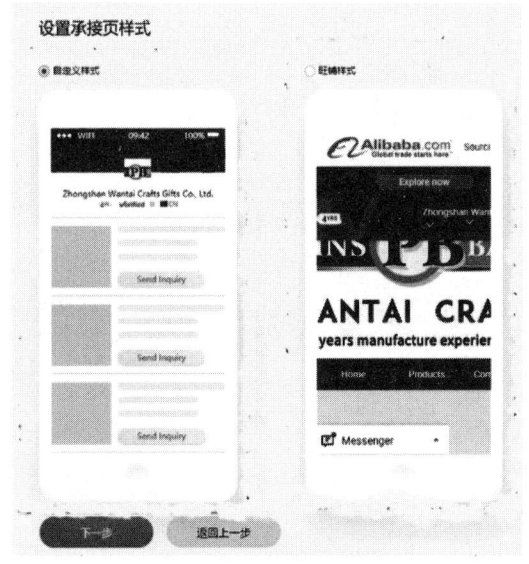

图 4-50　设置承接页样式

（2）App 端单品经典模式。

App 端单品经典模式是指展示 1 个产品，产品信息更加完整，以提升用户决策效果，如图 4-51 所示。

进入 App 端单品经典模式绑定，选择产品信息质量为优的产品，接着点击"下一步"按钮。

（3）App 端子链模式。

APP 端子链模式展示在主推产品的下方，如图 4-52 所示。App 端子链模式创意的 list 页面有两种，gallery 页面也有两种，商家可以先根据需求进行选择。然后设置创意名称，选择产品、子链样式涵盖的类目，设置子链样式的主图。

创意提交后，审核时效为 3~5 个工作日，待审核完毕后，点击"已购买关键词"→"选择对应词"→"立即/更换绑定"→"选择已有创意"命令，进入页面进行创意绑定。

图 4-51　App 端单品经典模式　　　　图 4-52　App 端子链模式

7. 顶展产品绑定常见问题

（1）商家点击"立即绑定"按钮后没有出现任何产品。

建议：将页面中的关键词删掉后再刷新，查看是否会出现产品，如图 4-53 所示。

图 4-53　顶展产品绑定常见问题

（2）需要绑定非优产品。

建议：考虑从以下几个方面进行完善。

- 需绑定的关键词与产品的类目是否对应。
- 需绑定的关键词是否完整出现在产品名称中。
- 需绑定的关键词是否是产品名称的核心词。
- 需绑定的关键词是否出现在产品发布的关键词中。

本 章 小 结

本章主要讲述阿里巴巴国际站店铺付费营销。首先介绍了外贸直通车（P4P）的概念、优势，使读者熟悉 P4P 后台账户设置，以及排序扣费规则，更有效地设置外贸直通车推广。然后介绍了场景营销下，常规营销场景模块内容，使读者掌握关键词推广的设置步骤及加词方法，了解推广评分带来的影响，以及优化提升推广评分的方法。接下来介绍了新场景下，智能营销的不同推广方式，使读者掌握不同营销组合及不同时段营销方式的选择，了解智能推广计划设置流程。最后介绍了品牌推广的各种工具及展示位置和顶展的竞价流程。

本章练习

一、选择题

1. P4P 关键词推广计划日预算设置必须大于等于（　　）。
   A. 50 元　　　　　B. 80 元　　　　　C. 100 元　　　　D. 150 元
2. P4P 中多语言站点投放最多可设置参与（　　）个站点投放。
   A. 11　　　　　　B. 13　　　　　　C. 10　　　　　　D. 16
3. 以下 4 个产品中排名第一位的是（　　）。
   A. 推广评分 10，出价 8　　　　　　B. 推广评分 15，出价 7
   C. 推广评分 12，出价 9　　　　　　D. 推广评分 20，出价 6
4. 以下（　　）不是 P4P 的三特性。
   A. 时效性　　　　B. 针对性　　　　C. 选择性　　　　D. 可控性
5. 以下（　　）不属于智能推广。
   A. 关键词推广　　B. 定向推广　　　C. 快速引流　　　D. 测品测款
6. 以下关于 P4P 扣费规则表述错误的是（　　）。
   A. 按照点击付费，曝光不扣费。
   B. 扣费≥出价。
   C. 关键词与产品的相关程度越高，推广评分就越高，星级也就越高。
   D. 最后一名的扣费=底价。

二、简答题

1. 简述顶展合作的流程。
2. 简述顶展 PC 端和 App 端的创意模式。

三、实训题

1. 进入 P4P 并完成以下操作：
（1）设置预算为 400 元人民币；
（2）开启推广。
2. 在阿里巴巴国际站中，卖家为了使产品最大限度地获取有效流量，常常在 P4P 中做付费推广，根据题目要求，完成以下操作。

要求：

在 P4P 中对以下 4 个关键词进行推广，并且为这 4 个关键词设置分组，最后根据要求完成每个关键词的出价。
（1）添加 4 个关键词：dress、lady dress、short dress、summer dress。
（2）关键词分组名称：dress。
（3）关键词的出价按照顺序分别为 5.8、5.9、6.0、6.1。

第五章 跨境电商数据分析

企业运营决策最可靠的依据不再是经验,而是数据。

案例 5-1

Suncorp-Metway 使用数据分析实现智慧营销

Suncorp-Metway 是澳大利亚一家提供普通保险、银行业、寿险和理财服务的多元化金融服务集团,旗下拥有 5 个业务部门,管理着 14 类商品,由公司及共享服务部门提供支持,其运营业务与 900 多万名客户有合作关系。

该公司十年间通过合并与收购,使客户群增长了 200%,这极大地增加了客户群数据管理的复杂性,如果管理不好必将对公司利润产生负面影响。为此 IBM 公司为其提供了一套解决方案。

采用该方案后,Suncorp-Metway 公司在以下三项业务方面取得了显著成效。

(1)显著增加了市场份额,但没有增加营销开支。

(2)每年大约节省 1000 万美元的集成与相关成本。

(3)避免向同一户家庭重复邮寄相同信函并且消除冗余系统,从而同时降低直接邮寄与运营成本。

由此可见,Suncorp-Metway 公司通过该方案将此前多个孤立来源的数据集成起来,实现了智慧营销,对控制成本、增加利润起到了非常积极的作用。

第一节 数据分析基础

企业在经营过程中产生的各种类型的数据是极有价值的资产,企业可通过数据分析进行战略调整及营销部署。应用大数据正逐渐成为商业竞争的关键。

一、数据分析的定义

1. 数据分析的概念

数据分析是指用适当的统计分析方法对收集来的大量数据进行分析,将它们加以汇总、理解并消化,以求最大化地开发数据的功能,发挥数据的作用。简单来说,数据分析是为了提取有用信息和形成结论而对数据加以详细研究和概括总结的过程。

跨境电商数据分析是指对跨境电商企业经营过程中产生的数据进行分析，在研究大量数据的过程中寻找模式、相关性和其他有用的信息，从而帮助企业更好地适应变化，做出更明智的决策。

2. 数据分析的目的

数据分析的目的是把隐藏在一大批看来杂乱无章的数据中的信息集中和提炼出来，从而找出所研究对象的内在规律。在实际应用中，数据分析可帮助人们做出判断，以便采取适当的行动。假设跨境电商企业经营者准备开拓一个新的市场，则需要充分了解竞争对手的市场状况、市场潜力及销售预测，从而为发现市场机会找到突破口。因此数据分析在企业运营过程中具有极其重要的地位。

3. 数据分析的作用

数据分析在企业的经营过程中，具有以下3个方面的作用。

一是现状分析：帮助管理者了解企业现阶段的整体运营情况、企业各项业务的构成、各项业务的发展及变动情况，以及企业运行状况。例如，提供跨境电商企业现阶段的整体运营情况（其中包括各项经营指标的完成情况），以及跨境电商企业各业务的构成。现状分析一般通过日常通报来完成，如日报、周报、月报等形式。

二是原因分析：根据企业运营情况，针对某一现状进行原因分析。例如，本月店铺销售额环比下降了15%，是什么原因导致的？是店铺流量减少了，还是转化率出现了问题，或者是客单价降低了？企业应通过原因分析找到根源所在。原因分析一般通过专题分析来完成。

三是预测分析：对企业未来发展趋势进行预测，为制定企业运营目标及策略提供有效的参考与决策依据，以保证企业的可持续健康发展。例如，跨境电商企业经营者一般会根据近几个月销售额的变动趋势来预测下个月的销售额，并作为店铺的运营目标及对员工考核的依据。预测分析一般通过专题分析来完成。

二、数据分析流程

数据分析流程一般分为6步，如图5-1所示，包括明确分析目的与思路、数据采集、数据处理、数据分析、数据优化与持续追踪。

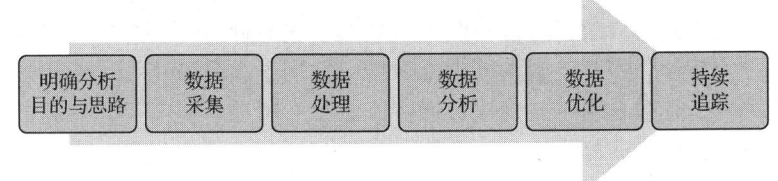

图5-1 数据分析流程

1. 明确分析目的与思路

明确分析目的是确保数据分析过程有效进行的先决条件。这个目标可以是长期的，也可以是短期的，但一定是具体可实现的。

明确分析思路是把分析目的分解成若干个不同的分解要点,即如何展开数据分析,需要从哪几个角度进行分析,采用哪些指标进行分析。

2. 数据采集

数据采集是按照确定的数据分析框架收集相关数据的过程,它为数据分析提供了素材和依据。常用的数据采集分析工具有生意参谋、店侦探、八爪鱼、阿里巴巴的数据管家板块。

3. 数据处理

数据处理是指对收集到的数据进行加工整理,形成适合数据分析的样式,它是数据分析前必不可少的阶段。通过数据处理,将收集到的原始数据转换为可以分析的形式,并且保证数据的一致性和有效性。

4. 数据分析

通过建立数据监控体系,及时发现运营过程中的问题,迅速定位并分析原因。通过对数据进行探索式分析,可以全面认识整个数据集,以便后续选择恰当的分析策略。

5. 数据优化

找到问题原因后应及时解决问题。可使用一些运营手段,如利用促销活动提高用户活跃度、购物送优惠券等方式。

6. 持续追踪

方案实施后需要对应用的效果持续跟踪,需要持续跟踪用户数据的反馈来验证方案的正确性。

三、数据管家简介

1. 什么是数据管家

数据管家是阿里巴巴国际站开发的一项全新功能,为外贸企业提供店铺运营与生意决策的参考依据。该功能主要反映企业在阿里巴巴国际站操作及推广效果的数据。它通过多重数据统计分析,不仅让企业清楚了解自身的推广状况,更能针对薄弱点,有效提升网络推广效果。数据管家分为行业版和基础版,其中,行业版适用于金品诚企会员或国际站星等级达到二星以上的商家,基础版适用于普通出口通商家。行业版功能更多,具有商品洞察、市场洞察、关键词指数、行业市场分析等专享功能。

2. 数据管家的优势

(1) 实时查询自身推广效果与操作情况。
(2) 知己知彼,随时掌控与同行的对比情况。
(3) 实时统计买家重点关注产品,轻松掌握海外买家最新采购需求。

3. 数据管家使用介绍

登录 My Alibaba 后台,选择菜单"数据管家",可以清楚地看到企业的各类模块数据。如图 5-2 所示为阿里巴巴国际站某店铺后台的数据管家菜单。

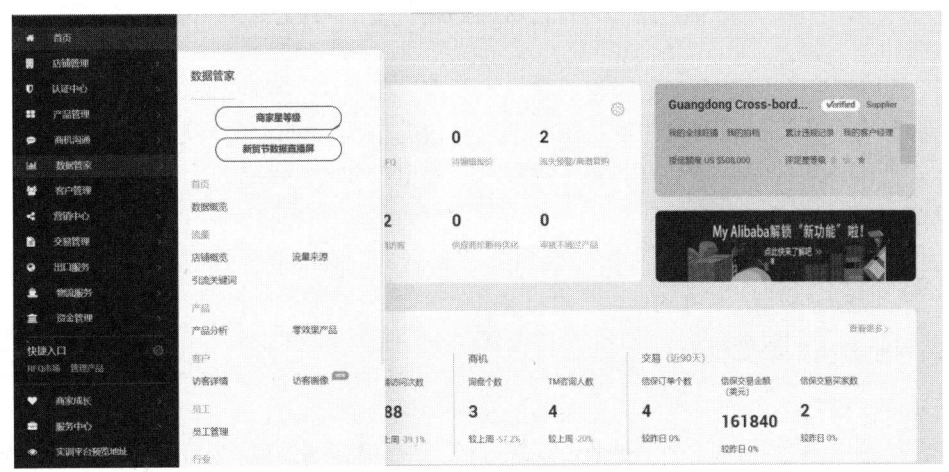

图 5-2　阿里巴巴国际站某店铺后台的数据管家菜单

数据管家目前由首页、流量数据分析、产品数据分析、客户数据分析、员工数据分析和行业数据分析几个板块组成。如图 5-3 所示为阿里巴巴国际站某店铺数据管家模块。下面逐一介绍各板块的功能。

图 5-3　阿里巴巴国际站某店铺数据管家模块

（1）首页:该模块下是数据概览的功能。
（2）流量数据分析:该模块包括店铺概览、流量来源、引流关键词功能。
（3）产品数据分析:该模块包括产品分析和零效果产品功能。
（4）客户数据分析:该模块包括访客详情和访客画像功能。

(5) 员工数据分析：该模块下是员工管理的功能。

(6) 行业数据分析：该模块下包括关键词指数、行业报告、征税查询、热门搜索词、行业热词榜和行业市场分析功能。

第二节　市场数据分析与优化

国际市场数据分析是指运用科学的方法与手段，系统地搜集、整理和分析有关国际市场的各种基本状况及其影响因素，帮助企业制定有效的市场营销决策，实现企业经营目标。外贸出口企业有必要对自己的出口产品所针对的海外市场做一个全面的分析，知己知彼方能百战不殆。

一、行业分析

1. 行业分析的必要性

行业是指由众多提供同类或相似商品的企业构成的群体。通过对行业进行宏观和微观分析，可以判定电商企业选择的行业是否有较好的发展态势，行业类目下哪些子行业比较有发展潜力。据此对行业有整体的判断，从而找到电商企业后期销售额提升的"蓝海"机会，明确企业可以切入的品类。例如，看到印度市场规模不错，决定生产某种产品，花很多钱投产，但销售数据不理想，其原因是情况不明，销售渠道未选好？还是定价过高，缺乏有力的广告宣传导致销售不出去？只有对销售数据进行认真分析，弄清楚目标市场对该产品的需求、市场容量及其发展趋势、预期价格变化等，才能顺利地解决出口商品的销售问题，找到最有发展前途的销售市场，建立最优化的出口商品结构。

2. 行业分析的维度

行业分析可从目标市场、市场需求总量、受众偏好、竞争对手和市场准入认证五个维度进行分析。

(1) 目标市场分析。目标市场是指企业在市场细分后的若干"子市场"中，所运用的企业营销活动之"矢"而瞄准的市场方向之"的"的优选过程。只有通过市场分析找出对产品存在高需求的国家或地区，再进一步分析出该国家或地区对产品的要求，针对目标市场的营销才会得心应手。阿里巴巴国际站数据管家的"行业视角"可以对全球买家询盘、搜索分布做统计，有助于卖家在线快速、全面地掌握买家的信息。

(2) 市场需求总量分析。市场需求总量是企业了解目标市场对该类商品的需求情况，确定该市场的市场规模及近年来的采购趋势，是企业判断是否进入一个新市场的重要依据。如图 5-4 所示，可通过海关总署网站 http://www.customs.gov.cn/查询我国供应商出口 T 恤衫到目标市场的金额，出口额越大，代表市场需求越乐观。

(3) 受众偏好分析。受众偏好是指由于世界各国存在着很多差异，同一款产品在不同的市场会有不同的销售表现，因此有必要对不同国家的产品情况进行研究，了解和分析不同市场的特点。例如，当地所接受的价格区间、款式喜好、材质要求、售后服务等。因此需要对目标市场的受众偏好进行数据分析，根据市场需求整理产品，制定目标市场的产品营销组合，在不同的跨境市场选择重点推广产品组。例如，欧美等国家和地区或某些国家的中高端市场对产品质量要求较高；中东、印度、俄罗斯等国家或地区则较为注重性价比。产品在不同市场的终端零售价及款式喜好可通过当地购物网站进行分析了解。例如，如果想了解英国市场对 Hoddies（卫衣）的消费偏好可参考当地的购物网站 https://www.argos.co.uk/，如果想了解俄罗斯市场对 Hoddies（卫衣）的消费偏好可参考当地的购物网站 https://market.yandex.ru/。

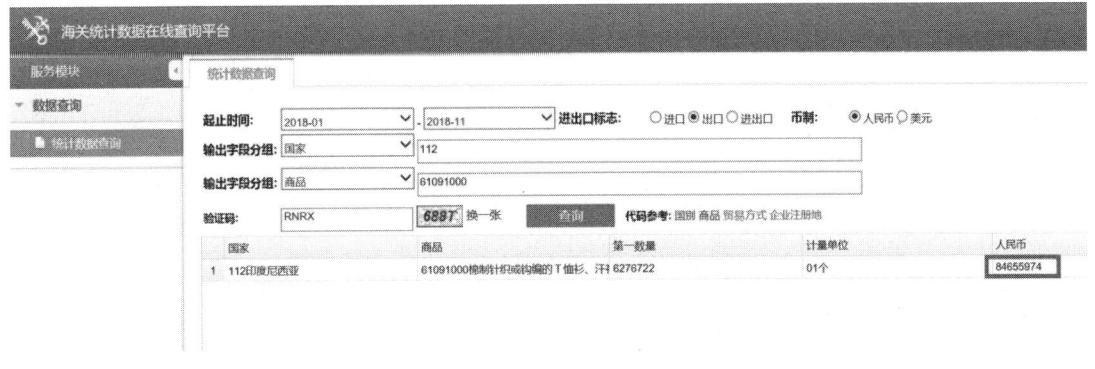

图 5-4　T 恤衫的市场需求总量数据分析

（4）竞争对手分析。某些产品市场需求很大，但做同类产品的供应商也很多，竞争十分激烈，需要充分了解竞争对手的市场状况，做到知己知彼、百战不殆。竞争对手包括国内的同行及国外的同行。可通过阿里巴巴买家页面来分析竞争对手，如输入关键词 eyelashes 后点击 Suppliers，结果显示国际站上销售该产品的供应商数量为 2741 家，如图 5-5 所示。数量越多，代表同行越多，竞争越激烈。

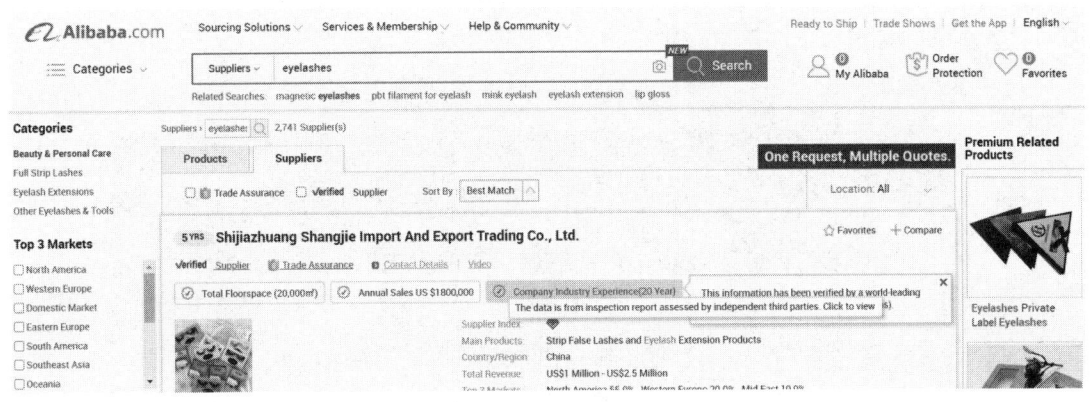

图 5-5　阿里巴巴国际站 eyelashes 产品的竞争对手分析页面

（5）市场准入认证。我国的产品要出口到其他国家，产品需要有符合当地的安全认证标准才可以在所在区域销售。常见的有 CE、RoHS、UL 等国际公认的权威、客观的产品检测认证。

二、关键词分析

关键词是消费者在搜索商品时输入的词。若商品标题包含消费者搜索的关键词，商品就可能出现在搜索结果中。关键词又分为核心关键词和衍生关键词。其中，核心关键词指对某产品的定位，衍生关键词是对核心关键词的补充。

1. 热门搜索词

关键词分析中最重要的一环就是关键词的价值度分析。对跨境电商企业来说，首先要找到有价值的关键词，并投入资金以提高排名。获得排名后，可以被动搜索获得展现或点击。阿里巴巴国际站数据管家的"热门搜索词"页面可显示关键词的搜索热度、卖家竞争度、橱窗数等信息，如图5-6所示。

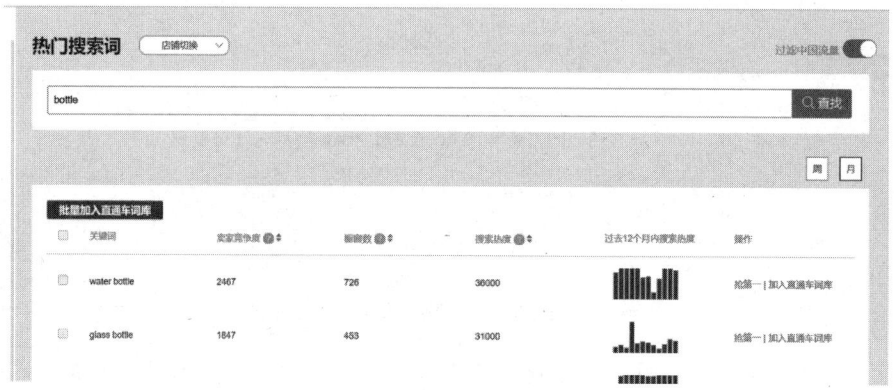

图5-6 阿里巴巴国际站数据管家的"热门搜索词"页面

2. 关键词指数分析

关键词指数是指买家搜索该关键词频次的加权数据，频次越高代表搜索指数越高。如图5-7所示为阿里巴巴国际站数据管家的"关键词指数"页面。

图5-7 阿里巴巴国际站数据管家的"关键词指数"页面

阿里巴巴国际站数据管家的"关键词指数"页面解读如下。

选择类目：支持选择订阅一级类目下的所有二级和三级类目。时间范围：最近7天/最近30天，对应数据统计周期范围默认为最近7天。终端：全部/PC/无线，对应搜索终端来源，默认为全部。搜索榜单展示逻辑：排序（展示排名）、关键词、类目搜索指数、搜索涨幅、点击率5个字段。排序：默认按照搜索指数降序排列，可根据选择按照升序、降序排列。搜索涨幅：竞争指数、点击率提供环比上一周期值结果，以数值表达。关键词超链接：搜索词可点击，且点击后出现搜索结果。

搜索结果页展示指数趋势、地区及终端分布、关联词、来源词、去向词、填充词榜单、文本包含关系热搜词排行、包含该词商品的热门引流词排行等信息。

（1）如图 5-8 所示为查询 bar 展示图。时间范围：最近 7 天/最近 30 天，对应数据统计周期范围，默认为最近 7 天。搜索地区：提供搜索量 TOP20 国家地区以供选择，对应流量地区来源，默认全球。搜索终端：全终端/PC/无线，对应搜索终端来源，默认全终端。搜索框：默认填充本次执行搜索的关键词，可删除后填写其他关键词执行搜索。

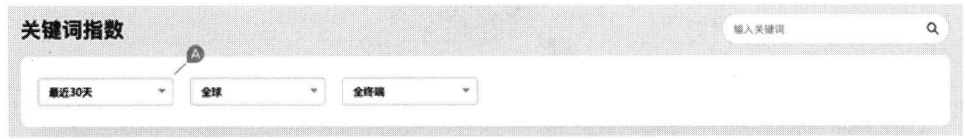

图 5-8　"关键词指数"功能查询结果页面查询 bar 展示图

（2）如图 5-9 所示为指数趋势展示图。X 轴表示日期，根据时间组件选择展示近 7 天或近 30 天的日期，Y 轴表示对应日期的搜索指数，鼠标点击线上任一点时将展示出对应日期及对应指数。

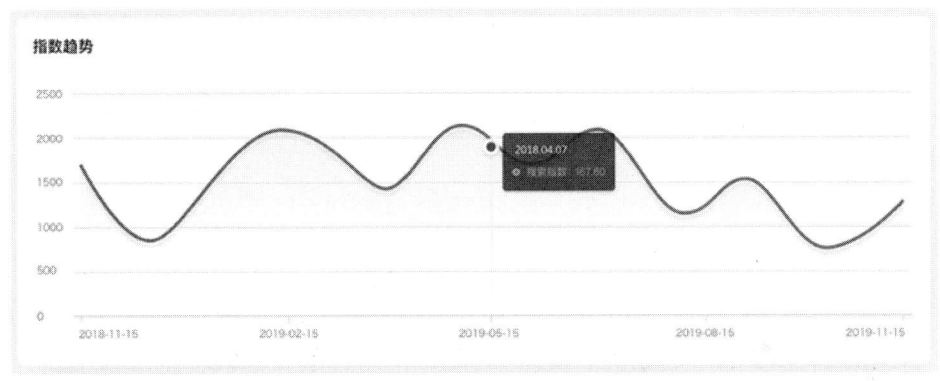

图 5-9　"关键词指数"功能查询结果页面指数趋势展示图

（3）地区及终端分布展示图。左侧在世界地图上以红圈展示该国家（地区）的搜索指数，红圈直径与指数大小成正比；右侧展示搜索指数 TOP20 的国家（地区）排行，提供 PC 端、无线端占比。

（4）如图 5-10 所示为关联词展示图。关联词是指用户（session）在搜索该词前后的相关检索词（同一买家在搜索该词前后还搜索过的其他关键词，买家搜索越多代表相关度越高）。圆圈大小代表该词搜索指数大小，远近代表关联度大小，越近则关联度越高。颜色代表环比上一周期该词的指数变化，红色为上升、绿色为下降。展示关联度 TOP20 的词。

（5）如图 5-11 所示为来源词、去向词、填充词榜单展示图，滚动展示关联度 TOP20 的词。来源词是指用户（session）在搜索该词之前的相关检索词（同一买家在搜索该词之前还搜索过的其他关键词，被越多的此类买家搜索代表相关度越高，按照相关度降序排列）；去向词是指用户（session）在搜索该词之后的相关检索词（同一买家在搜索该词之后还搜过的其他关键词，被越多的此类买家搜索代表相关度越高，按照相关度降序排列）；填充词是指同一次检索中该词之外的单词（单次搜索中，除该词外还填写了哪些单词，使用次数越多代表相关度越高，按照相关度降序排列）。

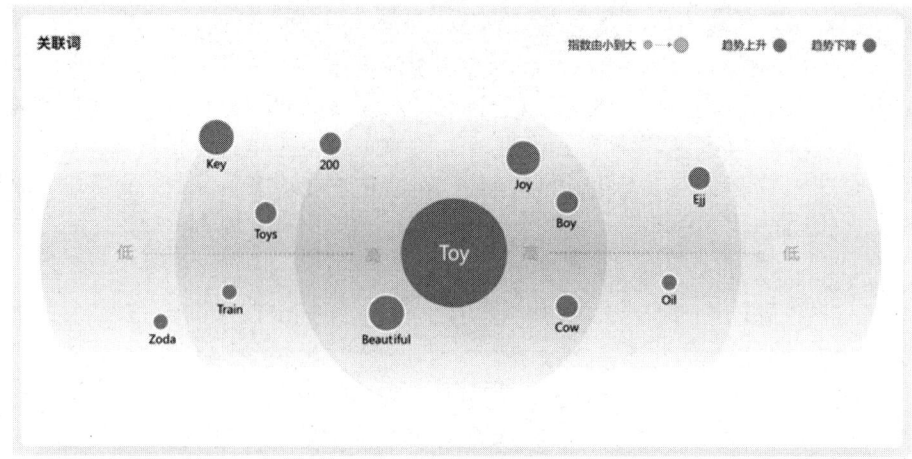

图 5-10 "关键词指数"功能查询结果页面关联词展示图

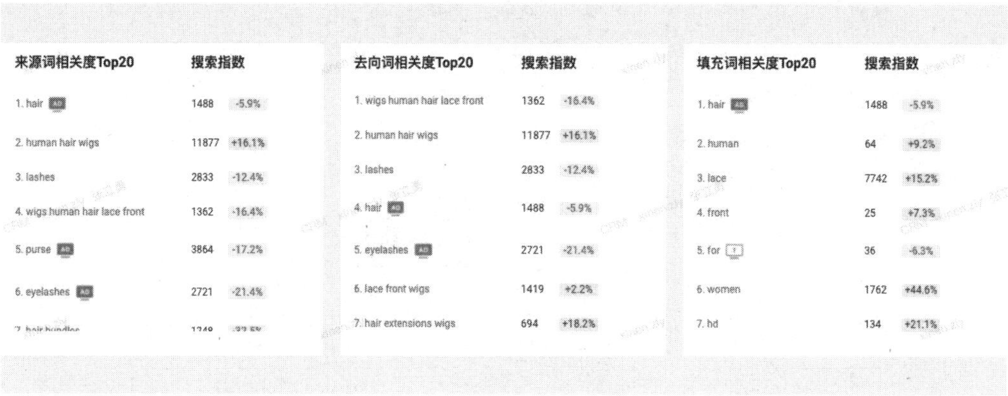

图 5-11 "关键词指数"功能查询结果页面来源词、去向词、填充词榜单展示图

（6）如图 5-12 所示为文本包含关系热搜词排行的展示图。展示字段为排序、搜索词、搜索指数、搜索涨幅、竞争指数、点击率。默认按照搜索指数降序排列，提供搜索指数、搜索涨幅、竞争指数、点击率的升/降序排列。

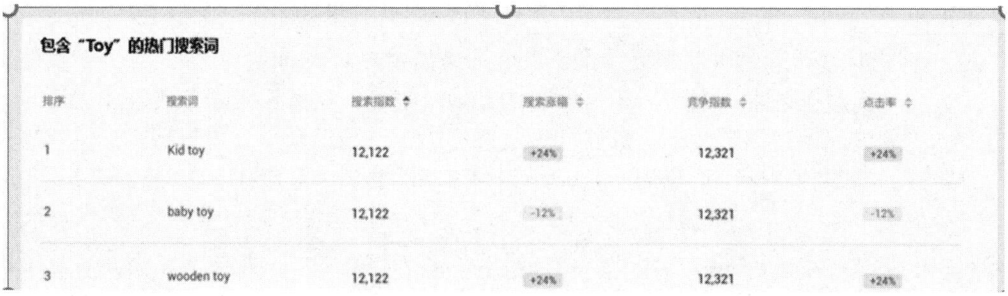

图 5-12 "关键词指数"功能查询结果页面文本包含关系热搜词排行展示图

（7）如图 5-13 所示为包含该词商品的热门引流词排行展示图。展示字段为排序、搜索词、搜索指数、搜索涨幅、竞争指数、点击率。按照搜索指数降序排列，不提供其他字段排序功能。

包含"Toy"商品的热门引流词					
排序	搜索词	搜索指数	搜索涨幅	竞争指数	点击率
1	Kid toy	12,122	+24%	12,321	+24%
2	baby toy	12,122	-12%	12,321	-12%
3	wooden toy	12,122	+24%	12,321	+24%

图 5-13 "关键词指数"功能查询结果页面包含该词商品的热门引流词排行展示图

3．关键词优化

很多关键词的竞争在行业内部非常激烈，只有不断地优化自己的关键词表，才能够给产品带来更多的浏览者。利用关键词指数中的相关数据，如利用关联词、来源词、去向词、填充词榜单、文本包含关系热搜词排行、包含该词商品的热门引流词排行等词汇，将其扩展成一系列短语。改变短语中的词序以创建不同的词语组合。使用各种组合，包含同义词、替换词、比喻词、所卖产品的商标名和品名等来创建更多的两字组合，以及三字、四字组合，以形成更多的关键词，有助于覆盖到更多的买家。

（1）关键词挑选要精准，不要盲目追求指数过高或过低的关键词，而应与网站主题或用户搜索习惯相符。

（2）做好内容优化，关键词不是独立存在的，需要不断赋予高质量的内容来吸引用户及搜索引擎的关注，提高它们定期访问的频率及黏合性，从而提高网站排名。

三、竞店分析

1．竞争对手识别

竞争对手是指对企业发展可能造成威胁的其他企业，具体是指与本企业生产销售同类商品或替代品，提供同类或替代服务，以及价格区间相近、目标客户类似的企业。通过以下 3 种方式可以识别竞争对手。

（1）通过关键词搜索识别竞争对手。在阿里巴巴买家页面，搜索经营品类相似的卖家，更具体的还可以根据店铺宝贝的属性进一步精确竞争对手。例如，在买家页面搜索框中输入"bag women ladies"，可以搜索到大量的竞争对手，随后选择个性为"fashion"，可以进一步识别竞争对手。

（2）根据供应商类型识别竞争对手。在阿里巴巴国际站买家页面中，通过店铺标志"Trade Assurance"与"Verified Supplier"来进行筛选，挑选出与本企业类型接近的企业作为竞争对手。

（3）通过最小订单量及商品单价识别竞争对手。在阿里巴巴国际站买家页面中，以最小订单量与价格为维度搜索相关卖家，然后找到其店铺商品所在的排位，圈定最小订单量或商品单价最接近的店铺作为竞争对手。

2．竞店分析

监控和分析竞店一方面可以了解竞店的优势，使自己做好充分的应对准备，错位竞争，还可以找到自己店铺可以提升的关键点。了解竞店应对市场的方式，如促销方案的制定、上新的时间点、销售趋势等，并结合自身的供应链情况、经营能力、资金实力进行店铺的各项规划。

SWOT 分析法是将企业内外部条件各方面内容进行综合和概括，进而分析出组织的优劣势、面临的机会和威胁的一种方法。利用这种方法可以从中找出对自己有利的、值得发扬的因素，以及对自己不利的、需要避开的因素，发现存在的问题，找出解决办法，并明确以后的发展方向。SWOT 分析是分析企业的优势（strength）、劣势（weakness）、机会（opportunity）与威胁（threats）。优势和劣势是内在要素，机会与威胁则是外在要素。如表 5-1 所示。

表 5-1 SWOT 矩阵分析

外部因素	内部因素	
	优势	劣势
机会	"优势—机会"（SO）策略	"劣势—机会"（WO）策略
威胁	"优势—威胁"（ST）策略	"劣势—威胁"（WT）策略

3. 竞店分析角度

（1）竞店属性分析。竞店的属性数据，主要包括公司简介、生产能力、质量控制、研发能力、贸易能力和工厂检测报告等指标。通过选取与企业相近的竞店，可以找出差异，提升店铺业绩。

（2）商品类目分析。店铺的类目结构不仅影响销售业绩，而且还影响店铺抵御风险的能力。在分析店铺商品类目时，需要了解自身店铺和竞争店铺在类目布局和类目销售额方面的差距，并据此进行品类布局的优化和提升。如果竞店的优势品类表现强势，则可以从自己店铺具有优势的品类着手，错位竞争，打造店铺的优势品类。

（3）销售数据分析。采集竞店统计周期内的销售数据，并分析销量趋势，进一步找出店铺之间的差距。

通过对竞争对手的分析，企业能够了解整个行业的竞争格局，能够对整个行业目前的竞争激烈程度及未来的走势进行分析和预判。企业应该在分析整个行业竞争格局的基础上，把竞争对手进行分层，在之后的运营中，向行业标杆竞争对手学习，并进一步锁定直接竞争对手，分析竞争对手的发展目标、拥有的资源、能力和当前的策略，取长补短，最终形成自己的竞争优势。

第三节 店铺数据分析

店铺数据分析主要是分析运营过程中商家服务的及时率和有效率，以及不同类型客户间对于服务需求的差异化表现。商家需充分了解自己店铺的经营数据，并利用数据分析店铺的运营情况，解决店铺的问题，才能提升经营效果。

一、商家星等级

1. 商家星等级的含义

商家星等级是评价国际站商家服务海外买家的能力和意愿的分层体系，是基于商家在阿里巴巴国际站平台上进行跨境贸易全过程中的客观数据表现生成的分层体系。商家星等级分为一星、二星、三星、四星、五星5个等级，其中五星最高。商家星等级于2020年6月10日升级至4.0版。

商家星等级指标体系强调买家核心关注点，包含四大能力项：商家力（定制场景）/商品力（快速交易场景）、营销力、交易力、保障力。商家力/商品力关注优质商品的展示，营销力关注商机获取能力，交易力关注成交转化效果，保障力关注交易质量及买家体验。商家除了需要满足上述四大能力项的分数要求外，还需要同时满足平均回复时间、按时发货率、买家评价分3个服务指标表现的基本要求。

商家星等级又分为两种场景指标，一种是"定制星等级"，另一种是"快速交易（RTS）星等级"，最终商家星等级确定时一般取两者中的较高等级。两个场景的各能力项具体指标分别如表5-2和表5-3所示。

表5-2　定制场景星等级指标

能　力　项	子　项　指　标
商家力	非RTS实力优品数，非RTS商品成长均分，证书数
营销力	商机数，平均回复时间，商机转化率，营销流量指数，营销商品商机转化率
交易力	在线交易额，支付转化率，复购率
保障力	按时发货率，买家评价分，风险健康分

表5-3　快速交易场景星等级指标（仅在店铺RTS品占比达到30%及以上才开启评定）

能　力　项	子　项　指　标
商品力	RTS实力优品数，RTS商品成长均分
营销力	点击率，平均回复时间，营销流量指数，营销商品商机转化率
交易力	在线交易额，在线交易买家，总转化率，复购率，RTS在线交易额占比
保障力	按时发货率，买家评价分，风险健康分

商家可参考商家星等级的指标表现调整服务行为，从而可以更好地在平台吸引海外买家，获取更多商机。

2. 商家星等级的评级标准

（1）商家的（定制/快速交易）星等级由商家四大能力项的表现所决定，每个能力项满分为100分，四大能力项均需符合一定的标准才能晋级为星级商家。1~5星的四大能力项分数要求分别是60、70、80、85、90分。

（2）四大能力项的分数由其项下多个指标共同影响，根据各指标项权重综合计算对应能力项的分数。各子项指标值越高，对应能力项分数越高。

若能力项内有基础服务指标，当基础服务指标未达到对应星级要求时，能力项的分数会停留在下一个星级的临界值。如平均回复时间未达到24小时，营销力显示59分，未达到20小时，则显示69分，以此类推。

（3）客户后台会同时展现定制和快速交易两套不同场景的评分指标和商家表现数据，依据表5-4商家星等级评定规则确定定制和快速交易星等级。系统将取两者中较高的星级作为商家最终的（预测/评定）星等级。快速交易星等级仅在商家店铺RTS品占比达到30%及以上才开启评定，未达到此评定门槛时默认为 0 星，定制星等级不受此影响，对全部商家进行评定。

表 5-4 商家星等级评定规则

星　等　级		四大能力项均达到	平均回复时间	按时发货率	买家评价分
★★★★★	5 星	90 分	≤8 小时	≥95%	≥4.9 分
★★★★	4 星	85 分	≤12 小时	≥93%	≥4.7 分
★★★	3 星	80 分	≤16 小时	≥90%	≥4.5 分
★★	2 星	70 分	≤20 小时	≥87%	≥4.3 分
★	1 星	60 分	≤24 小时	≥85%	≥4.0 分
	0 星				

（4）商家当月评定星等级由上一个自然月月末（PST，美国太平洋标准时间）当天商家实际数据的表现决定（不是指月末当天商家在后台看到的数据，而是月末两天后在后台看到的数据）。

评定星等级结果决定商家当月可享受的星级权益。评定星等级在商家后台每月 5 日更新，到次月 5 日前不会变动。

3．商家星等级权益

商家星等级权益由商家的评定星等级决定，不同星级商家权益不同。星级客户能享受从流量到服务各方面更切实的权益，具体如表 5-5 所示。星级商家升星后将在访客、曝光、点击、反馈及订单获取的表现上均呈现出 30%左右的提升，并且买家对星级商家的评价分也明显更高，通常可达到非星级商家的 4 倍。

表 5-5 商家星等级权益

星等级	权益	一星	二星	三星	四星	五星
客服类	搜索排序	√	√	√	√	√
	行业活动报名准入	—	√	√	√	√
	Weekly Deals 报名准入	√	√	√	√	√
工具类	粉丝通使用权	√	√	√	√	√
优惠类	金融活动优先参与	√	√	√	√	√
客服类	供应链服务优先	—	√	√	√	√
	线上专属客服	—	—	√	√	√

相较于单一维度的交易等级，商家星等级能更全面、更动态地反映商家的线上综合表现，参考性更强。因此阿里巴巴国际站计划以商家星等级替换交易等级在买家端进行展示。星等级在买家端展示后，将会为高星级商家带来更多的商机。

二、数据概览

商家通过如图 5-15 所示店铺数据概览页面，能够充分了解自己店铺的经营数据，并可以利用数据分析店铺运营的各方面情况，解决店铺的问题，有效提升店铺的业绩。

1. 店铺数据概览

在数据概览页面中，可直观查看店铺运营数据的 5 个指标，分别是店铺访问人数、店铺访问次数、店铺转化率、询盘个数、TM 咨询人数及其对应的较前日的环比数据及无线占比，如图 5-14 所示。

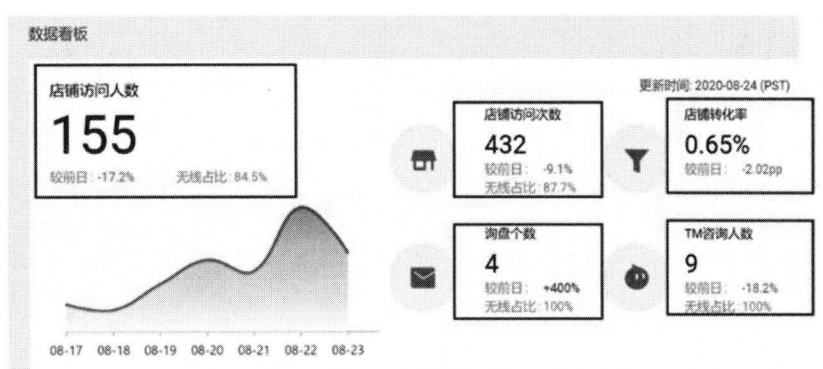

图 5-14　数据概览页面

数据概览页面中的各数据指标含义解释如下。

（1）店铺访问人数。访问商家全球旺铺页面及产品详情页面的用户均被记为访客，当日去重，隔日不去重。

（2）店铺访问次数。店铺访问次数即访问商家店铺页面及产品详情页的点击总数。

（3）询盘个数。询盘个数即在商家页面及产品详情页面中卖家收到的询盘数，包括买家针对商家的产品信息和公司信息发送的所有有效询盘，不包含系统垃圾询盘、TM 咨询等。

（4）TM 咨询人数。TM 咨询人数即通过 Trade Manager 与商家联系的买家数（当日去重，包括全部终端、全部国家）。

（5）店铺转化率。店铺转化率=（店铺 TM 咨询客户数+店铺反馈客户数）/店铺访客数

2. 店铺运营数据

（1）阿里巴巴国际站店铺运营的重要数据。

①曝光量。产品信息或公司信息在搜索结果列表页或类目浏览列表等页面被买家看到的次数。如当搜索结果页面一页展示 20 个商品（供应商）时，若买家停留在该页面，则此页面上的所有产品（供应商）的曝光量均计为 1 次。

②点击量。卖家产品信息或公司信息在搜索结果列表页或按照类目浏览列表等页面被买家点击的次数。如买家通过 A 产品进入旺铺页面点击 B 产品，则这时 A 产品同时计算点击量和访客数，B 产品不计算点击量，只计算访客数。

③访客数。访问了商家的产品页面、公司页面的买家，或者通过其他页面给商家发送询盘或通过 Trade Manager 联系的买家。

④反馈数。在指定时间内，公司获得的有效询盘数。买家针对产品信息和公司信息发送的询盘询价。如买家搜索后，对卖家产品或商铺发送的询盘；或者买家收藏了卖家的全球旺

铺,或者通过其他外部搜索等渠道找到商铺或产品,直接发送的询盘(这部分行为不纳入曝光量、点击量的统计中)。

(2)店铺运营统计数据。

在数据管家的数据运营统计页面中可以查看店铺运营数据的9个关键指标,如图5-15所示,分别是店铺访问人数、店铺访问次数、搜索曝光次数、搜索点击次数、询盘人数、询盘个数、TM咨询人数、信保交易订单个数、信保交易金额。下面分析其中的5个指标。

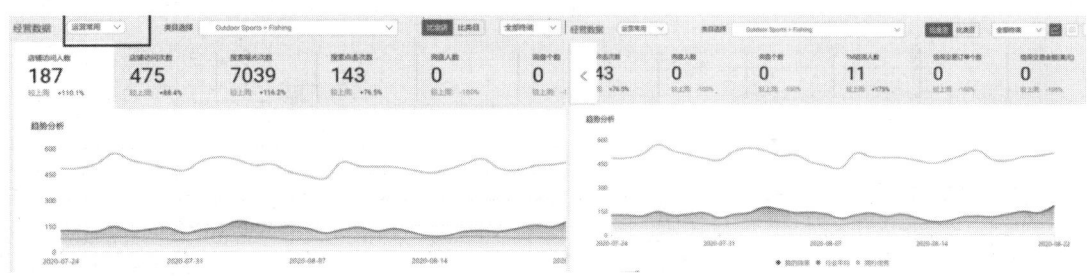

图5-15 数据运营统计页面

①搜索曝光次数。产品信息或公司信息在搜索结果列表页或类目浏览列表等页面被买家看到的次数。当搜索结果页面一页展示20个商品(供应商)时,若买家停留在该页面,则此页面上的所有产品(供应商)的曝光量计为1次。

②搜索点击次数。产品信息或公司信息在搜索结果列表页或按照类目浏览列表等页面被买家点击的次数。如果买家通过A产品进入到卖家的旺铺页面点击B产品,则这时A产品同时计算点击数和访客数,B产品不计算点击量,只计算访客数。

③询盘人数。在供应商店铺页面,对卖家成功发起有效询盘的买家数量。

④信保交易订单个数。买家完成确认并付款的信保订单数量。

⑤信保交易金额。挂账状态下的信保订单总金额。

(3)趋势分析。

趋势分析页面如图5-16所示。

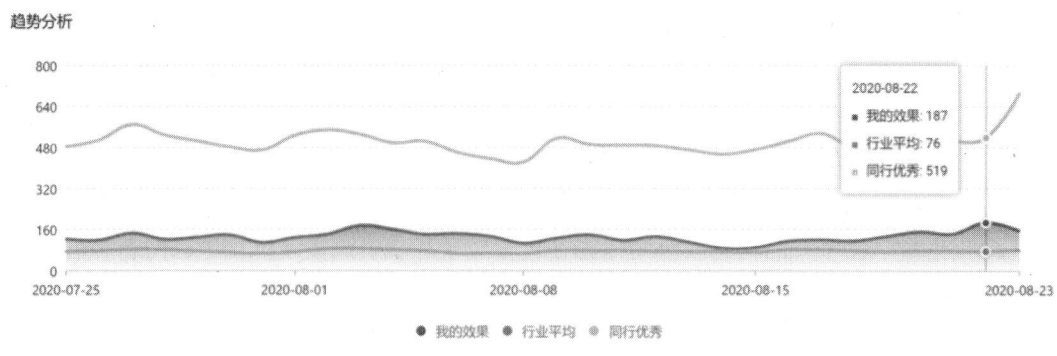

图5-16 趋势分析页面

趋势分析的三条线中,蓝色线为店铺所呈现的数据趋势,绿色线为行业平均所呈现的数据趋势,橙色线为同行优秀的数据趋势。通过对比商家可以清楚店铺在行业内的水平。

（4）国家和地区分析。

国家和地区分析页面如图 5-17 所示。国家及地区的可视化图表可以显示出店铺客户的地区分布。

图 5-17　国家及地区分析页面

（5）店铺热卖单品与引流热词。

店铺热卖单品与引流热词页面如图 5-18 所示。

图 5-18　店铺热卖单品与引流热词页面

通过店铺热卖单品与引流热词的可视化图表可以快速分析出店铺销量较高的商品和引流词，便于优化店铺的商品结构和关键词的设置。

三、店铺分析

店铺存在多样性，在不同阶段、不同市场环境、不同的产品周期所存在的问题也不同，因此分析店铺时，需要符合当下店铺的特性去做针对性的分析，并不断调整和优化。

（1）曝光量不足。对应的原因分析及解决方案如表 5-6 所示。

表 5-6　曝光量不足的原因分析及解决方案

原　　因	解 决 方 案
关键词覆盖不够	发布产品覆盖关键词
关键词排名靠后	交易数据积累，提升排名
所用关键词热度低	分析找出高热度的关键词
无付费广告	开通直通车、购买顶级展位

(2)点击量不高。对应的原因分析及解决方案如表 5-7 所示。

表 5-7　点击量不高的原因分析及解决方案

原　因	解　决　方　案
用词不精准	词品匹配
图片不够吸引	参考优秀同行主图
没有价格优势	对比调整价格
最小订购量（MOQ）太高	MOQ 小单化

(3)反馈率不高。对应的原因分析及解决方案如表 5-8 所示。

表 5-8　反馈率不高的原因分析及解决方案

原　因	解　决　方　案
产品详情页不够吸引人	参考优秀同行的产品详情页，优化高点击率反馈产品详情页

(4)TM 咨询率不高。对应的原因分析及解决方案如表 5-9 所示。

表 5-9　TM 咨询率不高的原因分析及解决方案

原　因	解　决　方　案
头像不专业	使用职业形象头像
回复率低	客户咨询 1 小时内回复
TM 不常在线	保持 TM 在线

当前，阿里巴巴国际站已全面迈入视频时代，优质资源均会倾向带主图视频的商品。产品视频的主要功能就是达到视频营销的效果，希望客户能够通过视频更好地了解产品和公司，以此来获得询盘。视频数据能客观反映出视频播放效果对于商品询盘数的提升。数据板块中能够看到关联商品的视频的相关数据和视频数据对于商品询盘数的实际转化，进而做针对性的调整。

商家的信保交易标签及搜索流量加权，能增加曝光机会。商家展示在买家页面的信保交易额、交易笔数、交易金额及买家评价等，均可彰显企业实力，增加买家信任度。

数据管家的员工分析模块，可以分析出每个员工的表现。如通过产品点击量、询盘量等排名，可以看出员工在平台的运作表现。通过分析优秀员工的案例，帮助其他员工优化产品。

第四节　客户数据分析与优化

客户数据分析是汇总各种客户相关信息和数据来了解客户需求，分析客户特征，评估客户价值，从而为企业客户管理策略的制定、资源的优化配置提供参考的过程。进行客户数据分析，能够做到精准推广可以减少店铺销售的成本，提高交易金额。

一、流量来源

1. 客户流量来源分析

客户流量来源分析是商家开展数据运营的最基础能力。通过分析流量来源及各场景询盘效果，观察流量来源的变化，对比业内优秀店铺，找到提升流量及询盘转化的抓手。在阿里巴巴国际站商家中心页面左侧导航栏的"数据管家"功能中可找到"流量来源"工具，点击该工具，就可知道访客来自何方。

2. 客户来源数据分析

获取的客户来源数据可归类整理为 11 个大类。

（1）搜索引擎。来自搜索（文字搜索、图片搜索、类目导航）的访问。

（2）系统推荐。包括阿里巴巴国际站旗下各域名网站首页和消息盒子及买家 APP 消息通道的访问。

（3）导购会场。来自日常会场及大促会场的访问。

（4）频道。阿里巴巴国际站现有的频道主要有 WeeklyDeals、Brandzone、Bargainbuys、Top-ranking products，Top-ranking suppliers。

（5）互动。主要包括 3 种情况：来自点击询盘中产品信息产生的访问；来自点击订单系统中产品信息产生的访问；来自"买家收藏、购物车、对比、分享"中的访问。

（6）自营销。主要包括 3 种情况：来自点击附加在 RFQ 中的产品信息产生的访问；来自单击附加在粉丝通中的产品信息产生的访问，即卖家通过粉丝通发布的内容（视频、图片、无线/旺铺 Feeds 等）带来的流量；来自点击附加在客户通 EDM 中的产品信息产生的访问。

（7）网站外投。来自阿里巴巴国际站外投推广获得的访问。

（8）直接访问。买家直接访问或无上一级页面的访问。

（9）店内。来自自己店铺其他页面的访问。

（10）站外。上级页面来自外部网站（非 alibaba）。

（11）其他。剩余未知来源的访问。

3. 客户流量结构与分析

商家可通过分析店铺流量来源及各场景询盘效果，观察流量来源的变化，对比优秀店铺，找到提升流量及询盘转化的抓手。如图 5-19 所示为阿里巴巴国际站某店铺的流量来源页面。页面主要包括以下内容。

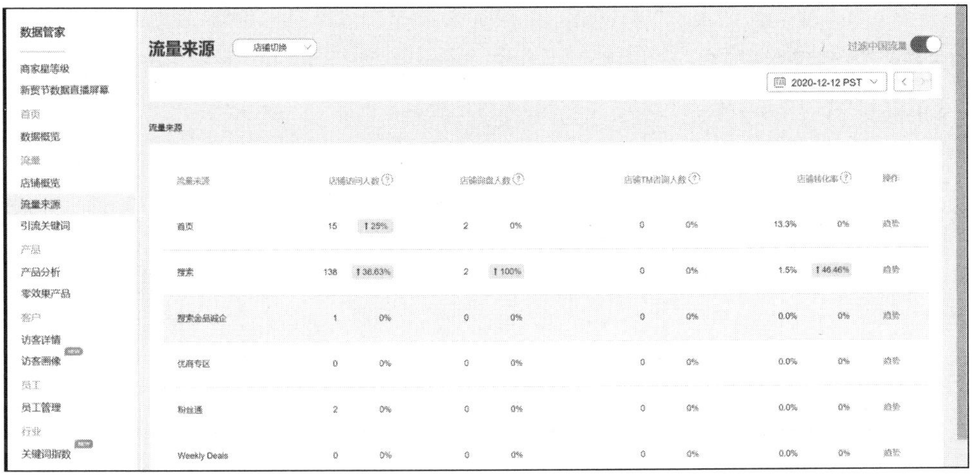

图 5-19　流量来源页面

（1）渠道来源选择。支持商家选择全部、PC 端和无线端。
（2）周期选择。分别支持日、周、月时间周期（按照自然日、周、月）。
（3）流量来源分析主界面。展现各场景来源的店铺访客数、店铺询盘客户数、店铺 TM 咨询客户数及反馈转化率，并提供趋势查询。
（4）支持过滤中国大陆流量。

二、访客画像与详情

访客画像功能通过分析访问店铺客户（买家）的特征，让商家掌握买家画像，以更有针对性地进行商品优化及运营推广，提升店铺流量转化，挖掘潜在商机。点击"My Alibaba"→"数据管家"→"客户"→"访客画像访问"命令，打开"访客画像"页面，如图 5-20 所示。

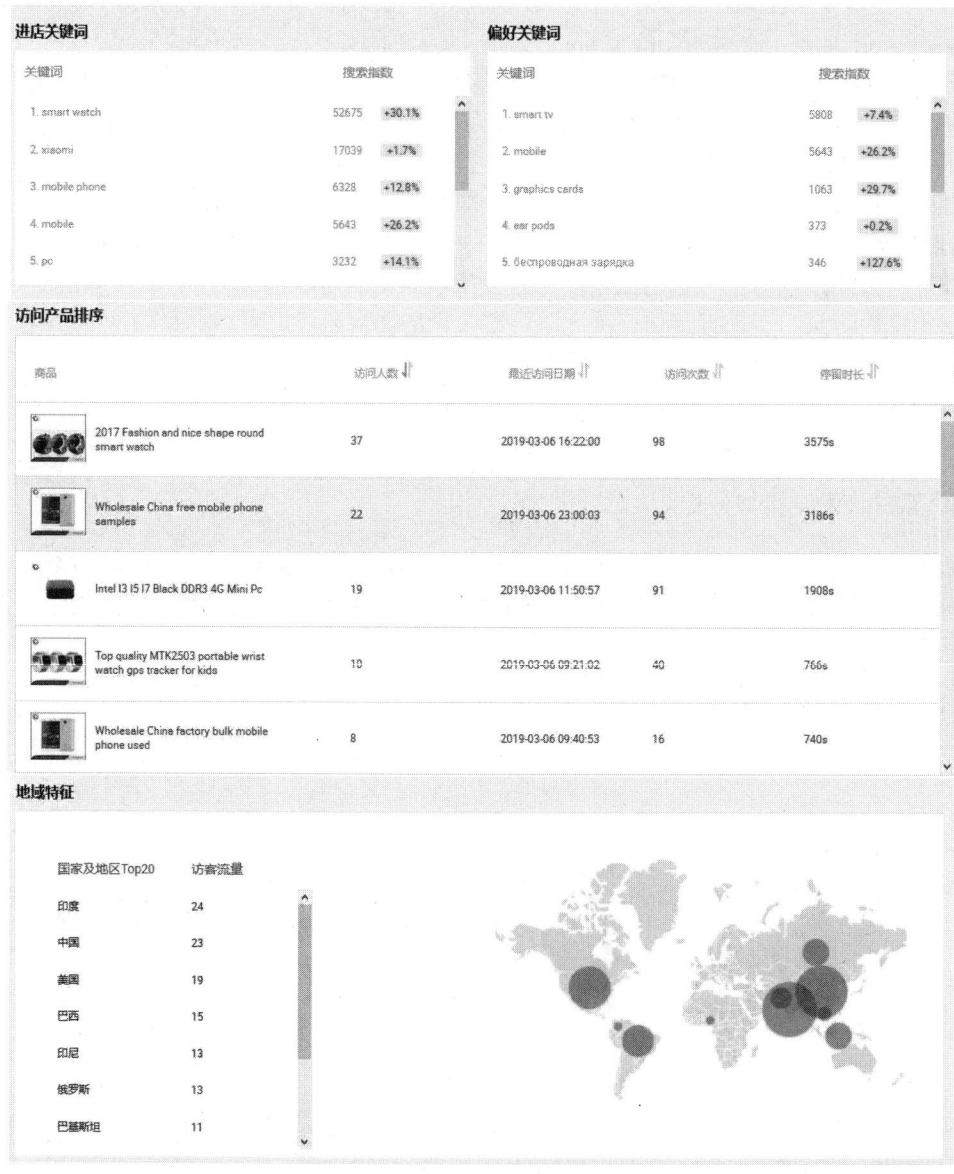

图 5-20　访客画像页面

"访客画像"具有 4 项基本功能,分别是访客构成分析功能、访客进店关键词和偏好关键词排序功能、访问产品排序功能、地域特征分析功能。

访客构成分析功能可以让卖家通过数据了解到店访客的构成情况,在产品设计上支持分三端(PC、APP、WAP)、分 3 个时段(近 7 天、近 30 天、近 180 天)查看店铺访客新老访客占比,蓝标买家占比,90 天内有成交的大盘买家占比。新老访客占比的分析可以让卖家检测引流拉新或盘活老客户是否有效果;以及在过去某一时间段,店铺访客运营的效果如何,客户 2 次访问率如何。

这里的老访客是指所选周期内,有过 2 次以上浏览卖家店铺的买家;新访客是指所选周期内,浏览过 1 次卖家店铺的买家;蓝标买家占比是指带有蓝标标识的买家占比,了解店铺访客的质量进行分析;90 天内平台交易买家占比是指在阿里巴巴国际站 90 天内有在线成交的买家。

访客进店关键词排序能让卖家清晰了解买家到店搜索词的 TOP20 排名及增幅环比;偏好关键词可以发掘到店访客在平台上其他的所有偏好搜索的关键词,了解买家的其他搜索偏好,可丰富关键词库,提高关键词的覆盖度。

访问产品排序功能显示进店访客量最高的 TOP20 产品排序,每个产品都体现在各时间段的停留时长,让卖家了解产品在买家端的吸引度,帮助卖家针对性地优化产品。

地域特征分析功能则可以根据访客来源国或地区,呈现 TOP20;帮助卖家分析市场和目标国家广告投放,精准营销目标市场。

第五节　产品数据分析与优化

产品数据分析是指通过产品在其生命周期中各个阶段的数据变化来判断产品所在阶段,以此指导产品的结构调整、价格升降,决定产品的库存系数及引进和淘汰,并对后期产品的演进进行合理的规划。产品数据关系到多个部门的有效运作,直接影响店铺的经营效益。

一、产品分析概览

1. 产品分析的重点

进行有效的产品分析,必须确定重点产品。商家店铺的产品品类较多,以有限的人力很难兼顾,因此需要确定重点商品。

(1)爆款商品。爆款商品通常只占到店铺经营品类的 20%,却为公司贡献了较大的销售额与利润。对此类产品需加强其营运各阶段的综合销售及流转信息收集、分析和评估。

(2)价格敏感商品。此类商品的价格高低直接影响店铺在买家心目中的价格形象。因此需要对此类商品重点关注,定期进行价格调整。

(3)高毛利商品。此类商品进价较低,毛利润相对较高,应定期检核其销售毛利贡献情况,积极促销,使得此类商品毛利在总毛利额中保持较高的比例。

2. 产品分析界面

阿里巴巴国际站数据管家产品分析页面如图 5-21 所示,其中"产品概览"包含 4 个数据:产品总数、有访问产品数、有询盘产品数、有订单产品数。产品总数是指截止到统计日,商家发布的全品类产品数（如果统计周期为多日，则指该统计周期最后一日的到达量）；有访问产品数是指统计周期内，有过买家访问行为的产品数量；有询盘产品数是指统计周期内，有过买家针对该产品发起有效询盘的产品数量；有订单产品数是指统计周期内，有过买家针对该产品发起信保订单的产品数量。

图 5-21　产品分析页面

二、产品详情分析

1. 产品详细数据

数据管家的产品详情页面如图 5-22 所示，支持多种产品类型的信息，可根据需要选择产品指标进行分析。

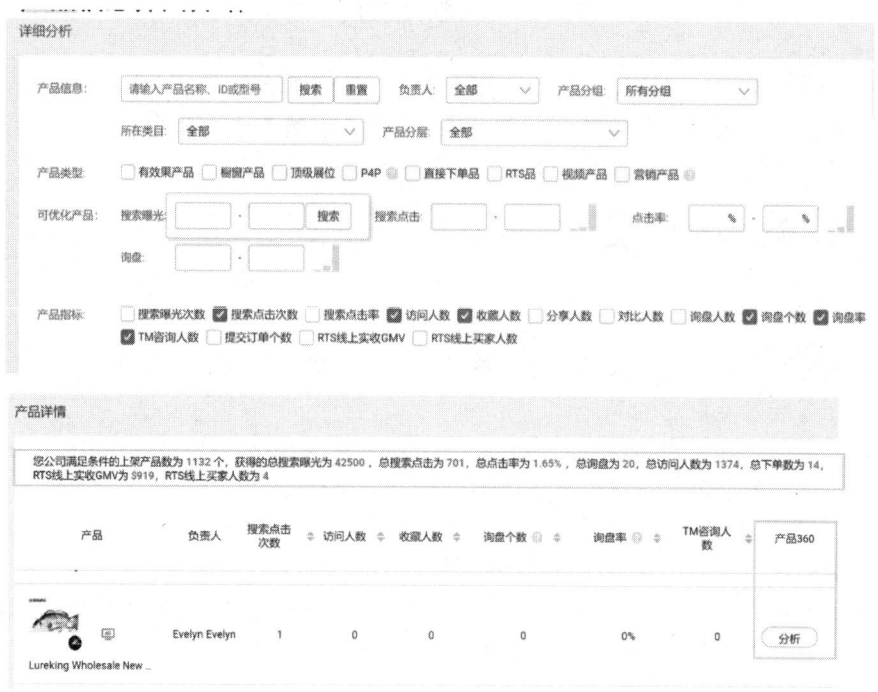

图 5-22　产品详情页面

产品列表中统计的是产品的综合指标，点击右侧的"产品 360"命令，可对产品详情进行分析,从关键词分析、趋势分析、访客地域、关联商品、流量来源、价格分析、竞品对标等维度进行详细分析,如图 5-23 所示。

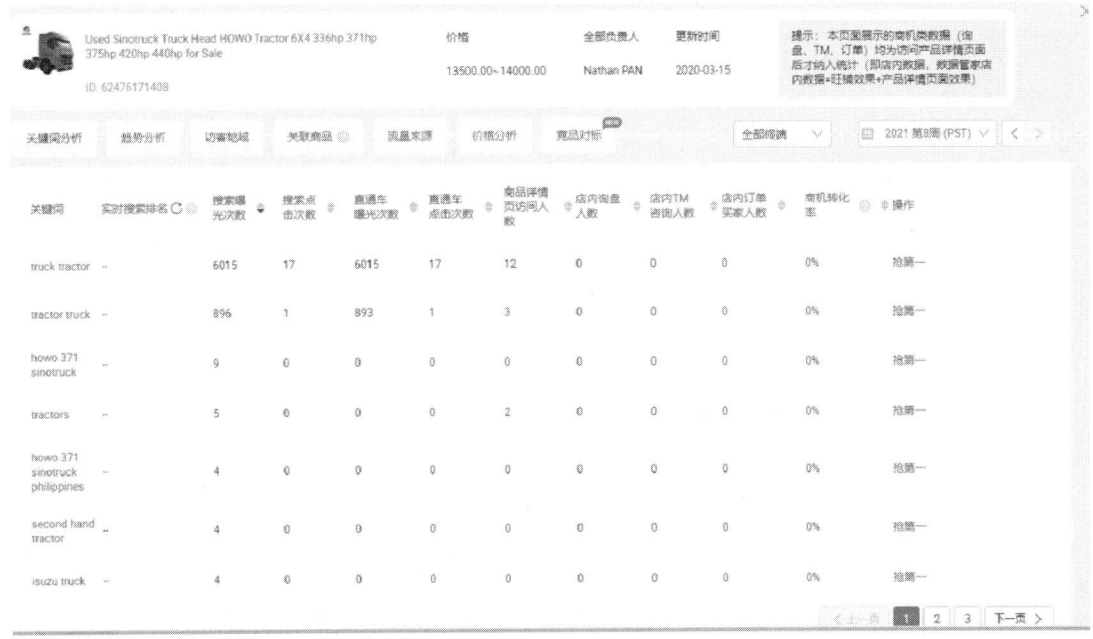

图 5-23　产品 360 页面

(1) 关键词分析。分析单品的关键词效果,曝光、点击及直通车曝光等。

(2) 趋势分析。分析单品的效果趋势,包含操作日志的数据变化趋势。

(3) 访客地域。分析单品的访客地域分布,了解单品访客分布。

(4) 关联商品。分析访问单品的访客还访问了哪些其他产品,以便及时调整关联搭配。

(5) 流量来源。分析单品的访客来源和流量结构,用渠道打造爆款。

(6) 价格分析。分析单品的价格区间与销量的关系,与可能的海外同款进行价量对比。

(7) 竞品对标。找到单品的 100 个标杆产品,分别进行搜索曝光、点击转化、商机转化 3 种数据的对比,找到差距,定向优化。

2. 产品的运营优化

(1) 选品定位。商家根据市场分析、店铺分析、客户分析的数据结果规划各类别的产品结构占比、各款产品的定价及营销定位。

(2) 提高实力优品的数量。实力优品指商品成长分≥80 分的优质商品;同时,也是网站进行重点推广和运营的商品,形式包括但不限于各类营销活动、专区、榜单,以及专属标识、流量倾斜、橱窗加权等相关权益。因此,提升商品成长分,并且让店铺内更多商品达到实力优品的层级,有助于获取更多流量曝光和成交机会。

在阿里巴巴国际站后台的产品成长管理中,系统根据影响商品成长分的各项数据指标,为店铺内的每款商品都提供若干条与之相应的优化建议(见图 5-24),点击右侧下拉箭头,可显示系统对该商品的具体优化建议项,完成相关优化将有助于商品成长分的提升。

图 5-24　阿里巴巴国际站某店铺的产品成长管理页面

（3）打造爆款。爆款可以降低企业的推广成本，为企业增加利润，一般对店铺中询盘量高的核心产品进行打造。企业利用数据分析结果确定核心产品用哪些关键词去推广（确认关键词、组建词表），组建词表后挑选热度高、竞争度低的关键词组合成标题，通过设置关键词优先推广这个核心产品后，产品搜索的自然排名保证靠前，并抢占 P4P 推广前五名。

3．零效果产品

零效果产品是指持续 15 天或 15 天以上，曝光量、点击量、反馈数和访客数均为零的产品，需要企业商家删除或完善。企业商家利用数据管家可以查看店铺中的零效果产品。对于零效果产品的优化一般有以下两种操作方式。

（1）基础操作。删除零效果产品。一般将超过 180 天的零效果产品直接删除。

（2）进阶操作。可以从改进零效果的主打产品、提升产品的信息质量分、改进关键词等方面进行优化。

第六节　营销数据分析与优化

对营销数据进行分析有助于企业在降低营销成本的情况下提高营销效果。下面对阿里巴巴国际站的三大营销工具所产生的营销数据进行分析。

一、直通车效果

1．直通车数据报表

阿里巴巴国际站后台营销中心菜单的报表模块，包含基础报告、流量报告、行业报告、活动报告四大类报告。报告主要展示直通车广告花费所带来的曝光量、点击量、点击率、推广市场等广告效果数据。直通车数据报告的功能如表 5-10 所示。

表 5-10　直通车数据报告的功能

报告类型	子报告类型	功能说明（推广效果）
基础报告	计划报告	包含商家设置的各个推广计划的数据
	产品报告	包含所有推广中的产品推广数据
流量报告	关键词报告	包含商家所选的所有关键词的数据
	搜索词报告	智能推广及其他系统选词的数据
	人群定向报告	商家设置的人群溢价数据
	地域定向报告	商家设置的地域溢价数据
	小时报告	分时段的数据
	地域报告	国家/区域数据
行业报告	同行报告	展示同行 P4P 效果对比，同行商家词和同行热搜国家
活动报告	活动报告	展示 P4P 活动报告

2．直通车效果优化

（1）曝光量少。对应优化方案如表 5-11 所示。

表 5-11　产品曝光量少的原因及优化方案

原因分析	优化方案
关键词覆盖面窄	添加更多关键词
	发布更多产品，覆盖关键词流量入口
无 P4P 费用支付	提高关键词出价范围
	调整更多长尾词

（2）有曝光，但点击量少。对应优化方案如表 5-12 所示。

表 5-12　产品有曝光但点击量少的原因及优化方案

原因分析	优化方案
展示信息没有吸引力	优化产品主图、标题
	最小起订量、价格等参数优化测试
	及时回复率、交易等级等因素影响
流量不精准	验证流量相关性，词不相关则暂停该词推广，词相关则检查产品是否最匹配，换绑对应产品
关键词排名靠后	提高关键词出价，给予靠前排名

（3）有点击没询盘。对应优化方案如表 5-13 所示。

表 5-13　产品有点击没询盘的原因及优化方案

原因分析	优化方案
流量不精准	验证流量相关性，词不相关则暂停该词推广，词相关则检查产品是否最匹配，换绑对应产品
款式不受欢迎	综合店铺主推市场及产品、站内数据、同行调研分析换款测试
详情页没有吸引力	结合主推客户群体关注点、主推产品的优势优化详情展示内容及版式

二、粉丝通效果

1．粉丝通数据

在阿里巴巴国际站后台的营销中心和数据管家菜单中均可查到粉丝通的数据。数据看板包括数据趋势、内容详情、粉丝数据3个维度的数据，相关功能如表5-14所示。

表5-14 粉丝通数据看板功能

数据维度	子数据维度	数据指标
数据趋势	核心数据概览	主动内容发布数、内容曝光总数、内容点击总数、内容互动数、新增粉丝数、累计粉丝数
	浏览互动	曝光人数、曝光次数、内容点击人数、内容点击次数、内容互动人数、内容互动次数
	引导转化	引导进店人数、引导进店次数、引导收藏人数、引导收藏次数
内容详情	无	曝光人数、曝光次数、内容点击人数、内容点击次数、内容互动人数、内容互动次数、引导进店人数、引导进店次数、引导询盘人数、引导询盘次数
粉丝数据	无	累计粉丝数、新增粉丝数、净增粉丝数、7天活跃粉丝UV（7天内有Feeds访问行为至少一次的去重粉丝数）、最近7天回访粉丝UV（7天内至少访问过Feeds行为两次及以上的粉丝数）

2．粉丝通效果优化

通过分析以上数据，商家可以有针对性地采取优化粉丝通的方案。

（1）提高主动内容发布数。一天发满12条。

（2）多参加每月的话题活动，充分利用置顶的免费资源位，解决内容曝光总数低的问题。

（3）优化文案、产品图片、视频封面等吸引消费者。计算内容的曝光点击率（点击/曝光次数），研究什么样的内容更加吸引买家，解决内容点击总数低的问题。

三、橱窗效果

1．橱窗产品数据

橱窗产品的数据内容同第五节的产品详情分析数据，可以通过产品360对橱窗产品从关键词分析、趋势分析、访客地域、关联商品、流量来源、价格分析、竞品对标等维度详细分析。

2．橱窗效果优化

根据橱窗产品的数据分析出橱窗存在的缺陷，有针对性地进行优化，如表5-15所示。

表5-15 橱窗产品存在的问题及优化方案

存在问题	优化方案
曝光高，转化率低	优化影响点击、反馈的因素
点击率高，曝光低	需要利用P4P提升产品引流
有反馈	保留产品的橱窗位置，继续增加引流
访客量高	优化产品详情页，提高反馈转化

除了针对橱窗产品存在的缺陷进行优化，提升橱窗效果的一般做法如下。

（1）调整关键词组合，优化橱窗关键词的搭配。可以把多个相关的关键词设置为优先推广，指向同一款橱窗产品，当买家搜索这些关键词时，优先出现的是同一款橱窗产品（爆款），这一款橱窗产品就可以积累数据，产生更多的点击量和询盘量，自然会提升买家对产品的喜好度。

（2）若关键词竞争大，可选择橱窗竞争数较低的，热度相对较高的关键词做主关键词。

（3）可借助 P4P 付费点击，优先推广橱窗产品，迅速提高橱窗产品的数据积淀，从而提高买家喜好度。

（4）旺铺首页多放橱窗产品，利用旺铺访客来提升数据沉淀。

（5）为橱窗产品设置超链接，互相带动，用效果好的橱窗做引流。

本 章 小 结

本章主要介绍跨境电商数据分析与优化。首先介绍了数据分析的定义、流程和阿里巴巴国际站的数据分析工具数据管家。接下来介绍了市场数据、店铺运营数据、客户数据、产品数据和营销数据的分析思路和分析方法，希望读者能了解各数据指标出现问题的原因以及促进指标提升的方式，提出各种运营优化方案。

本 章 练 习

一、选择题

1. 一般超过（　　）天的零效果产品，可以选择直接删除。
A．30　　　　　　　B．60
2. 下列有关曝光量大但点击率低的改进方案不正确的是（　　）。
A．词品匹配　　　　B．主图优化　　　　C．价格优化　　　　D．提高 MOQ
3. 以下（　　）属于阿里巴巴国际站自身提供的数据分析工具。
A．百度指数　　　　B．数据管家　　　　C．店侦探　　　　D．生意参谋
4. 以下（　　）不是影响曝光的因素。
A．关键词覆盖　　　　　　　　　　　B．关键词排名
C．关键词是否大写　　　　　　　　　D．关键词搜索热度

二、简答题

分小组讨论以下数据表现，给出相应的解决方案。

日　期	曝 光 量	点 击 量	反 馈 量	TM 咨询数	点 击 率	反 馈 率
2019 年 8 月	299282	9233	281	170	3.09%	3.04%
2019 年 9 月	221225	4798	146	155	2.17%	3.04%

三、实训题

分析阿里巴巴国际站店铺的数据，找出存在的问题并给出对应的提升和优化方案。

第六章　商机获取

客户带来商机，商机源于联系。

第一节　RFQ 商机获取、分析与应用

寻找商机是开展业务时所面临的首要问题，其中，如何获取商机是关键。商机无论大小，都需要通过行业背景研究、市场调查、客户开发、业务分析与总结等方式来实现。

一、RFQ 商机来源

1. RFQ 的概念

RFQ（Request For Quotation，请求报价）是国际贸易专业术语之一。在国际贸易双方的业务往来中，交易双方往往通过发送电子邮件的方式建立业务关系，并紧密围绕"价格"这一核心要素，进行询价、报价、还价，进而达成交易。运用电子邮件开展外贸函电与沟通，构成外贸函电中询盘、发盘、还盘、接受四大环节，其中，询盘是首要环节。确定采购意向，并在函电中请求对方报价的过程，即为 RFQ。

在阿里巴巴国际站等外贸平台，RFQ 特指"采购直达"，是指买家主动填写采购信息，委托阿里巴巴国际站寻找合适的卖家，供应商可查看采购需求，根据买家的要求及时报价。例如，通过阿里巴巴国际站开展国际业务，买家会主动发布采购需求，供应商可以在海量的市场信息中挑选合适的买家进行报价。RFQ 能够大幅度提高买家采购效率，同时帮助供应商更好地完成订单转化，并赢得更多高质量买家。RFQ 的流程主要是：买家需求发布→需求审核→供应商报价→报价审核→买家查看→双方沟通→达成交易。

从 RFQ 开始，到双方谈判成功，外贸业务员需要针对特定的 RFQ 进行报价。要善于运用各种技巧，与客户建立联系与沟通，将 RFQ 促成实盘，最后签订买卖合同。

2. RFQ 的主要来源

（1）系统推荐。

阿里巴巴国际站根据供应商在网站上发布的主营产品信息及买家采购的地域要求，由系统进行匹配并发送邮件通知，供应商可以针对推荐的 RFQ 进行报价。操作步骤为：进入 My Alibaba 主界面，单击 RFQ Market 命令，打开 RFQ Market 页面（见图 6-1），页面显示"Recommended RFQs"（为你推荐的商机），即系统推荐的 RFQ（见图 6-2）。选择想要报价的 RFQ 后，点击"Quote Now"（立即报价）按钮，即可对此 RFQ 进行报价。

第六章　商机获取

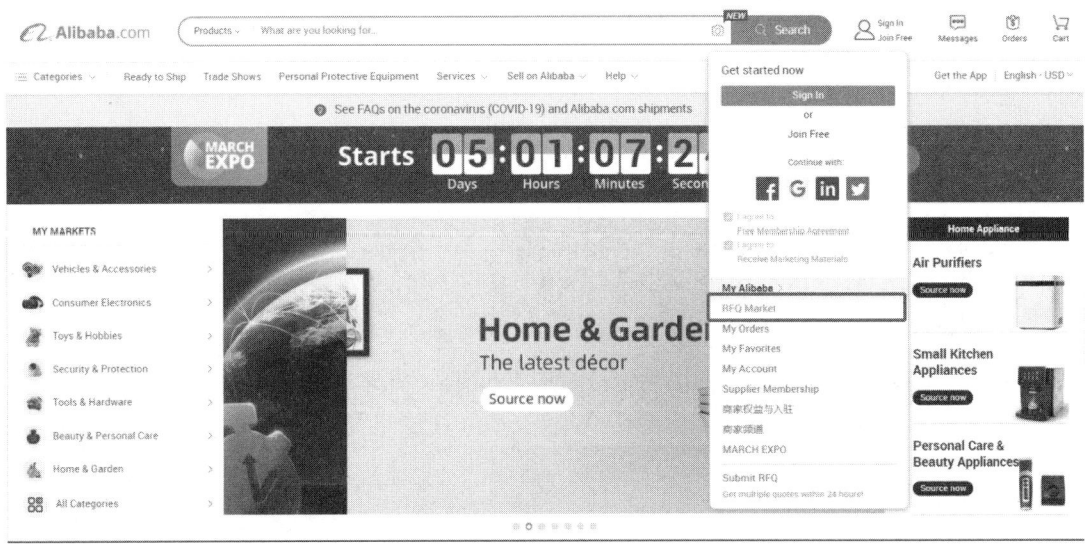

图 6-1　RFQ Market 页面

图 6-2　系统推荐的 RFQ 页面

（2）自主定制/订阅。

供应商应根据自己经营的产品及商业偏好设置产品关键词，订阅自己的 RFQ。由于系统推荐的 RFQ 是众多 RFQ 中的一部分，因此，供应商可以根据业务需求，自行定制与业务相关的 RFQ。操作步骤如下：点击"My Alibaba"→"RFQ Market"→"请前往商机订阅设置"

(见图 6-3)→设置订阅类目及关键词(见图 6-4)→选择推送通知(电子邮件或阿里巴巴 App)。注意：订阅类目最多可以选择 5 个，关键词最多可以选择 24 个。设置成功后，系统会根据定制条件为卖家匹配 RFQ 并发送通知。

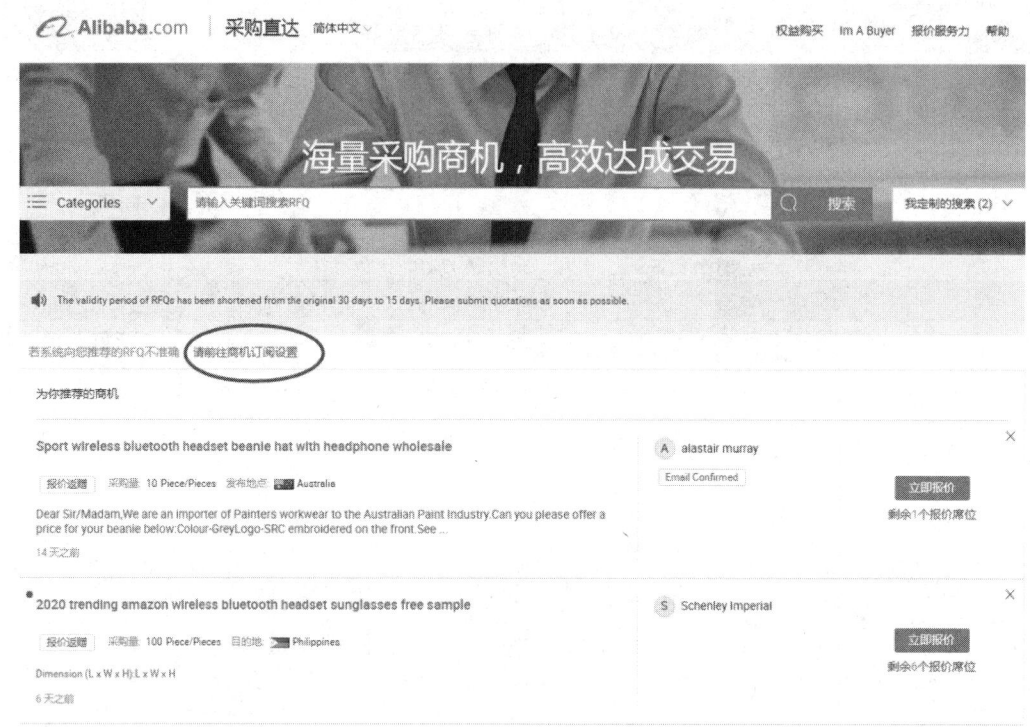

图 6-3　RFQ 订阅端口

图 6-4　设置订阅类目及关键词

(3) 采购直达平台。

供应商还可以登录采购直达平台的公开招标频道，直接搜索更多 RFQ（见图 6-5），选择适合的 RFQ 进行主动报价。如果搜索出的结果不多，说明该产品最近的买家采购热度一般，建议更换其他关键词进行搜索。另外，可以购买更多 RFQ 加油包服务，获取更多的报价权益。操作步骤如下：点击"权益购买"（见图 6-6）→点击标题栏中的"采购直达"按钮（见图 6-7）。这里需要注意：①购买了 RFQ 基础商机服务的会员和中国供应商可以选购报价权益加油包；②购买报价权益加油包后，通过 My Alibaba 操作后台，进入"采购直达"→"我的权益"，开通报价权益加油包服务即可；③目前，购买 RFQ 基础商机服务的会员的报价权益加油包有效期为 90 天，中国供应商的报价权益加油包有效期为 90 天/180 天。

图 6-5　搜索 RFQ

图 6-6　阿里巴巴国际站采购直达 RFQ 端口

图 6-7　采购直达报价权益加油包购买页面

二、RFQ 质量分析与报价要点

1. RFQ 质量分析

影响 RFQ 质量的因素主要有产品、需求量、描述详细程度等，供应商可以选择 RFQ 质量较高的客户进行跟进。RFQ 有"Premier"标志的买家，说明是通过认证的，更具真实性和采购能力，可以初步判断该客户是优质客户，可重点跟进。

（1）产品。从产品供应能力、货源等角度考虑是否符合客户需求，若能够稳定、长期供应，可以考虑报价。

（2）需求量。一般来说，RFQ 的直接性较强，发布 RFQ 的采购商都是有确切采购需求的，只是需求量不同。供应商可对需求量大的客户优先报价，对需求量小的客户认真跟进，开发出长期合作的客户。

（3）描述详细程度。发布的需求比较详细、有具体应用及详细参数的客户，供应商要进行重点关注与密切跟进，也可以根据客户的信息在网上进行搜索以验证其真实性，从而甄别筛选。

2. RFQ 报价要点

RFQ 报价考虑的因素主要有价格、报价内容、报价及时性、客户的分类管理等。

（1）合理设置报价价格。报价价格要围绕产品成本和预期利润进行合理设置，建议将价格设置在接近或稍低于市场正常价格水平或一定区间。价格设置得过高，产品将很难销售出去；价格设置得过低，不仅影响产品预期利润率，还会影响客户对产品质量的判断。

（2）合理安排报价内容。在报价前，首先要完善自己的产品。因为 RFQ 报价是可以选择产品的，可以选择与主营产品最接近、描述最清楚的客户进行报价。在报价时，除了价格本身，还可以将公司介绍、公司网址等详细信息放入描述中，附上客户要求的产品详细图片、包装图片、产品认证等信息。通过详情页面，可让客户了解产品品质、货源供应情况等。

(3)报价及时性。要特别关注报价的时效性,及时报价并主动联系买家。在 RFQ 上报价查询到客户的联系方式后,可以根据客户公布的邮箱、电话等信息主动联系客户,抢占商业先机。

(4)对 RFQ 客户进行分类管理。可以根据客户 RFQ 需求量的大小及采购量,将客户分为 A、B、C 3 类。对不同的客户进行不同的分析和管理。此外,还要考虑客户所提供信息的真实性、准确性、全面性,筛选并识别目标客户。

第二节 访客邮件营销

一、撰写高质量的外贸开发信

无论是在前期的外贸新客户开发过程中,还是在后期的外贸老客户维系过程中,外贸开发信都起着至关重要的作用。外贸开发信是指发送给外贸客户的,以寻求合作为目的的电子邮件。通过发送外贸开发信,可以让客户了解外贸公司新近推出的各种外贸业务或商品,从而引发潜在客户的需求并下单。因此,高质量的外贸开发信可以实现精准营销和外贸交易的目的。要撰写一封高质量的外贸开发信,从标题到内容等部分都需要精心设计。

1. 撰写原则

(1)真实性。

外贸开发信撰写的首要原则是要确保邮件质量,在标题设计和内容编排上避开形式上的营销型邮件的特点。标题和内容都应当真实、有效,这样才能取得客户的信任与好感。

(2)相关性。

外贸开发信的标题和内容应与商品或服务本身具有相关性。

(3)行文精简。

在撰写外贸开发信时,保持行文精简是非常必要的。如果篇幅冗长,可能会影响客户的阅读体验。

(4)以客户为中心。

外贸开发信要体现以客户为中心。一封高质量的外贸开发信要始终站在客户的角度,针对客户的潜在需求进行构思、撰写。

(5)以获得客户的回复为目的。

外贸开发信的最终目的是获得客户的回复。回复率的高低与 Call To Action(简称 CTA,即引起注意)直接相关。一个清晰且恰当的 CTA,会带来更高的回复率;一个冗长且模糊的 CTA,会让潜在客户不知道接下来要做什么。

2. 撰写要点

(1)开场白。

外贸开发信的开场白包括两个部分:称呼及邮件的第一句话。优质的开场白可以抓住客户的"眼睛",并吸引客户阅读后续正文。开场白的重点是提出相关性,当潜在客户点击主题看到邮件中的第一句话时,便可以判断是否有业务联系,因此,可以说开场白可奠定外贸开发信的整体基调。可以在开场白中用简短的语句点明自己的身份、公司的主营业务和优势。

例如，This is ××× from ××× company/factory, have been in this line ×× years。

（2）正文。

正文的主要目的是介绍产品优势。外贸开发信的主题内容在开场白进行简单介绍后，应直接切入正题，并尽可能用两三句话让客户了解这封外贸开发信的目的，让客户抓住其中的要点信息，以便客户了解公司的主营业务或商品。如果外贸开发信的篇幅过长，客户有可能没耐心看完，那么将会丧失交易机会。

（3）结尾。

外贸开发信的结尾应有效体现供应商的专业性，给客户留下良好的印象。一般来说，外贸开发信通常以"感谢"、Best regards、Thanks in advance 等作为结束词，同时还要考虑到业务的具体性，加以适合的结束词作为结尾。

二、EDM

EDM 全称为 E-mail Direct Marketing，即电子邮件直接营销，又称 E-mail 营销、电子邮件营销，是指企业在用户事先许可（如用户注册会员、主动订阅品牌方资讯或邮件推送）的前提下，通过电子邮件的方式向目标客户传递价值信息的一种网络营销手段。其定义包含 3 个基本因素：基于用户许可，通过电子邮件传递信息，信息对用户是有价值的。

EDM 是目前外贸平台常见的一种引流方式，是阿里巴巴国际站的基础营销，可以用于发送电子广告、产品或销售信息传递、市场调查、市场推广等活动。通常，需要用专业的 EDM 软件发送 EDM 内容。企业通过 EDM 软件向目标客户发送 EDM 内容，可以建立同目标顾客的沟通渠道，并通过该渠道向其直接传达相关信息，以促进销售。

1．EDM 的目的

通常，EDM 的目的包括挖掘新客户、维护老客户、提高高价值客户的品牌忠诚度、对老客户进行交叉销售、渠道管理与沟通、通知或客户培育、市场调查、测试（目标客户、产品、广告、文案、设计和奖励等）、品牌推广、制订媒体投放计划、客户细分与客户行为分析等。

实施 EDM，要明确 EDM 的目的，目的不同导致要素不同，工具也不同。管理流程及实施策略应与 EDM 的目的相配合。

2．EDM 成功的要素

（1）明确 EDM 的目的；

（2）使用合适的实施策略；

（3）明确目标客户；

（4）设计有吸引力的 EDM 内容；

（5）分析效果，不断尝试和学习。

3．EDM 的优点

（1）精准有效：可以精确筛选发送对象，将特定的推广信息投递到特定的目标社群。

（2）个性化制定：根据社群的差异，制定个性化的内容，让企业根据客户的需要提供最有价值和最有帮助的信息。

（3）信息丰富全面：EDM 支持文本、图片、动画、音频、视频、超链接等多种图文格式，可展现的内容丰富而全面。

（4）具备追踪分析能力：根据客户的行为，统计各项指标数据并加以分析，从而达到获取销售线索的目的。

（5）营销范围广：E-mail 可以通达全球，只要是有网络的地方都可以进行 EDM。

（6）成本低廉：EDM 成本低廉且效果显著，能以最低廉的成本获取较高的回报。

（7）针对性强，反馈率高：选择较为精准的客户定向发送，可以提高 EDM 的效果和反馈率。

（8）效率快：EDM 可以在瞬间完成传输工作，相比传统的营销方式更加快速。

4．EDM 的缺点

（1）短时间、批量式发送电子邮件，可能会被客户当作垃圾邮件而列入黑名单。

（2）不尊重客户权利的情况下强制客户接收邮件，可能会降低品牌信誉。

5．EDM 的技巧

（1）及时回复。在收到 E-mail 时，要养成立即回复的习惯，即使仅回复"谢谢，来信已经收到"也会起到良好的沟通效果。通常，收到 E-mail 后应在一个工作日之内回复客户。如果碰到比较复杂的问题，需要一段时间才能准确地答复客户，也要简单回复一下，说明情况。实在没有时间回复，可以采用自动回复的方式。

（2）避免无目标投递。不宜采用群发的形式向大量陌生 E-mail 地址投递广告，否则，不但收效甚微，而且有可能被当作垃圾邮件处理，损害公司形象。

（3）尊重客户。不要向同一个 E-mail 地址发送多封内容相同的邮件，当对方直接或间接地拒绝接收 E-mail 时，绝对不可再向对方发送邮件，要尊重对方。

（4）内容要言简意赅。客户可能因时间有限，在看 E-mail 时走马观花，所以邮件内容要言简意赅，以充分吸引客户的兴趣为目的，篇幅冗长只会使客户放弃阅读。另外，在发送邮件前一定要仔细检查 E-mail 内容，保证语句通顺，没有错别字。

（5）附上联系方式。邮件一定要有签名并附上电话号码，以免客户需要找人协助或进一步咨询时不知如何联络。

（6）尊重隐私权。征得客户首肯前，不得转发或出售发信人名单与客户背景。

（7）坦承错误。若未能立即回复客户的询问或寄错邮件，要主动坦承错误并致歉。不能以没有收到 E-mail 作为借口，免得弄巧成拙，不但无法吸引客户上门咨询，反而把客户拒之门外。

6．EDM 的禁忌

（1）发件人的名称太随意。

如何设置发件人的名称这一问题虽然很不起眼，但是确实会影响 EDM 效果。客户在浏览邮件时，会很清楚地看到发件人是谁，想要做好 EDM 就必须大方地亮出自己的身份，这样才会给客户留下一个好印象。如果隐藏发件人姓名或发件人的名称不能清楚地表明其身份，这样的邮件很有可能被当作垃圾邮件处理。

（2）主题不明确。

紧跟在发件人名称后面的就是邮件的主题，主题的质量关乎 EDM 的宣传效果。在编写邮件主题时，一定要注意言简意赅，并且具有吸引力，让客户看到这个主题后就会产生兴趣进一步点击阅读。

（3）邮件内容质量不高。

当客户看过发件人名称、邮件的主题，进一步查看时，却发现邮件内容质量很差，与邮件的主题相差甚远，也将失去继续阅读的兴趣。因此，可以说邮件内容的质量是顺利进行 EDM 的重要保障。邮件内容应多用图文混排的形式来增强视觉效果，还可以添加链接，引导客户到商家的官方网站中查看更多信息。

（4）邮件发送频繁。

EDM 作为一种宣传推广的方式，在商家看来当然是多多益善。但是邮件不像电视广告那样经过多次传达就可以增强宣传的效果，相反，过多的邮件只会引起客户反感，即使邮件内容很精致，也不会起到良好的宣传效果。

（5）内容为附件。

很多商家在进行 EDM 时采用添加附件的形式，为的是能够将更加全面的信息展示给客户。但是从客户角度来说，下载附件毕竟是一件麻烦的事情，绝大多数客户在面对带有附件的邮件时会选择直接删掉。而且，带有附件的邮件很容易被邮箱拦截，直接归档到垃圾邮件中，这样对营销很不利。

7．EDM 分析的常见指标

（1）邮件送达率（Delivery Rate）。

邮件送达率是指到达客户收件箱的邮件数除以邮件发送总数得到的百分比。如何使邮件成功进入客户收件箱是一个相当复杂的过程。

（2）邮件打开率（Open Rate）。

邮件打开率是指有多少人（以百分比的形式）打开了商家发送的邮件。决定商家打开邮件的最主要因素是对发件者的了解和信任，因此，与客户建立良好的关系是非常重要的。在邮件的标题中使用公司名称或品牌名有助于获得客户的信任，另外，合适的发送频率也是影响邮件打开率的一个相当关键的因素。

（3）邮件点击率（Click Through Rate）。

邮件点击率是指通过邮件链接访问网站的比例。对于 EDM 来说，让客户点击邮件中的链接算是成功的第一步。影响邮件点击率的因素有很多，如邮件设计、邮件内容、邮件版式等，最重要的是这封邮件的信息是否符合客户的"胃口"，也就是我们常说的个性化内容。

可以根据客户的地域、年龄、性别，发送内容不同的邮件，如果有大量数据做依托，则可根据客户以往的购买行为（消费记录、邮件点击记录、网站访问记录）发送更具针对性的邮件。

链接的位置和样式也很重要，超链接务必用下画线和醒目的按钮来表示，吸引客户点击链接的手段也需要具有一定技巧，如果能让客户产生无法拒绝的感觉，就能收到最好的效果。

(4) 邮件退订率 (Unsubscribe Rate)。

邮件退订是指客户从商家邮箱中的收件人列表中自行退出的能力，有两种方式：完全退订和针对某一列表退订。完全退订是指客户要求退出商家所有的收件人列表，不再接收由该商家发出的任何邮件；针对某一列表退订是指客户要求退出商家的某一收件人列表，不再接收由该商家发给这个列表的任何邮件。

如果邮件退订率大幅提升，说明 EDM 出现问题。要把新老客户分开分析，如果是新客户退订率上升，则可能是新客户觉得邮件内容没有达到其预期；如果是老客户退订率上升，则要总结最近发送的邮件内容，评估最近的促销是否有吸引力。

邮件发送过于频繁也会导致退订率上升。一般来说，每周一次的频率比较合适，让客户自己选择喜欢的话题和商品促销种类也是维持客户持续接收邮件的一个重要手段。

(5) 邮件转化率 (Conversion Rate)。

营销的最终目的是实现销售。同样，EDM 的最终目的是让访问者完成注册账号、订阅 Newsletter（资讯）、购买商品等。因此，邮件转化率才是决定 EDM 成功与否的重要衡量指标。

可以通过清晰的邮件文案、显眼的链接按钮、简洁的流程吸引客户仔细阅读。用户注册/登录页面是抓住客户的最后机会，从客户角度出发的设计和内容能大大提高邮件转化率。

8．EDM 的操作步骤

这里以阿里巴巴国际站为例，介绍如何对 EDM 进行设置与管理。

(1) EDM 设置。

登录 My Alibaba 卖家后台→进入"客户管理"页面→点击"EDM 设置"，如图 6-8 所示。

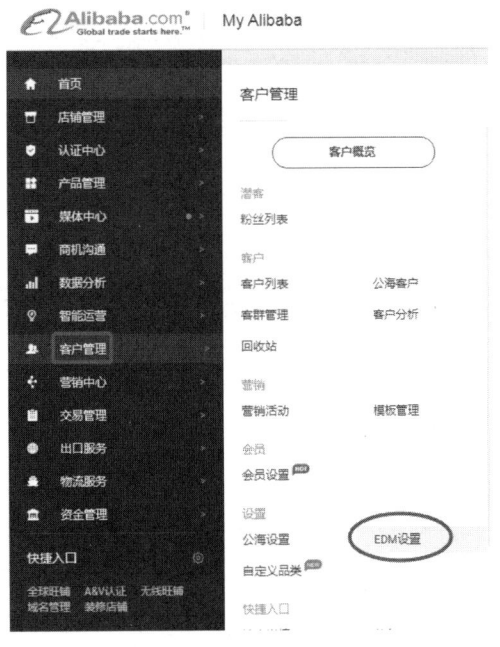

图 6-8　EDM 设置

（2）回信邮箱设置。

进入"EDM 设置"页面，找到"回信邮箱设置"，设置回复邮箱和回复人员（见图 6-9），并制作 EDM 模板，制作完模板后开始进行推送，每个店铺每天可以免费推送 200 封电子邮件。

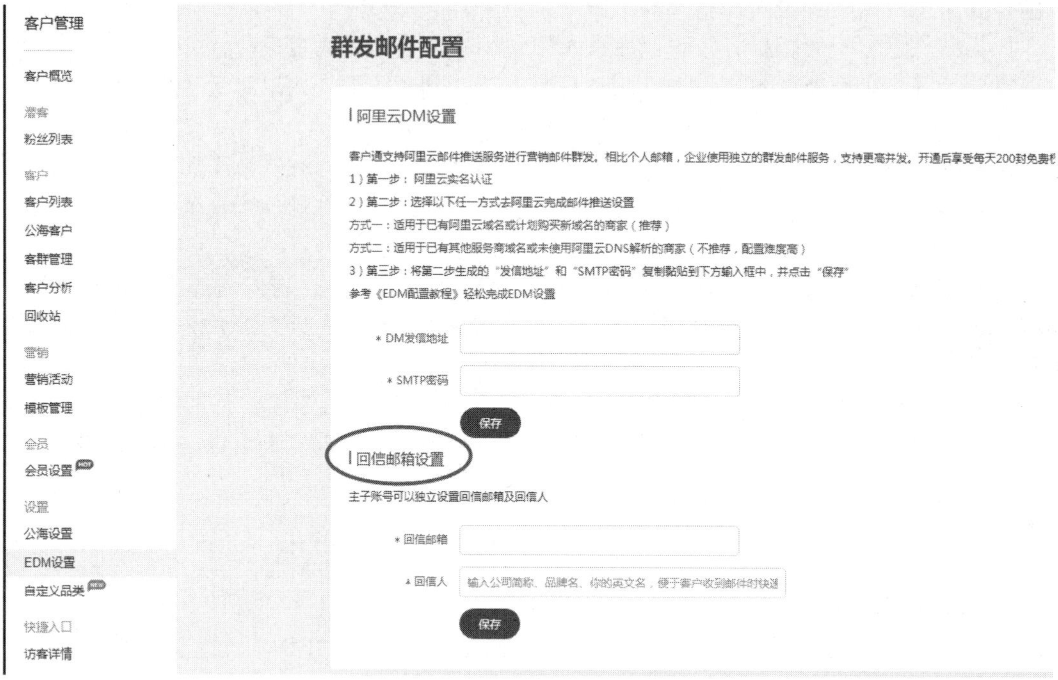

图 6-9　回信邮箱设置

第三节　询盘分析与询盘回复

询盘（Enquiry/Inquiry）又称询价，是指买方或卖方为了购买或销售某种商品，向对方询问有关交易条件（如商品的品质、规格、价格、装运等）的表示。进出口交易通常先从市场调查开始，然后建立业务关系，接着是询盘（Enquiries）、报价（Quotations）、发盘（Offers）、接受（Acceptance）、发货（Delivery of Goods）、押汇（Negotiation for Documents）。对于一笔特定的交易而言，询盘是商业谈判中实质性的第一步。

一、询盘分析

询盘实质上是邀请对方发盘（Invitation of Offers），在商法中属于邀请要约。询盘可以分成两种：一种询盘是仅询问价格，索取商品目录或样品，被称为一般询盘（General Enquiries）；另一种询盘则包括特定商品的各项交易条件，被称为具体询盘（Specific Enquiries）。

询盘内容可涉及价格、规格、品质、数量、包装、装运及索取样品等。由于多数询盘只是询问价格，所以业务上常把询盘称作询价。

询盘形式多样，如口头、书面、电子邮件等。

关于询盘的法律效力：在实际业务中，询盘只是探寻买或卖的可能性，所以不具有法律上的约束力，询盘的一方对能否达成协议不负任何责任。由于询盘不具有法律上的约束力，所以可作为与对方的试探性接触，询盘人可以同时向若干个交易对象发出询盘。合同订立后，询盘内容成为磋商文件中不可分割的部分，若双方发生争议，询盘内容可作为处理争议的依据。

1．询盘分类

（1）买方询盘。

买方询盘是买方主动发出的向国外厂商询购所需货物的函电。在实际业务中，询盘一般多由买方向卖方发出，因此，买方询价形式的询盘最多。

①对于多数大批量商品，应同时向不同地区、国家和厂商分别询盘，以了解国际市场行情，争取最佳贸易条件。

②对规格复杂或项目繁多的商品，不仅要询问价格，还要询问详细规格、数量等，以免往返磋商、浪费时间。

③询盘对发出人虽无法律约束力，但要尽量避免仅询盘而无购买诚意的做法，否则容易丧失信誉。

④对垄断性较强的商品，应提出较多品种，要求对方一一报价，以防对方趁机抬价。

（2）卖方询盘。

卖方询盘是卖方向买方发出的征询其购买意见的函电。

卖方对国外客户发出询盘大多是在市场处于动荡变化及供求关系反常的情况下，以探听市场虚实，选择成交时机，主动寻找有利的交易条件。

2．询盘分析步骤

（1）查询发件人 IP 地址，具体操作方法为：右击收到的邮件，选择"属性"→查看"详细信息"，然后查询 IP 所属的区域。

（2）如果网站有计数器，可参考计数器中的 IP 记录，看看这个 IP 是不是浏览过该网站。一般来说，采用国外代理服务器访问国内工厂的网站比较困难，所以一般国内用户访问时不会使用国外代理服务器而使用真实 IP 直接访问，只有在发送邮件的时候才可能使用代理服务器。使用计数器还有一个好处，就是可以知道浏览网页的客户是通过渠道点击进来的，还是点击 B2B 网站上的链接进来的，又或是直接输入网站地址进来的。如果是输入网站地址进来的，就需要查明客户的来源，以便为后期进行精准营销做分析与准备。

（3）确认客户发来邮件的时间，根据时差判断客户发送邮件的时间，以便判断客户身份。

（4）查看客户在邮件中是否留了详细的联系资料，如果有网址和详细的电话、传真地址等，一般比较可信。对于资料不全的，可以询问客户的联系资料。对于貌似有问题的，可以发送传真或电话询问一下。打电话给客户会让客户觉得商家比较重视他，哪怕只是说明一下收到了他的询盘，也是有利无害的。

（5）分析客户询盘的内容。一般来说，有具体规格或详细要求的客户比较有价值；仅仅是笼统索要样品或价格单的客户，其潜在购买需求一般较低。

3．询盘业务模块功能

这里以阿里巴巴国际站为例，介绍询盘业务中各项模块的具体功能。登录 My Alibaba 卖家后台，点击"未读询盘"选项，如图 6-10 所示。

图 6-10 "未读询盘"选项

进入"未读询盘"界面后,可以看到左侧的功能区模块。

1)"询价单管理"模块。

该模块主要包括以下功能(见图6-11):①"所有询价单",点击此按钮,即可查阅所有往来询盘邮件;②"已发送",点击此按钮,即可查阅所有已发送的询盘邮件;③"已加标记",点击此按钮,即可查阅所有已标记的询盘邮件;④"垃圾询价",一般为系统自动过滤的垃圾邮件;⑤"已删除",一般为业务员主动删除的垃圾邮件;⑥"导出询盘",可查阅出口询盘邮件;⑦"询盘分配记录",可查看近30天的询盘分配记录,包括主账号、子账号和系统分配的记录。

2)"接待设置"模块。

该模块主要包括以下功能(见图6-12)。

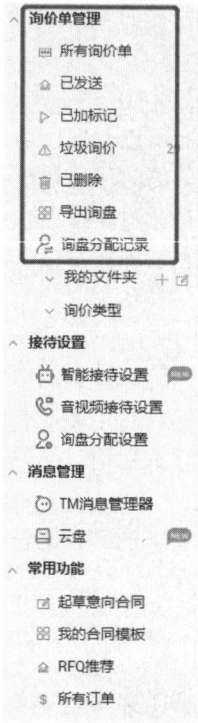

图 6-11 "询价单管理"模块主要功能区

图 6-12 "接待设置"模块主要功能区

（1）"智能接待设置"功能。此智能回复只发送给在过去 30 天内没有联系历史的潜在买家。此功能在于鼓励买家提供更详细的信息。该功能设置步骤为：①在"开启设置"中选择"不开启"或"全天"或"自定义时段"为工作日/休息日的某一时段（见图 6-13）。②设置"欢迎语"，自动回复在过去 30 天询盘的买家，自动服务开始时将显示欢迎信息，可以设置回复模板，部分固定类型的询盘可以采用模板进行回复。例如：Hello, thanks for your inquiry. This is Jack from Lbc Electronic Commerce Co., Ltd. . May I know what can I do for you? Due to the time difference, we may cannot reply on time here, could you pls leave your whats-app number or WeChat ID here, we will contact you ASAP !!!"（译：您好，谢谢您的询问，我是 Lbc 电子商务有限公司的杰克，我能为您效劳吗？由于时差，我们可能无法在这里及时回复，请您在这儿留下您的应用程序号码或我们的聊天 ID，我们会尽快与您联系！！！）（见图 6-14）。③常问问题设置，最多选择 5 个问题，帮助买家更好地了解公司产品（见图 6-15）。④"智能提问"预设问题，聊天机器人会根据需要，自动向买家提问（见图 6-16）。

图 6-13 "开启设置"页面

图 6-14 "欢迎语"设置页面

图 6-15 "常问问题设置"页面

图 6-16 "智能提问"预设问题

如果选择"智能接待设置"这 3 个部分，买家将按以下顺序收到消息：欢迎语、常问问题设置、智能提问。注意：此自动响应不计入卖家的响应率。请在收到信息后 24 小时内与买家联系，以保持较高的邮件回复率。

（2）"音视频接待设置"功能。启动呼叫方法（见图 6-17）：打开语音和视频通话功能，并设置可用时间。在这段时间内，买家可以从多个场景（查看示例：产品详细信息、商店、视频、聊天页面）给卖家打电话或预约通话。及时接听电话并确认预约请求会提升接听率。此外，如果接听率太低，将无法正常使用呼叫功能。

图 6-17 "音视频接待设置"(呼叫设置)页面

(3)"询盘分配设置"功能。设置的主要模块有:①"接收中"接收人设置,询盘接收人设置完毕后,其联系方式会显示在公司网站上,所有有关公司的传入消息都将发送给此人(见图 6-18)。②"询盘分配规则"设置,这里可以选择"按区域分配",也可以选择"按产品分配"。此外,如果勾选"店铺所有 TM 咨询"按钮,则询盘的分配规则会被同步至 TM 咨询客户的自动分配设置(见图 6-19)。③"主账号询盘",设置主账号后,自动将主账号的询盘依次分配给子账号,此外如果勾选"主账号 TM 咨询"按钮,则主账号询盘的分配规则会被同步至 TM 主账号咨询分配设置(见图 6-20)。

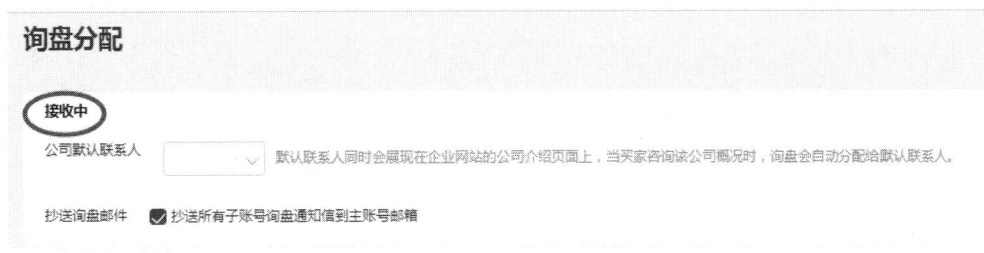

图 6-18 "接收中"接收人设置页面

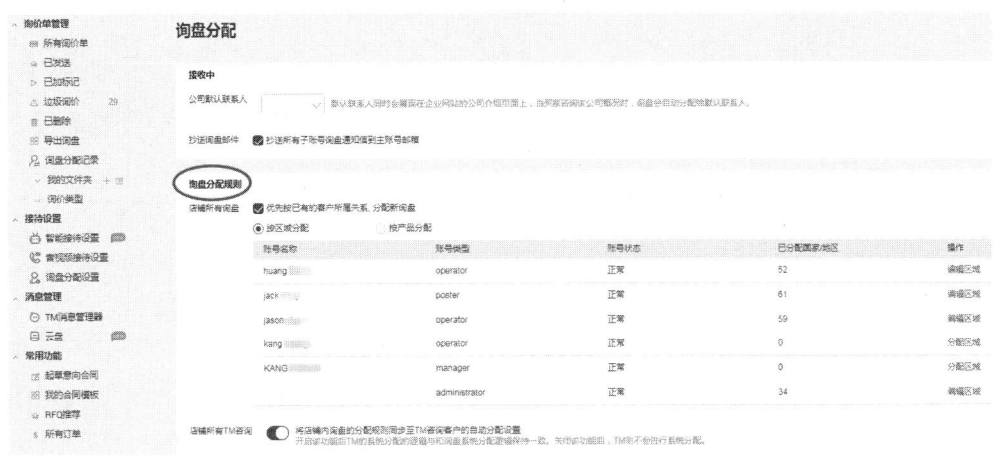

图 6-19 "询盘分配规则"设置页面

图 6-20 "主账号询盘"设置页面

3)"消息管理"模块。

该模块主要包括"TM 消息管理器"和"云盘"。在这里可以进行询盘消息管理和阿里云存储的文件、照片或视频等资料管理(见图 6-21)。

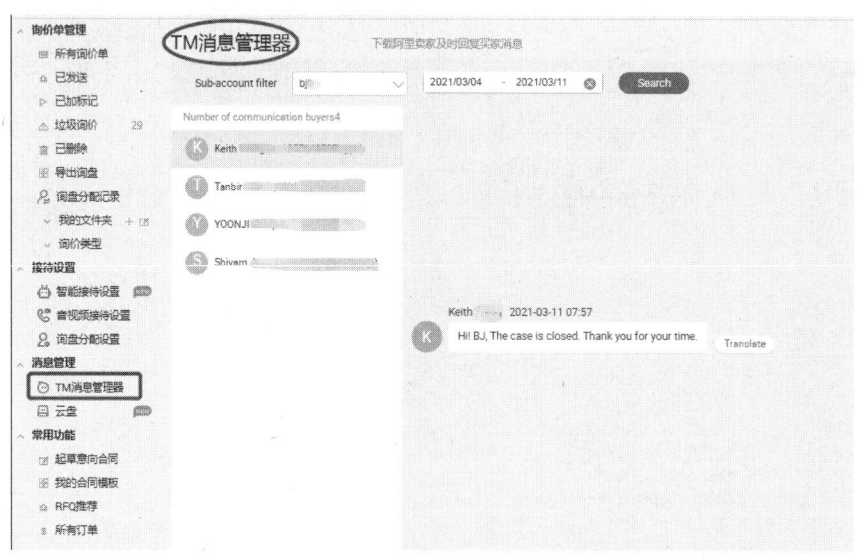

图 6-21 "TM 消息管理器"页面主要功能区

4)"常用功能"模块。

该模块主要包括"起草意向合同""我的合同模板""RFQ 推荐""所有订单"(见图 6-22)。"选择客户"页面(见图 6-23)包括 Subject(主题)、Product(产品)、Shipping(运输)、Payment(支付方式)、Contacts(合同)、Terms(条款)等信息描述(见图 6-24)。

第六章 商机获取

图 6-22 "常用功能"模块主要功能区

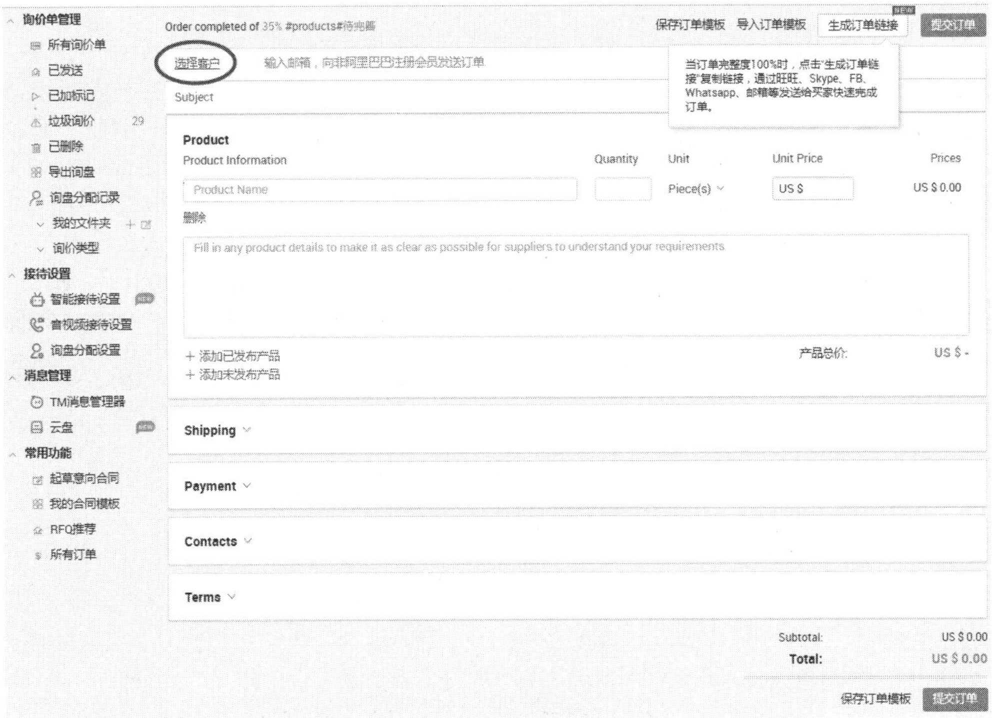

图 6-23 "选择客户"页面

图 6-24 信息描述

二、询盘回复

1. 分析客户

收到询盘后,首先要分析客户及客户所在行业、国家或地区的市场行情。可以根据客户信息的完整性,将客户信息具体分为完整型和隐藏型。在数据库里查找确认是否为老客户、同事的客户;找到客户的网站、邮箱,分析客户的需求量及意向价格;通过领英、Facebook、Skype、WhatsApp、Instagram、Twitter、Pinterest 等搜索客户资料,了解其活跃度,从而估计该客户对产品的需求量及其商业范围。

2. 及时回复

收到询盘并分析后,要对客户需求或问题及时进行回复。

3. 真实报价

在报价时,要考虑以下具体因素:价格,即 FOB、CIF 等各种价格;数量,即在什么时间内能提供多少数量;质量,即能达到什么样的质量保证,以及在生产过程中采取的措施等;包装,即什么样的包装,能装多少等;图片,是否备有各种产品的图片等;样品,即要有各种马上能寄送的样品等。

4. 沟通准备

（1）语言沟通要掌握一定技巧。

（2）在对方不回复的情况下，要主动回复。

（3）尽可能使用多种联络方法，如邮件、电话、传真、即时通信软件（WhatsApp、Skype、Line、WeChat）等。

（4）利用我方或对方的节假日、地址变动、重大事件的发生等情况主动联络，以拉近双方的距离。

5. 询盘分析和询盘回复要领

报价的速度、询盘回复的专业度（包括语言表达能力、商家的跟踪回访和对产品的详尽介绍等）都是应在询盘的基础上重视的后期问题。以下外贸跟进邮件中的几个细节是很多阿里巴巴国际站外贸商家容易忽略的地方。

（1）对询盘进行分类且有针对性地回复。

并不是所有询盘都要付出同样的时间和精力，收到询盘的第一步是要看清楚买家用意，先分析一下客户的公司，通过 Google 等搜索引擎查找其相关信息。达到一定规模的公司都会有自己的网站，通过分析对询盘和客户进行归类，把 80%以上的时间和精力放在高价值客户的身上。

（2）写一个能吸引眼球的邮件主题。

邮件主题简单明了且专业即可，邮件主题最好加数字和对客户的好处。例如，不要写 How do you feel about our price 或 How do you feel our samples' quality，而是换一个方式说明可以给客户带来什么利益，如 How to raise 15% profit with new iPad case 或 How to save more cost when you purchase from China。

（3）让邮件足够个性化，以打动客户。

不要给重要客户写普通邮件，要有个性化的内容，把客户关心的问题提到前面回复。先了解客户的条款，把自己产品的卖点或与别人不一样的地方展示出来。为价格做一个铺垫，以防客户觉得价格太高。例如，给客户发送重要的打折信息、尾货库存信息、最新产品设计信息和服务信息。个性化的措辞有利于提高邮件点击率和转化率。

通过询盘要看出客户是针对某个非常具体的产品还是一类产品。如果是前者，则给出具体的报价，给客户一个强大的购买理由，使其继续回复你。如果是后者，则做一个精美的报价表，凸显一两个非常有竞争力的产品，让客户记住你的报价。

（4）邮件内容要简洁且对客户有帮助。

不要浪费客户的时间。通常，客户只会花几秒钟看一封邮件，因此，尽可能让邮件简洁明了，句句说到要点。一封邮件不要超过 200 个词。

要注意单词拼写和语法，不要有任何错误。外贸邮件中单词拼写错误的现象虽然很常见，也很容易猜出是什么意思，但业务员必须非常细心，避免因粗心犯低级错误而影响客户对业务员自身以及公司专业性的认识。因单词拼写错误和语法歧义而流失订单很不值得。特别是报价的邮件，一定要确保不要算错、不要写错、不要表达错，否则解释就很无力。

三、询盘分析与回复实操

这里以阿里巴巴国际站为例,介绍如何对某一特定询盘进行分析与回复。

1. 询盘分配

勾选想要分配的询盘,点击"分配给",选择子账号,即可将该询盘分配给指定的业务员,如图6-25所示。

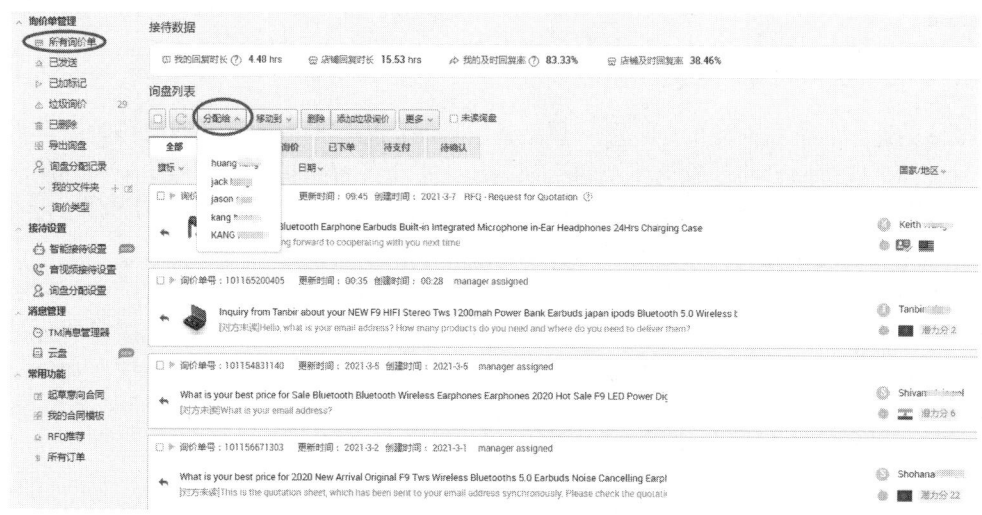

图6-25 询盘分配

2. 询盘查阅

找到想要查阅的询盘,点击"查看详情"(见图6-26),即可看到该询盘的具体内容(见图6-27)。在左侧消息栏可以查看邮件往来消息,点击右侧Customer(客户)可以查看客户名字、公司名称、业务类型、销售平台、注册时间、公司网站、电子邮件等信息。若客户头像下方显示为"我的客户",则是已有老客户;若客户头像下方显示为"加为客户",则可以将陌生人添加为新客户。点击"客户行为数据",可以查看该客户店内产品活动。点击"跟进管理",可以查看客户阶段,如查询客户、样品订购客户、付费客户、重新购买客户等。

图6-26 "询盘查阅"入口

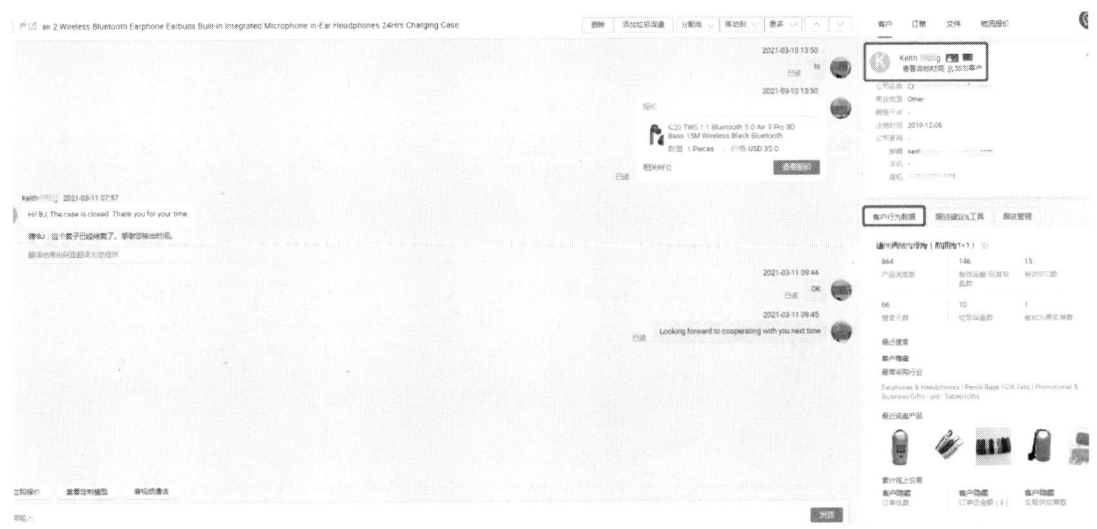

图 6-27　询盘详细信息

3. 询盘回复

点开想要查阅的询盘后，点击左侧消息栏下方的文本框，输入消息内容后，点击右下方"发送"按钮，即完成对该询盘的回复（见图 6-28）。询盘回复时，若点击"立即报价"按钮，右侧会弹出具体报价项目（见图 6-29），卖家首先需要选择具体的交易商品（选择"导入已发布产品"或"添加更多产品&报价"），然后选择报价采用的"贸易条款及附件"，填写"报价有效期"，上传报价单等附件，最后提交报价，如图 6-30 所示。

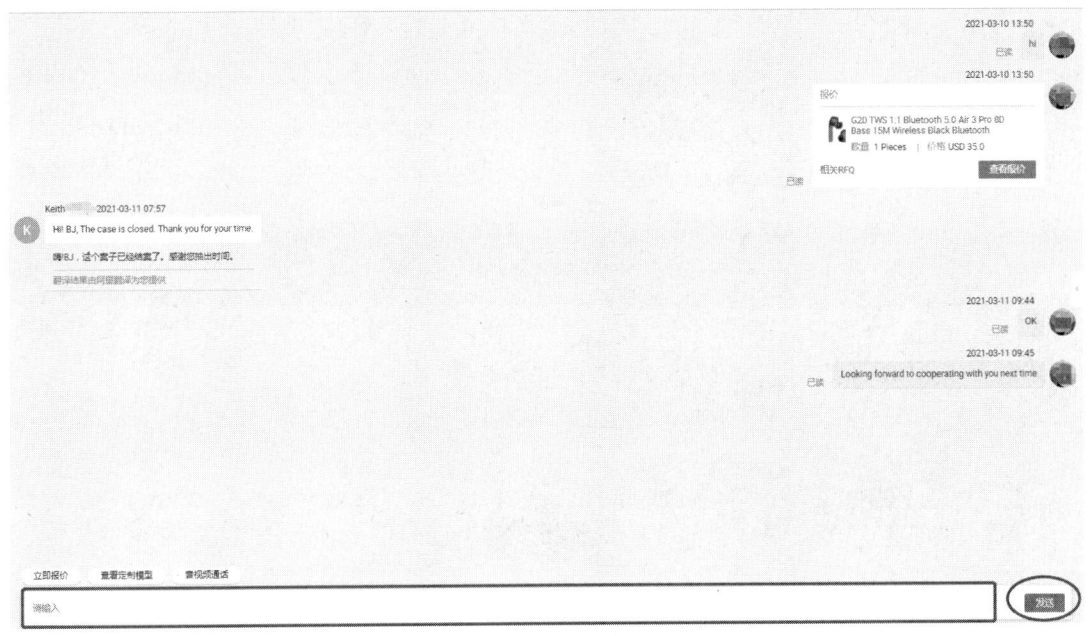

图 6-28　"询盘回复"页面

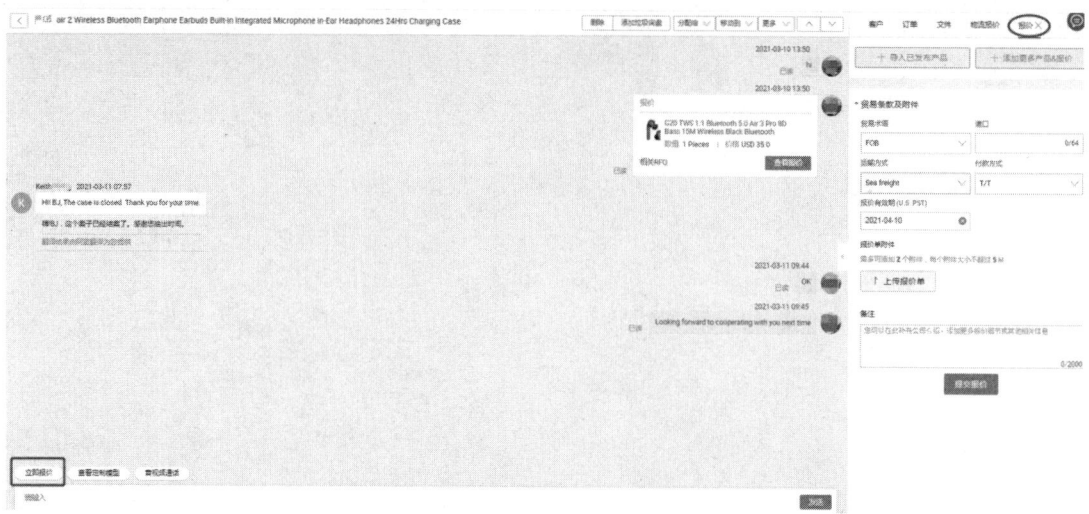

图 6-29 "询盘报价"页面

图 6-30 询盘报价具体内容

本 章 小 结

RFQ 商机获取、分析与应用是建立业务关系的首要环节，EDM 是双方业务往来的基础，询盘分析与回复是能否吸引并留住客户的关键。在本章中，需要学生熟练掌握商机获取渠道、EDM、询盘回复操作等重要内容，并在实际业务开展过程中不断加以优化，为业务订单的获得与客户的维护打下坚实的基础。

本 章 练 习

一、选择题

1. 阿里巴巴国际站要求询盘必须在（　　）之内进行回复。
   A. 1 小时　　　　　B. 12 小时　　　　C. 24 小时　　　　D. 48 小时
2. 因为 RFQ 是公开询价，故在以下 RFQ 报价的基本原则中，错误的是（　　）。
   A. 有舍有留　　　　　　　　　　B. 知己知彼
   C. 争取有利交易条件　　　　　　D. 宁低勿高
3. 根据 RFQ 排序规则，（　　）是第一匹配要素，其次是 RFQ 的发布时间。
   A. 标题　　　　　　B. 价格　　　　　C. 数量　　　　　D. 货期
4. 在阿里巴巴国际站中，每条 RFQ（采购直达）可以对应（　　）个报价席位。
   A. 8　　　　　　　　B. 15　　　　　　C. 18　　　　　　D. 10
5. 以下途径中可以获得 RFQ 的是（　　）。
   A. 系统推荐 RFQ　　　　　　　　B. 在 RFQ 市场搜索查看
   C. 联系平台客户经理　　　　　　D. 自己定制 RFQ

二、实训题

假如你是一名来自达利服装有限公司的外贸业务员 Sam，需要对买家的采购信息进行报价。根据题目要求，请你完成以下操作。

要求：

（1）在 RFQ 市场中搜索产品 dress，找到来自 Hong Kong 的买家，并对其发布的女士睡衣采购信息进行报价。

（2）根据买家要求准确填写产品信息，根据素材包资料上传产品图片等。

（3）根据要求准确填写价格详情和报价补充信息。

第七章　客户管理

企业面对的最大挑战不再是竞争对手，而是客户。

案例 7-1

"客户第一"应是商家客户运营管理的条件反射

按大众的常规思维来看，消费者的体验和企业商家客服原本可以对等，但是企业商家并不愿意为客服部门付出过多的资源和成本。但对一家企业来说，价值观落地的保障往往为是否将"客户"放置在首位，所以"客户第一"这一思维模式应该是企业商家的客户运营管理条件反射。

阿里巴巴首席客户官（CCO）吴敏芝在评判"客户第一"这一思维模式和价值观落地标准时说："将'客户第一'理念时刻进入到每个人血液里，变成员工在写一行代码时、做一个文案时、组织一个活动时条件反射的思考维度。'客户第一'就像人的健康一样，很多人认为是重要但不紧急的事情。每个人都觉得健康很重要，但真正要不熬夜、多运动却又不愿意做，愿意做的时候往往已经躺在了病床上。"

在吴敏芝看来，"客户第一"中的客户不仅仅是简单的消费者，还有商家，以及多元化的平台参与方，CCO要在多元生态中平衡客户利益，解决商业冲突。"客户第一"是价值观，客户体验的持续提升是关键目标。"客户体验将来一定是商业的核心竞争力。"吴敏芝表示，"客户管理是对公司长期商业价值和商业模式的保证"。

"中国消费者这几年对体验需求越来越高，之前人们能买到产品就好，但现在不仅要买得到还要买得好，还要买得爽。"吴敏芝认为，未来完全是一种体验式购物，线上应通过大数据挖掘技术创造比线下购物更好的体验。

阿里巴巴客户运营管理团队2020年的目标是：让客户感觉到"只来一次、只说一次"。吴敏芝指出，现在流量获客成本已越来越高，正从一个增量市场转到存量市场，怎么把客户留住，让老客户产生更多的需求，背后的关键在于提高客户黏性，也就是要把体验做好。

互联网消费者"用脚投票"。吴敏芝认为，互联网公司所面临的挑战是要把飘在天上的部分，用脚落下来，形成和客户接触的触点，它是我们与"上帝"接触的唯一触点。"把这个触点做扎实，把触点的能量做出来，这对公司来说就是商业的核心竞争力。"

随着市场竞争的日益激烈，跨境电商运营从流量时代进入了精细化运营时代，客户管理成为阿里巴巴国际站商家精细化运营的重要抓手。客户通是阿里巴巴后台的客户管理工具，使用客户通进行客户建档、客户分群、客户营销，是商家必备的技能。

第一节　客户管理工具

对于拥有跨境电商业务的外贸企业来说，伴随业务的不断增长客户规模逐渐扩大，为及时解决客户的问题，做好客户管理、维护工作，以增加客户的黏度和复购率，就显得尤为重要。对业务人员的管理和业务流程的梳理及统计等一系列问题也使得跨境电商客户管理需求更便捷的工具。客户通和小满客户管理系统，是阿里国际站常用的两款客户管理工具。

一、客户通

阿里巴巴国际站的客户通，是一款帮助商家提升客户管理和运营效能的专业化 CRM 工具，在商家和客户客户管理之间架起了一道桥梁，提高了业务效率。客户通通过精细化运营客户，缩短客户转化周期和提升客户转化率，提高了商家跟进效率，并且可以自动保存沟通记录，既可以提升客户服务质量，又能化繁为简，提高工作效率。客户通通提供客户分组管理、客户潜力评估、客户精准营销等功能，帮助商家提升客户运营效能。接下来，分别介绍客户通的开通、客户资料修改、客户筛选、客户智能洞察等基础功能。

1. 开通客户通

进入阿里巴巴客户通网址 https://alicrm.alibaba.com/，点击"立即开通"按钮，随后注册登录（可用个人淘宝账户）后进入个人中心，补全商家信息，如图 7-1 所示。

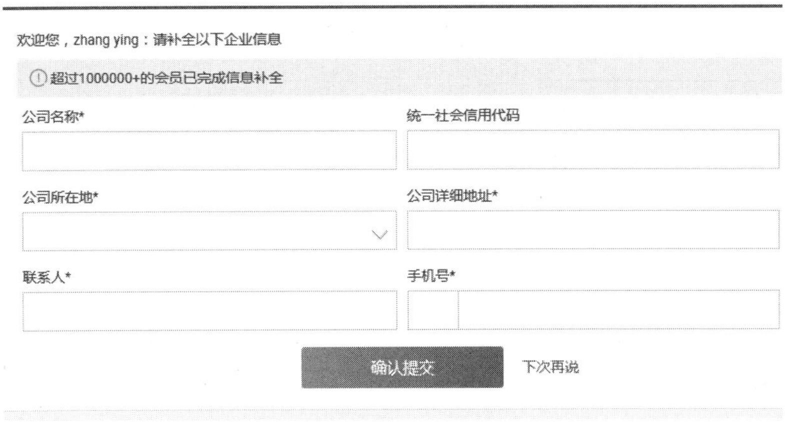

图 7-1　客户通开通页面

开通客户通之后，进入 My Alibaba 后台，点击菜单"客户管理"命令，即可进入客户通入口页面，如图 7-2 所示为客户通入口页面。

2. 客户资料修改

进入客户列表，点击客户列表的"修改客户资料"选项，可以按照重要性、跟进状态、国家、商业类型、采购品类、创建/备注时间等维度对客户进行分类，以方便查找客户，如图 7-3 客户通客户资料编辑所示。按照客户阶段可以把客户分为"询盘客户""样单客户"

"成交客户""复购客户";按照客户来源可以把客户分为 Alibaba、线下展会、搜索引擎、社交平台、电商平台等。需要注意的是,"客户通"不仅可用于管理阿里巴巴国际站内的客户,而且还是一个独立的 CRM 系统,可以用于管理整个公司的客户。

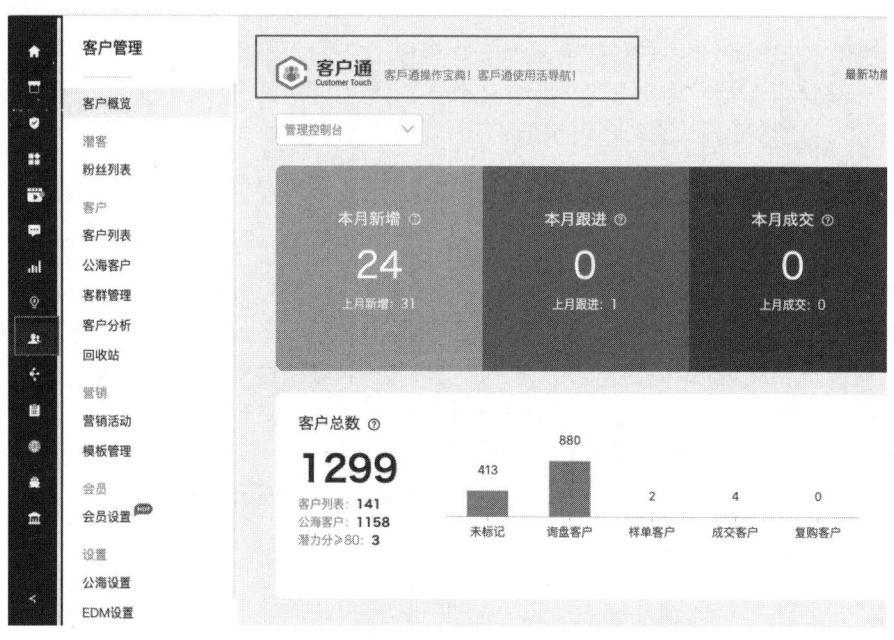

图 7-2　客户通入口

图 7-3　客户通客户资料编辑

3. 客户建档

为客户建档是实现客户管理的第一步,客户通客户一般分为站内信询盘客户、旺旺询盘客户、站外客户三种来源。

(1) 站内信询盘客户可以通过询盘列表、询盘添加客户,添加客户到客户通后可以进一步减少因建立复杂的客户档案而导致的客户流失,免去手动录入访客信息的工作。

(2) 对于旺旺询盘客户,可以点击"客户"→"加为我的客户"命令,添加到客户通。

(3) 对于 Alibaba 站外客户,需要手动录入建立客户档案。

4．客户筛选

如图 7-4 所示，点击客户列表页面中的"精确筛选"命令，可以精准筛选客户，快速找到目标客户。并且对于商家标记的客户跟进记录，客户通可以自动同步。

图 7-4　客户通精确筛选

5．客户智能洞察

客户通还可以进行智能客户洞察，提升转化率。如针对第二次询盘的客户与首次询盘的客户采取不同的应对策略。如果接待客户二次询盘时的业务员发生变化则仅靠人工是无法识别的，但使用客户通就可以快速精准区分，让客户接待更加有效率。

二、小满客户管理系统

小满客户管理系统是阿里巴巴国际站的智能化客户管理工具，通过人工智能技术和大数据分析技术的结合应用，可以实现智能化的订单全周期跟踪管理，精准到位匹配意向客户，提高客户下单—成交的转化率，可以完成 E-mail 管理、客户管理、商机管理、交易管理、统计分析、团队管理等一系列任务。

1．客户生命周期管理

小满客户管理系统把客户分为潜在客户、目标客户、线索、订单、利润几个阶段，并促成潜在客户向成交客户转变，如图 7-5 所示为小满系统的客户管理过程。

图 7-5　小满系统的客户管理过程

（1）在新客户开发阶段，小满可以多维度地搜索客户信息，并可以通过精准的客户画像进行潜在客户的挖掘；同时智能跟踪重点客户状态，了解客户需求，制定对应的销售策略；并直接提供展会、海关数据，以及其他企业信息给商家协助客户开发。

（2）在存量客户营销阶段，小满可以支持 EDM 邮件营销、社交营销、广告营销、落地页营销等多种营销方式。自动群发邮件，并获取效果分析报告；并支持对企业指定页面抓取访客数据，一键群发多个 SNS 账号。

（3）在高潜客户营销阶段，小满可以监控客户活跃度，构建客户画像，智能化评估客户，且管理各种客户跟进过程文件，实现集中化、流程化、团队化管理。

（4）在交易管理阶段，小满可以在线追踪订单、在线支付、统计分析，并进行团队化协助。

除了基于客户生命周期的客户管理，小满系统打通了 WhatsApp 及汇聚海关数据，可以进行客户精准、深度挖掘，如图 7-6 所示。特别是对于客户开发信，使用小满系统可以批量分组群发、跟踪邮件的送达率和客户打开率，避免不同业务员之间因跟踪同一个客户而撞单。

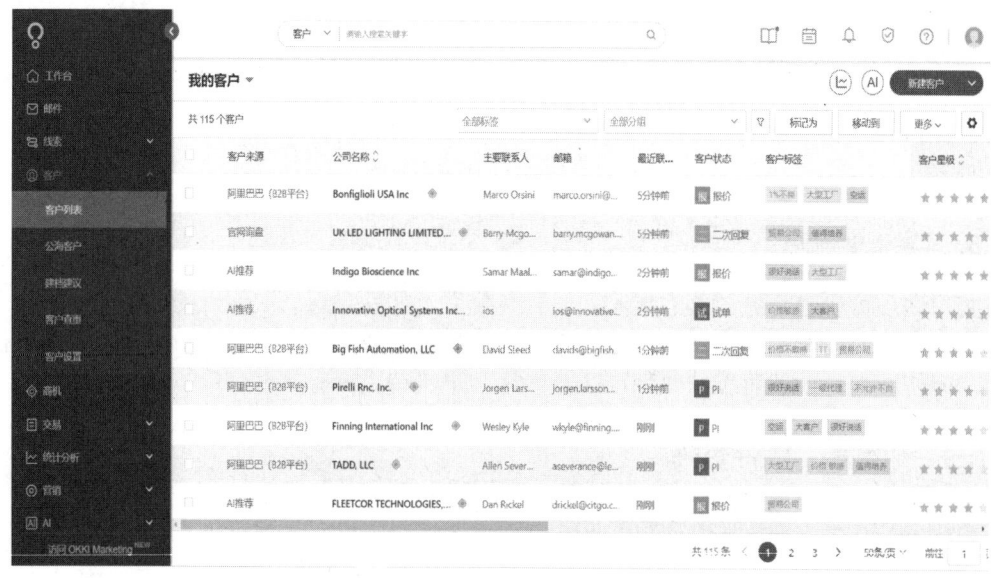

图 7-6 小满系统客户管理页面

总之，小满系统实现了智能客户挖掘、智能客户跟进、智慧营销，实现了对线索转化全流程的把控，商家合理使用小满系统可以实现更智能的客户管理。

第二节 客户列表与客户分类

根据"帕雷托法则"，20%的客户创造80%的利润，将有限的精力和资源用到重点客户上，将会取得更显著的工作成效。因此商家需要分类客户，并有重点地对客户进行高效管理，以合理分配运营精力和资源。

一、客户列表

1. 客户列表与重点客户筛选

进入客户通的"客户列表"页面,可以查看当前店铺全部客户信息。

根据客户生命周期,客户通将客户分成了公海客户、高潜客户、成交客户及复购客户 4 个层次,如图 7-7 所示。针对不同类型的客户,商家的关注重点也不同,所以要采取针对性的解决方案。

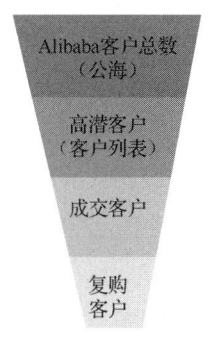

	商家痛点问题	解决方案
	怎么找到高潜客户	公海潜力分:潜力分高+旺旺在线优先 潜力分高+有邮箱优先
	怎么找到近一个月要下单客户	买家详情页:了解客户信息、旺旺、询盘、买家主页,评估买家情况
	怎么找到最近要复购客户	高潜复购:根据客户大数据情况,给出客户复购预测
	怎么减少客户流失	流失预警:根据客户大数据情况,给出客户流失风险预测

图 7-7　客户列表图解

(1) 公海客户:识别公海客户的高潜客户,可以通过公海潜力分来评估,如图 7-8 所示。

图 7-8　公海客户潜力分评估

(2) 高潜客户:在高潜客户中找到近一个月要下单的客户,可以通过买家详情页分析买家行为特色来评估,如图 7-9 买家详细信息所示。

(3) 成交客户:在成交客户中找出最近要复购的客户,可以通过客户列表的高潜复购功能来一键评估,客户通的评估标准是在本店铺有信保订单成交历史的买家,最近七天有搜索商品行为。

(4) 复购客户:建立客户流失预警机制,减少客户客户流失。客户通可以通过判断店铺成交客户在近 7 天与平台其他类似店铺有过询盘等接触行为,预测此客户可能存在流失风险,如图 7-10 所示为客户流失预警。

图 7-9　买家详细信息 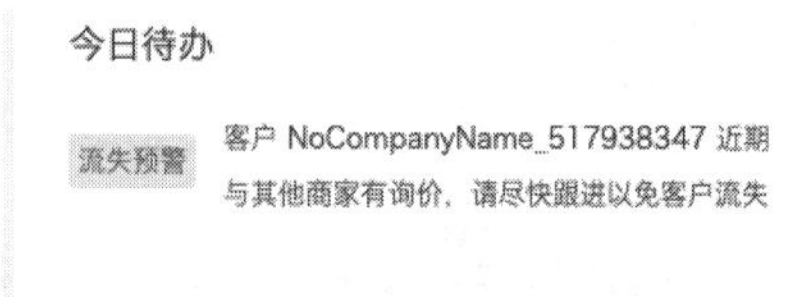　　　　　　　　　　图 7-10　客户流失预警

2. 公海客户管理

（1）公海客户的概念。

商家的公海客户，是店铺内部的公共客户池，该店铺名下的所有子账号可见，其他店铺则不可见。商家在客户资源池中可以对客户进行有条件的选择，如按照潜力分从高到低排序，可以优先跟进潜力分数高、旺旺在线、有邮箱的客户。企业在领取公海客户后，如果在规定时间内未及时跟进的客户将自动回归公海，避免客户资源占用和浪费。

登录阿里巴巴国际站后台，进入客户通页面后点击"公海客户"命令，即可进入公海客户列表页面。如图 7-11 所示。

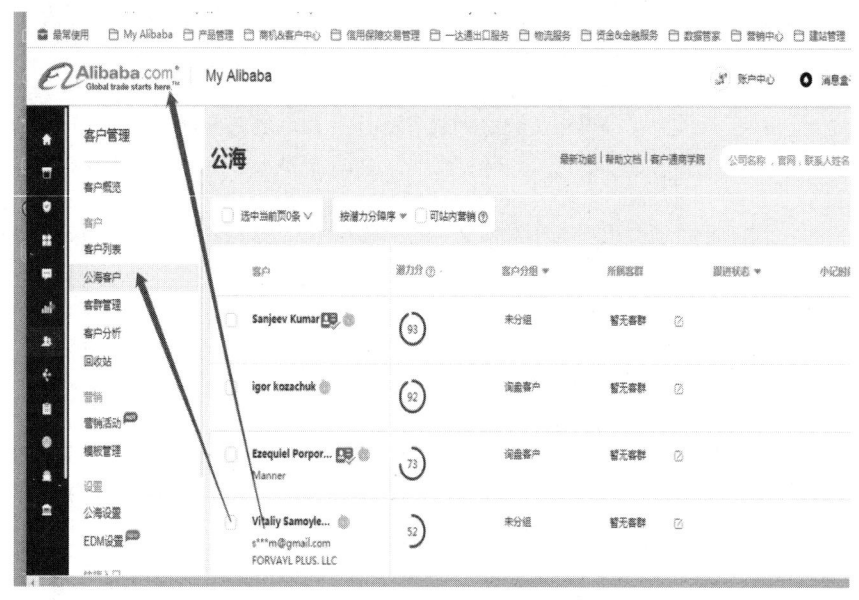

图 7-11　公海客户列表页面

（2）筛选公海客户。

公海客户需要进行筛选，重点跟进，一般根据如下标准来筛选。

- 主营产品和地址：详细填写了企业的主营业务、主要产品和公司地址的客户，说明其有强烈的意愿让买家能够看到自己，可以增加可信度和提高谈判基准。
- 客户来源：通过客户在线申请流程及客户注册来源可以对客户进行初期大范围限定，客户是否申请过"诚信通"也是企业在筛选时的重要条件之一。
- 检查是否重复：客户是否在网上多次注册，通过客户与其他企业的交易进程这些信息可以看出客户交易的意愿。
- 客户职位：客户是否主动填写了职位信息，或者客户填写的信息是否与业务相关，是否是业务主要负责人或主要业务员都会对企业筛选客户起到一定影响。
- 客户基本联系方式：电话号码、邮件地址、社交软件账号这些详尽的联系方式可以方便企业随时找到客户，与客户保持联系，更为重要的是可以说明客户愿意主动透漏自己的这些信息，也为合作建立的信任基础。

总之，五证齐全（电话、传真、手机、邮件、公司详细名称）、客户通中"当前联系人"的显示信息的登录信息为"1个月以内"、客户基本信息中主营产品和所属地区信息详实、客户成熟度高的客户，是需要重点跟进的公海客户。

点击"加为我的客户"按钮，就可以把需要重点跟进的客户添加到客户列表，如图7-12所示。

图 7-12 添加公海客户为我的客户

（3）企业公海客户的分配与管理。

因公海客户是企业的公共资源，在不同的业务员之间合理分配才能最大化发挥效益。因此，需要设置公海客户管理与分配规则，如图7-13所示为已建档客户进入公海客户池后的管理。

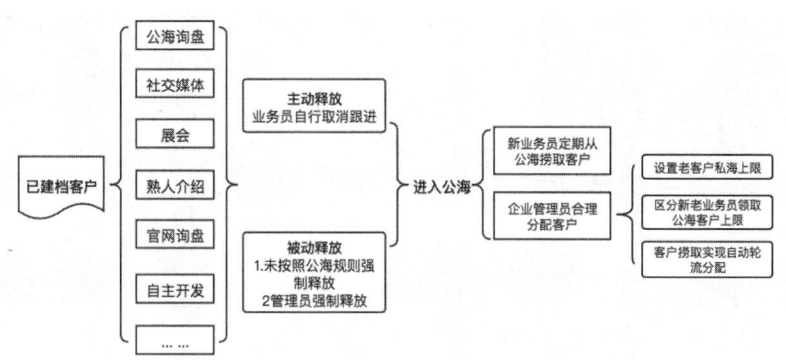

图 7-13 已建档客户进入公海客户池后的管理

（1）设置老业务员私海客户上限。

随着时间的增长，老业务员会积累越来越多的客户数量，由于老业务员精力有限，会导致一些客户无法跟进到位，所以可以限制私海客户的数量，由新业务员来进行跟进。这种方式的最大价值在于最大化地盘活客户，通过整理私海客户库，合理在新老业务员之间进行分配，如图7-14所示为设置老业务员私海客户上限。

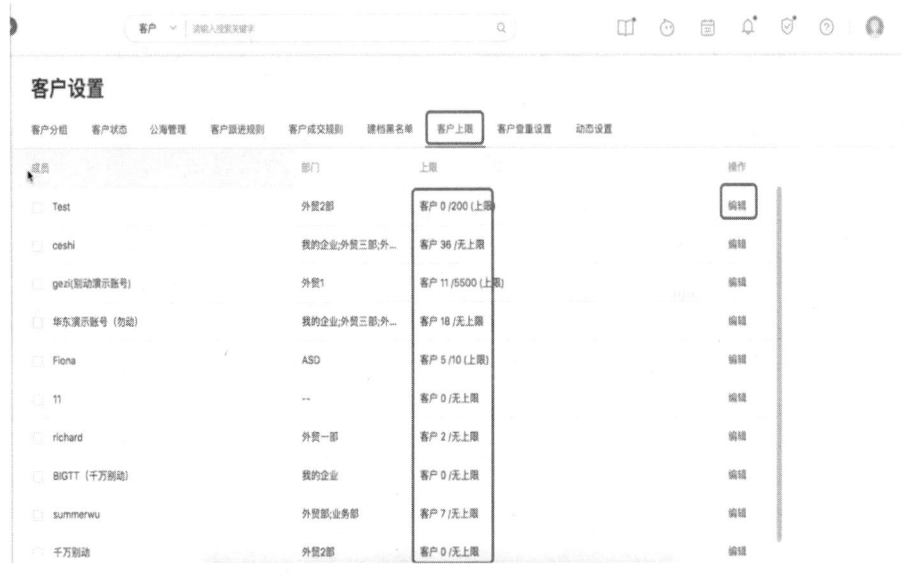

图7-14　设置老业务员私海客户上限

（2）区分设置新老业务员领取公海客户的上限。

为了让老业务员集中跟进私海的老客户，新人则较多地跟进开发公海客户，可以让老业务员领取的客户数量稍微多一点，新业务员领取较少些客户。如图7-15所示为设置新老业务员领取公海客户的上限。

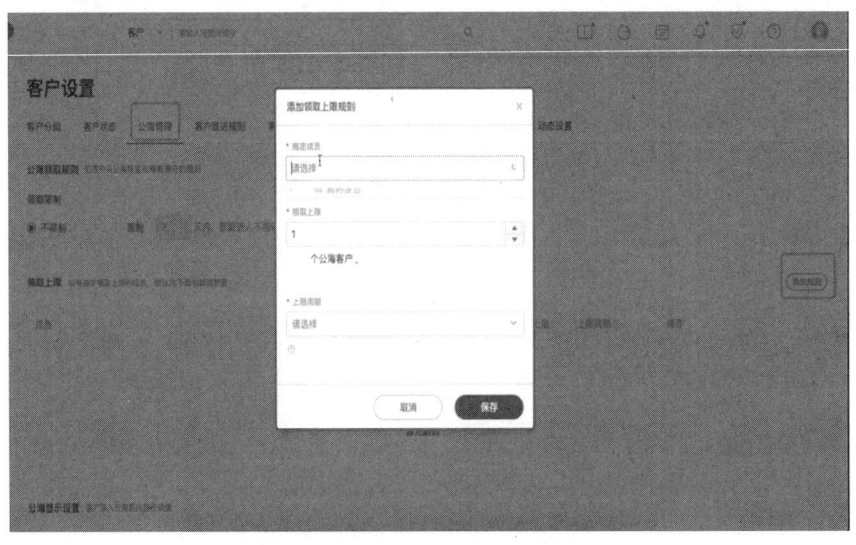

图7-15　设置新老业务员领取公海客户的上限

（3）设置工作流规则，让公海客户自动轮流分配给新业务员。

除了业务员自行选择公海客户移入私海以外，可以设置自动分配机制，强制分配公海客户给新业务员，最大化盘活公海客户，如图7-16所示为公海客户自动轮流分配给新业务员。

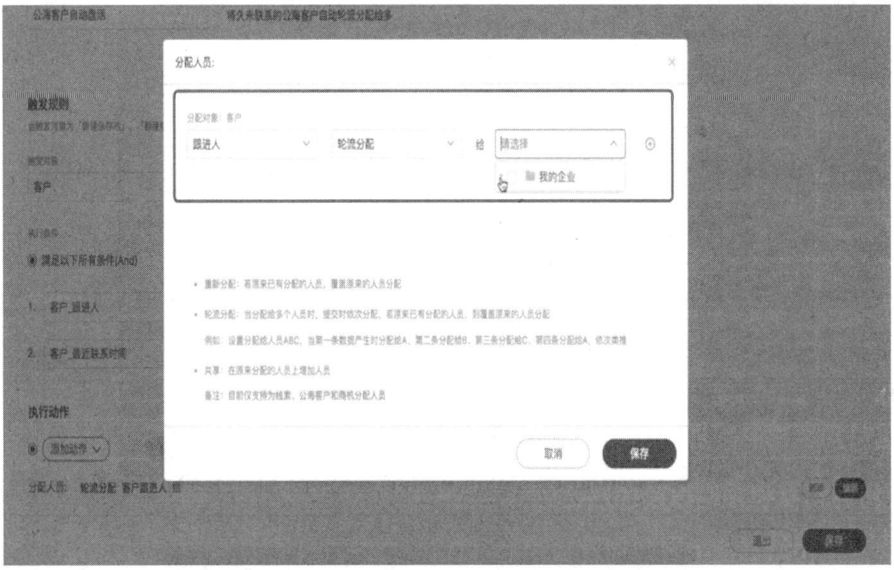

图7-16　公海客户自动轮流分配给新业务员

假如某公司在阿里巴巴国际站有80%的沉睡客户许久没有得到盘活，可通过公海规则与工作流的搭配，来实现沉睡客户的自动盘活，发挥智能小满系统的最大化效用。公海规则可对沉睡客户进行跟进提醒，自动加入四海中的沉睡客户，移入公海后，工作流可自动将未联系的公海客户轮流分配给多个业务员进行盘活。

3. 客户跟进情况

为了促进客户成交转化，需要对客户沟通情况进行待续跟进。按照订单流程，客户通将客户分为洽谈中、未成交、跟单中、售后4个状态，如图7-17所示。商家可以选择不同的客户跟进策略对客户进行持续跟进。

图7-17　客户跟进状态

（1）客户跟进方式。
- 邮件跟进，是客户跟进的主要方式，需要2天之内发送给客户有效邮件，并在24小时内回复客户邮件，如果遇到重要客户，还要在邮件发送后进行电话确认。
- 在线沟通（阿里旺旺/Skype），需要保证上班时间阿里旺旺在线，下班时间不离线，在客户上线后，第一时间和客户打招呼。
- 电话沟通，电话跟踪联系客户一般是在邮件或者阿里旺旺前期沟通后，再通过电话的方式确认。

跟进后需要及时填写记录表如表7-1询盘客户记录表所示。

表7-1 询盘客户记录表

询盘客户（以下数据7天为一周期）					
询盘目标数	询盘实际数	可跟进数	已跟进数	情况分析	负责人
				年 月	第 周

（2）客户跟进内容。

在跟进客户时，有一些需要注意的细节，如周一和周五尽量留出时间给客户进行整理，不要发送重要程度较高的邮件；客户的跟进不要只在有业务往来时才进行，将客户看作是常态化的联系对象；同时注意每次跟进的前后，要对自己的工作有所思考，并记录客户成交情况，如表7-2所示。

表7-2 客户成交情况

客户成交情况（以下数据7天为一周期）					
序号	客户名称	联系方式	成交产品	成交量/成交价	问题
				年 月	第 周

（3）客户跟进情况表。

在客户询盘结束后，经过一定时间客户成交情况含有初步的信息更新，随着成交产品的出厂入厂，客户的跟进情况也随之会有着变化，经过系统化地情况整理，可将客户跟进情况分为客户来源、跟进状态、预计成交日和问题等几个基础点进行情况统计。如表7-3所示。

表7-3 客户跟进情况表

客户跟进情况（以下数据7天为一周期）					
序号	客户名称	客户来源	跟进状态	预计成交日	问题
				年 月	第 周

在对客户的跟进情况有了初步应对认识后，应对客户跟进的具体行为进行总结，如客户跟进的方式是否与目标相匹配？客户跟进方式选择是否合理？是否有效？业务员自身是否付出了足够努力？公司内部是否给与有力支持？这些都是需要跟进客户所需要的内容，数据更新周期为一周（7天），进行持续化复盘和不断的迭代优化，如表7-4所示为客户跟进总结。

表7-4 客户跟进总结

客户跟进总结（以下数据7天为一周期）	
开发的站内新客户	
开发的站外新客户	
客户跟进目标及完成度	
客户跟进方式	
客户跟进问题及解决	
自身努力及公司支持	
下一阶段客户跟进目标	
	年　　月　　第　　周

二、客户分类

业务员跟进客户时需要对客户进行分类，按照客户成交阶段可以将客户分为未标记客户、询盘客户、样单客户、未成交客户、成交客户、复购客户等阶段，如表7-5所示。

表7-5 客户所处的阶段及释义

所处的阶段	定　　义
未标记客户	在阿里旺旺或询盘交流后加客户为好友，客户会默认进入未标记
询盘客户	需要企业人员进行手动操作
样单客户	在客户已经支付的信保订单中，类型为"样单"的客户
未成交客户	客户在询盘后，后期关闭交易，会被标记为"未成交"
成交客户	在客户已经支付的信保订单中，仅有一笔是"非样品订单"
复购客户	在客户已经支付的信保订单中，有至少2笔是"非样品订单"

除按客户所处的阶段进行分类外，还可以根据采购意向和买家成交成熟度将客户分为3星客户（合作意向较高）、2星客户（合作意向居中）、1星客户（合作意向较低）；同时也可以依据年采购额精细化标准、客户规模大小和采购品类对客户进行对应的自定义分类。在此基础之上，系统还支持批量添加、转移、更新、删除客户类别标签，以节省商家的跟进成本。

假如客户目前处于未标记/询盘阶段，则意味着客户的不确定性因素很大程度会被改变，那如何能够让询盘客户更为高效的转化呢？

首先，对公海中的客户要进行分配，确定是由老业务员抓取还是分配给新业务员，在完成分配客户这一步骤，变为私海客户后，就要进行客户的线索跟进。在这个过程中，要对客户的线索进行标记留存并结合自动化工具对客户进行批量营销，如图7-18所示。

图 7-18　私海客户筛选页面

当客户处于样单/未成交价阶段时，可以将每日的客户跟进工作通过邮件/聊天等形式有计划地展开，进一步完善客户资料，并在此阶段对客户进行分类和客户资源的沉淀，如图 7-19 所示。

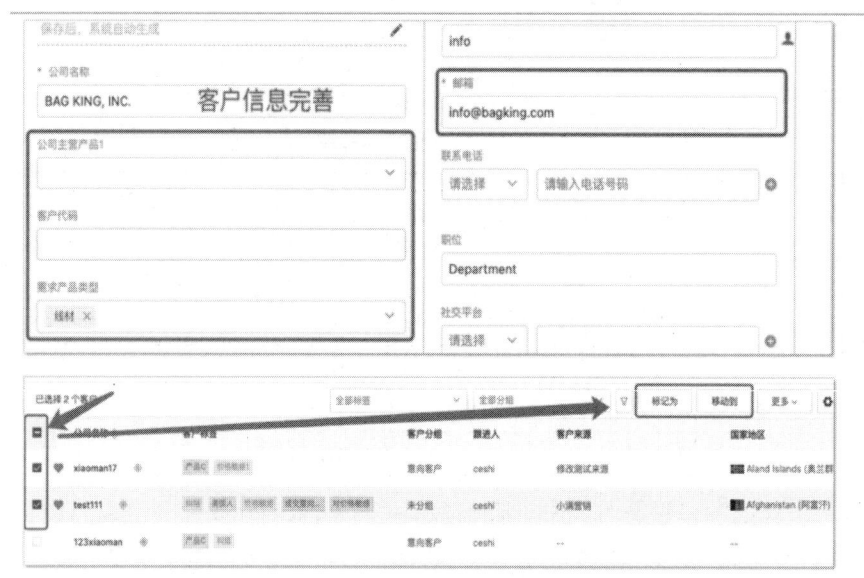

线索转化后的客户信息完善与分类

图 7-19　客户线索转化后信息完善和分类页面

当客户已完成一次成交后，需要进一步把握客户商机，对客户有可能的潜在定单进行推动并录入相关资料，将询盘过后的成交客户成功转化为复购客户。

注意：企业要进行长期或短期的周期性规划，关注客户的转化状态，并做到阶段性提醒；同时客户转化过程中要进行资料留存，方便各类资料能够快捷录入和统计分析，辅助企业进行科学决策。

第三节 客群管理

客群管理是客户差异化运营的前提,是精准营销的基础。

对客户进行分群有多重标准,按照地域、客单价都是比较成熟的分类方法。在客群分类的基础上,就可以进行精准营销。如针对对某特定类型产品有兴趣的客户进行定向营销,对忠诚客户提供更多折扣,针对新客户发放红包,针对购买数量较多的客户进行满减营销等。

另外,按照客群数量是否会自动增减,可以将客户群体分为固定客群和动态客群两种。固定客群一般是商家自己选择和分类的客户,动态客群是平台根据某种规则条件,对客户进行的分类。

一、固定客群管理

固定客群是商家在客户通的公海客户池内自主选择的客户,客户数量和规模固定,客群内客户不会随着客群条件的变化而更新。固定客群管理适用于一些固定客户群体的运营。

针对信任度高、交易量较大、合作周期长、合作形式稳定的高端客户群体,需要注重企业营销资源的合理匹配和倾斜。在客户服务上需要定期的客户回访、客户问题及时回复以保持稳定的交易关系。这样一来,对客服人员的基本素质和业务熟练度都要求非常高。企业应拟定个性化的客群管理规范,让客户服务体验更加优化。

固定客户群体的细分,一般包括客户价值、人口统计特征、地理区域3种方法。

(1)按照客户价值进行客群分类。

按照客户价值,考虑客户在一定时间内的客单价与成交量。

客单价是指每一个买家平均购买产品的金额,即平均交易金额。成交量是指卖家与买家之间进行交易后产品成交的数量,在固定客群中,成交量这一指标相对稳定。

企业根据客户一定时间段内的交易行为,计算出客户上年度的平均客单价,并且根据产品情况划分标准,区分出不同客单价的客群,用来界定高价值客户和一般价值客户。还可以进一步根据客户购买频次和订单金额进行细分,以此来区分忠诚客户群和活跃客户群。

(2)按照人口统计特征进行客群分类。

按照人口统计特征进行分类是客户管理中最常用的方法,包括年龄、性别、职业、民族等维度。

(3)按照地理区域进行客群分类。

地域是一个客群分类非常关键的要素,包括国家、地区、出生地、工作地点等维度。

二、动态客群管理

动态客群是系统根据规则自动生成的客群,动态客群的客户系统将自动更新。如商家设置了一个美国客户的动态客群,那么每天新增的美国客户,包括访客和客户通内客户,只要是来自于美国系统都会自动加入这个客群内。

常见的动态客群包括店铺兴趣客户、店铺忠诚客户、店铺成交客户。

点击动态客群的"分析洞察"命令,可以了解该客群的客户生命周期、进店关键词排行、访问本店商品排行,如图7-20所示为某新店铺兴趣客户的客户生命周期分布。通过该分析得知,该新店铺从兴趣到购买客户这一环节需要改善。

图 7-20　店铺兴趣客户客户生命周期分布

除此之外，动态客户分析还有更广泛的应用。如可以重点分析"复购客户"两次访问店铺的间隔时间，两次成交的产品类别是否相同或关联；也可以任意分析某客群内全部客户的来源和搜索喜好，可以更加快捷高效地对此类用户有针对地营销一些成交率高的产品。

第四节　客户营销

阿里巴巴国际站客户营销常见的 3 种方式为交换名片、EDM 营销、活动和粉丝运营营销。

一、交换名片

阿里巴巴国际站店铺客户的主要来源是询盘客户，为了能够对客户进行集中管理和精准营销，避免客户流失和遗漏而错失商机，对于在客户通中收到名片和通过阿里旺旺沟通过的客户，会自动进入客户通的"待添加客户"列表中，商家可以快速将这部分客户添加到自己的客户列表中。在客户通的客户列表中，找到"待添加客户"列表，可以在此筛选出所有收到名片但还未在客户通内建档的客户，如图 7-21 所示为客户通待添加客户列表。

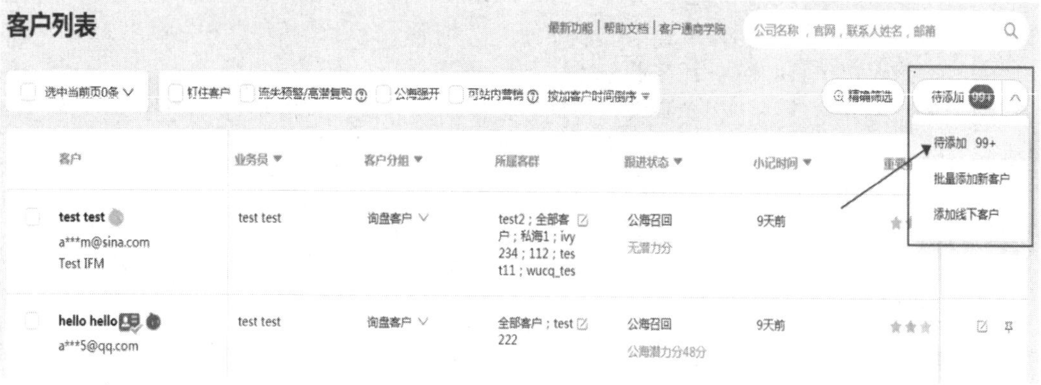

图 7-21　客户通待添加客户列表

二、EDM 营销

每个阿里巴巴账户每天最多可以发送 2000 封 EDM 邮件（前 200 封邮件免费）。客户通将跟踪每日 EDM 营销状况并进行实时更新，如图 7-22 所示为客户通 EDM 营销分析。

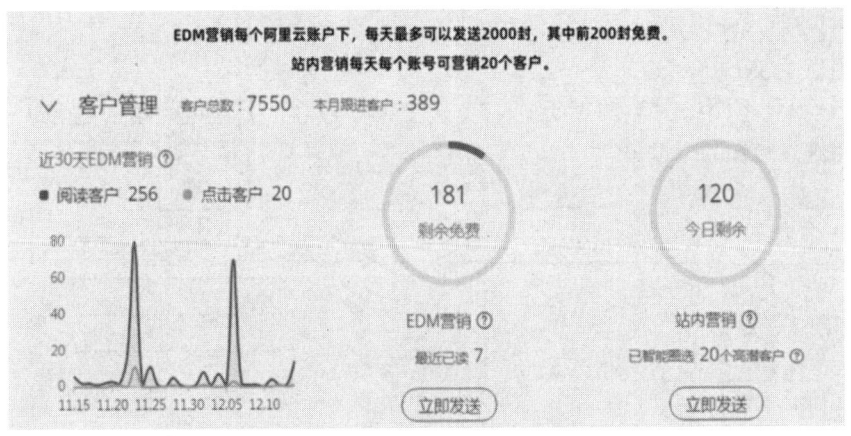

图 7-22　客户通 EDM 营销分析

实施 EDM 营销需要注意以下几点。
- 对于同一公司的不同联系人，采取分批次发送的策略，假如某公司有 10 个联系人，建议分 3 次发送。
- 使用多个邮件主题进行营销，一般需要填写 3 个不一样的邮件主题。
- 发送前使用小满客户管理系统检查邮件的健康分数，如果邮件的评测分数小于 6 分，建议重新调整邮件的正文内容和主题。
- 根据营销报告查看邮件实际送达后对方打开和回复的情况，如未打开客户可直接在列表中再次发送，如图 7-23 所示为 EDM 营销分析统计数据。
- 根据统计数据了解邮件送达率和打开率，并不断地进行测试和进一步的分析，优化各项数据指标。

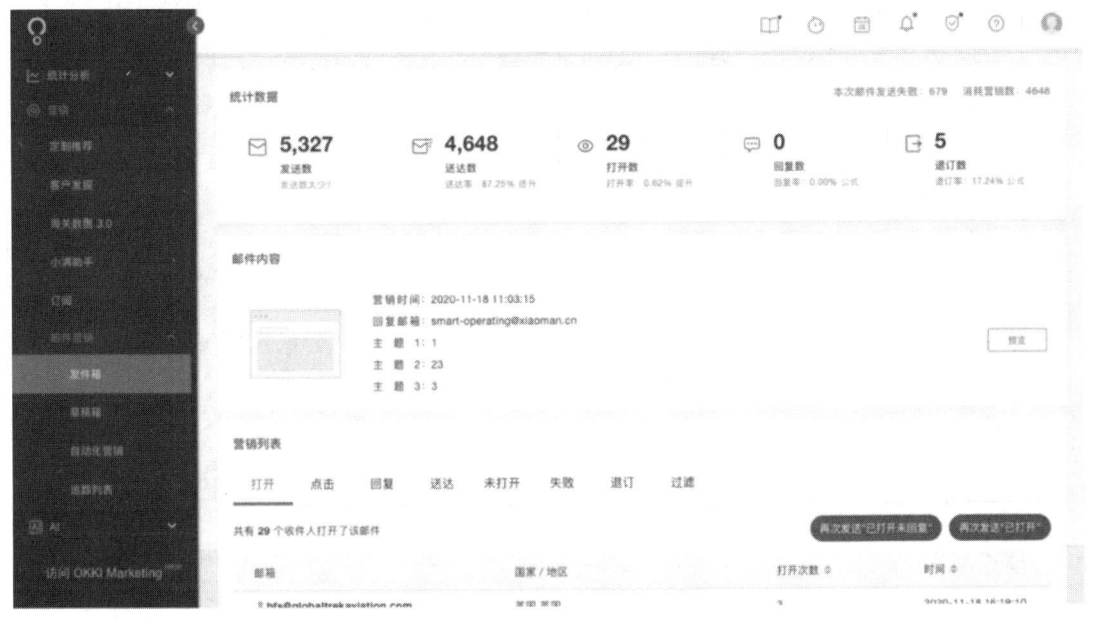

图 7-23　EDM 营销分析统计数据

阿里巴巴国际站 EDM 营销包括如下 4 个步骤。

（1）设置 EDM。

EDM 设置流程图如图 7-24 所示，首先需要购买域名，并经过阿里云实名认证，并在邮箱中进行邮件推送配置。

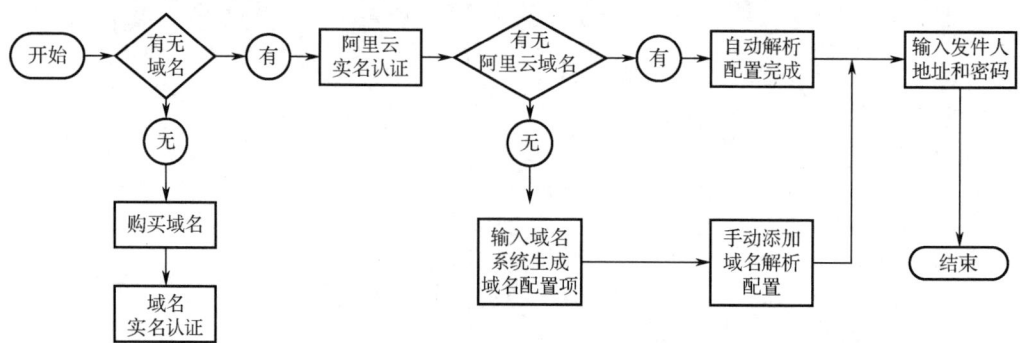

图 7-24　EDM 设置流程图

（2）建立客群。

进行精准客户定位，根据各项规划的条件，在客户通中进行筛选，建立客户群体。

（3）设计营销模板。

在建立客群后，根据该客户群体的特点设置适配的营销模板。

（4）创建营销活动。

设置与发布营销活动，并发送 EDM 邮件。

三、粉丝运营

店铺粉丝是关注店铺的客户，是店铺客户群体中重要的部分。卖家可以在阿里巴巴国际站后台通过粉丝通与粉丝进一步互动。粉丝通是卖家创作内容的后台，这些内容（产品信息、营销折扣等）通过买家端 Alibaba.com APP 的 Feeds 频道等高效触达海外买家，所以粉丝通是商家自主展示商品、企业实力等业务动态的自营销阵地，是获得新买家关注和二次回访，促进商机高效转化的有效工具。通过粉丝通进行粉丝运营一般包括如下几个步骤。

1. 粉丝积累和基础信息调研

在进行粉丝运营之前，需要做好粉丝积累和积累资源的工作。

依次点击"客户通"→"粉丝列表"命令可以查看全店粉丝数据，如图 7-25 所示。

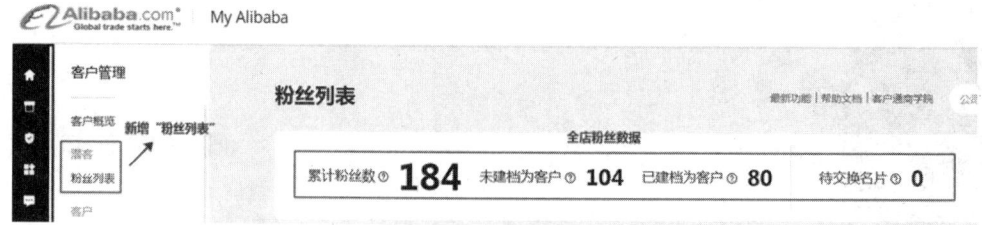

图 7-25　粉丝列表

店铺粉丝按照建档情况分为未建档为客户、已建档为客户、待交换名片三种类型。

（1）未建档为客户：还未转化为客户的粉丝，粉丝完成名片交换、询盘、TM 咨询、订单等操作后可转化为客户。

（2）已建档为客户：粉丝已通过名片交换、询盘、TM 咨询、订单等转化为客户。

（3）待交换名片：未在客户通建档且未交换名片的粉丝。交换名片后自动将粉丝建档为客户，后续可以对客户一对一触达跟进及持续运营。

对于商家来说，粉丝的数量是企业重要的客户资产，所以在店铺日常运营过程中，除了致力于询盘转化、成交转化，同时也要注重粉丝数量的沉淀。

2．粉丝研究

深度了解粉丝群体的兴趣爱好，利用粉丝通可以了对粉丝的明细信息进行分析，这些信息包括粉丝姓名、关注时间、国家/地区、采购品类、建档状态、店内足迹、名片交换状态。如图 7-26 所示，在分析这些信息的基础上，可以得出粉丝群体的系列特征，如兴趣爱好、消费习惯、思维方式等。

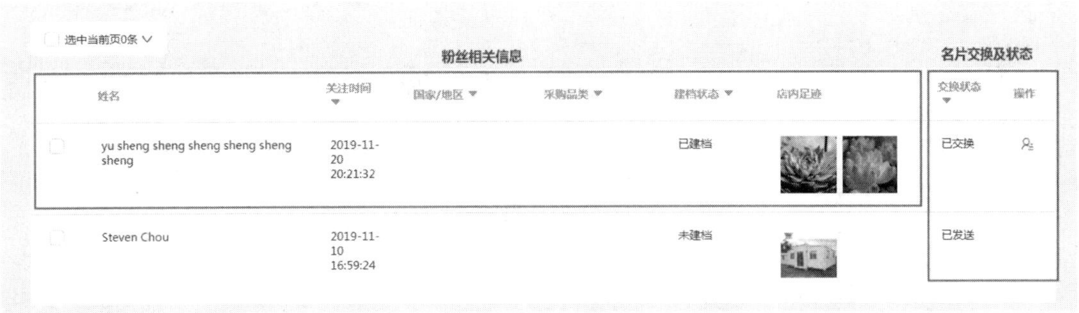

图 7-26　粉丝信息

3．粉丝运营内容发布

不间断的发布粉丝活动内容，保持粉丝通内的活跃度，图文内容和视频内容可以相互更迭推送，利用好粉丝的在线时间，精准发布粉丝喜好的产品，保持商家产品的库存，推广，展示，订单，发货等各环节能够科学合理的运行。

利用粉丝通发布视频内容一般有四个步骤。

（1）进入阿里卖家版拍摄工具，选择拍摄主图视频/粉丝通视频；

（2）自由拍摄或者使用行业模板进行结构化拍摄；

（3）编辑视频，添加音乐/字幕（语音识别翻译添加字幕）；

此外，粉丝通为商家提供了中英互译、行业特色模板等工具帮助卖家拍摄专业的短视频，如图 7-27 所示。粉丝通打通短视频平台、产品详情页和 Feeds 的关联，主图视频支持关联产品，可以实现粉丝通 Feeds 随时随拍，记录产品评测，客户来访，实地探寻，现场展示，售后服务等多场景演绎。

图 7-27　粉丝通视频发布页面

4．粉丝运营效果复盘

对粉丝运营的效果进行复盘，分析各项数据表现，并总结经验教训，持续进行优化。粉丝运营的效果主要考量如下几个指标：

- 内容发布数：近一个月（30 天）商家自行发布的内容；
- 内容曝光数：近一个月（30 天）商家所用发布内容的曝光次；
- 内容点击数：近一个月（30 天）商家所用发布内容的浏览量；
- 内容互动数：近一个月（30 天）商家所用发布内容的关注度，分享度和产生链接询盘的次数（此处询盘仅计算视频内容转至阿里旺旺聊天沟通的询盘行为次数）；
- 新增粉丝数：近一个月（30 天）商家新增的关注；
- 累计粉丝数：截止到目前的商家关注总数。

本 章 小 结

本章主要介绍阿里巴巴国际站客户管理。首先介绍了阿里巴巴国际站客户管理工具客户通和小满。接下来介绍了客户列表与分类，重点说明了公海客户及客户跟进状态。随后，介绍了使用客户通进行动态客群和固定客群的管理。最后，介绍了进行客户营销的方式，包括交换名片、EDM 营销、粉丝运营。希望读者能掌握阿里巴巴国际站客户管理的思路与方法。

本 章 练 习

一、选择题

1. 开通客户通需要填写（　　）。
   A．公司名称　　　　　　B．公司所在地　　　　　C．公司信用代码
   D．公司联系人　　　　　E．联系人手机号码
2. 添加客户到客户通的方法包括（　　）。
   A．在阿里国际站站内询盘客户添加
   B．登录千牛→接待中心→加客户为我的好友
   C．在阿里巴巴站外客户手动输入添加
   D．在阿里国际站其他企业客户中一键添加
3. 依据客户所处的阶段，标记客户为（　　）。
   A．询盘客户　　　　　　B．样单客户　　　　　　C．成交客户
   D．复购客户　　　　　　E．未成交客户
4. 以下（　　）不是跟进客户的常用工具。
   A．阿里国际站客户通　　　　　　B．Excel 表
   C．邮件收发器及文件管理夹　　　D．客户初始信息卡
5. 添加客户到客户通的流程不包括（　　）。
   A．询盘客户　　　　　　　　　　B．客户分组
   C．客户小记　　　　　　　　　　D．客户数据分析
6. 小满客户管理系统客户推荐属于全周期跟踪管理的（　　）步骤。
   A．客户挖掘　　　　　　　　　　B．客户营销
   C．销售管理　　　　　　　　　　D．交易管理
7. 企业在公海池中挑选客户，应优先挑选（　　）的客户。
   A．五证齐全（电话、传真、手机、邮箱、公司名称）
   B．客户登录信息显示为"近 1 个月内"
   C．客户近期多次登录
   D．客户基本信息填写完整
8. 在客户所处的各个阶段中，（　　）阶段的客户已经有成交信息产生。
   A．未标记　　　　　　　B．询盘客户　　　　　　C．样单客户
   D．未成交　　　　　　　E．成交客户　　　　　　F．复购客户
9. 以下（　　）属于粉丝营销中优惠券设置的规则。
   A．标题设置不超过 60 个字符　　　B．有效期范围在 62 天以内
   C．同时发售 20 种类型的优惠券　　D．优惠券面额以 5 美分为起始点
10. 粉丝通内发布的内容包括（　　）。
    A．两条视频内容
    B．两条产品描述内容
    C．在有效期内的产品或企业店铺优惠券

D．临时客群的分类标准信息提示

二、简答题

使用 EDM 营销需要注意什么？

三、实训题

应用客群管理的动态客群设置规则，创建某跨境电商平台品牌蓝牙耳机的动态客群。

第八章　交易管理

商场如战场，分秒必争，交易管理帮助加速实现履约过程。

> **案例 8-1**
>
> ### 跨境供应链服务：为外贸企业提供"一站式"解决方案
>
> 新外贸是一种依托于新技术的电子商务平台，利用大数据和贸易综合服务，形成跨境贸易中的信息互通、服务共享、信用透明，搭建"全球买、全球卖"贸易大生态的全新外贸模式。在这个全新的外贸模式中，贸易双方不仅可以在线查询信息，还可以通过电子商务平台完成支付、物流、通关等一系列流程，并能够实时了解订单进度。不同于传统外贸方式，新外贸更多基于数字化手段，通过大数据精准匹配全球供需，以解决"订单荒"问题，以及通过"一站式"跨境供应链服务体系解决"履约难"问题。
>
> 阿里巴巴国际站是全球领先的数智化跨境供应链服务平台，构建了全球支付结算金融、数字化关务、数智化物流等全链路数字化跨境供应链体系，截至2019年底，已覆盖全球200多个国家和地区。根据阿里巴巴国际站2020年上半年的数据显示，平台实收交易额同比增长80%（按美元计价），订单数同比增长98%，跨境物流订单数同比增长113%，智能关务系统订单数同比增长1448%，收汇规模同比增长87%。
>
> 上海凤凰自行车有限公司是一家传统外贸企业，于20世纪六七十年代开启海外业务，在海外市场积累了一定的品牌声誉。该公司在2018年加入阿里巴巴国际站，开启了阿里巴巴国际站业务。目前，该公司线上渠道的销量约占整体销量的60%。2020年新冠肺炎疫情期间，该公司加大在阿里巴巴国际站上的投入，将阿里巴巴国际站作为获客的重要渠道。该公司还通过阿里巴巴国际站供应链服务解决了在最不发达国家市场的买家支付问题及由于自行车体积大而产生的高物流成本两大出口瓶颈。2020年6月，该公司单月销量直线上升，相当于2019年全年的线下出口总量。

第一节　出口商品成本核算

出口商品成本核算是跨境电商业务的关键环节，也是出口报价的重要基础。

一、出口商品成本构成

出口商品成本是价格的核心，包括出口企业为出口其商品进行生产、加工或采购所产生的生产成本（自营出口企业）、加工成本（加工贸易企业）或采购成本（进出口企业）。对贸易商而言，出口商品成本核算就是核算贸易公司从工厂采购的出口商品的实际成本。

1．生产成本

生产成本是指生产厂商生产某一产品所投入的成本。

2．加工成本

加工成本是指加工企业对成品或半成品进行加工、装配所投入的成本。

3．采购成本

采购成本又称进货价格，是指贸易公司从制造商（生产商）、加工商处采购出口商品而支付的款项。采购成本由两部分组成：一是供货商的商品不含税价格；二是增值税，即供货商根据国家税法对产品的增值部分按照规定的税率所缴纳的税金。一般来讲，供货商的报价含增值税，即采购成本包含增值税，这类采购成本也称含税成本。相关计算公式如下：

$$商品不含税价格=采购成本÷（1+增值税税率）$$
$$采购成本=商品不含税价格+增值税税额$$
$$增值税税额=商品不含税价格×增值税税率$$
$$采购成本=商品不含税价格×（1+增值税税率）$$

4．实际成本

实际成本又称实际采购成本，是在实施出口退税制度的情况下，核算出口商品价格时，将含税的采购成本中的税收部分根据出口退税率进行扣除后得出的。出口商品的实际成本低于采购成本。相关计算公式如下：

$$实际成本=采购成本-出口退税额$$
$$出口退税额=商品不含税价格×出口退税率$$
$$=采购成本×出口退税率÷（1+增值税税率）$$
$$实际成本=商品不含税价格×（1+增值税税率）-商品不含税价格×出口退税率$$
$$=商品不含税价格×（1+增值税税率-出口退税率）$$

5．采购成本与实际成本换算

相关计算公式如下：

$$采购成本=实际成本×（1+增值税税率）÷（1+增值税税率-出口退税率）$$
$$实际成本=采购成本×（1+增值税税率-出口退税率）÷（1+增值税税率）$$

二、跨境电商全流程成本项解析

出口商品总成本是出口企业为出口商品支付的国内总成本，包括进货成本和国内费用。其计算公式如下：

$$出口商品总成本（退税后）=出口商品采购成本+国内总费用-出口退税额$$

国内费用通常包括包装费、仓储费、国内运费、认证费、商检费、报关费、港杂费、税费、经营管理费、垫款利息及银行费用，如表8-1所示。

表 8-1　常见的国内费用表

名　称	含　义
包装费	因客户对货物包装有特殊要求而产生的费用
仓储费	因货物在出口发运前需要另外存仓所产生的仓储费
国内运费	出口装运前发生的国内运输费用
认证费	为取得各种认证、许可证、产地证等所产生的费用
商检费	出口商品检验机构根据国家有关规定或出口商的请求对货物进行检验所产生的费用
报关费	向海关办理货物、物品或运输工具出境手续及相关海关事务所产生的费用
港杂费	货物进入港口装船时，港口收取的装货费及各种杂费
税费	商品出口所缴纳的出口税或其他税费
经营管理费	出口商在经营中发生的有关费用，如通信费、交通费等
垫款利息	出口商自国内采购至收到国外进口商所付款项期间，因生产或购买出口商品而垫付资金所产生的利息
银行费用	出口商委托银行向国外客户收取货款、进行资信调查等所产生的费用

国内费用的计算方法有两种：一是各种费用相加；二是出口商品采购成本×定额费用率。定额费用率通常为3%～10%，需要根据企业的实际经验自行核定。

三、成本核算案例

【例 8.1】　采购成本核算：某产品的货价（不含税价格）是 20 元人民币每单位，增值税税率是 13%，计算该产品的采购成本（含税成本）。

解： 采购成本=20×（1+13%）=22.6（元）

【例 8.2】　出口退税核算：某商品的海关编码是 95030010（踏板车），在《中华人民共和国海关进出口税则》中查出增值税税率为 13%、出口退税率为 13%。某商品的采购成本为每个 5 元（含增值税 13%），计算 6 000 个该商品的出口退税额。

解： 出口退税额=采购成本÷（1+增值税税率）×出口退税率
=5×6 000÷（1+13%）×13%
≈3 451.33（元）

【例 8.3】　实际成本核算：某商品的采购成本是 32 元人民币每单位，包括 13%的增值税，若该商品的出口退税率为 13%，计算该商品每单位的实际成本。

解： 实际成本=采购成本×（1+增值税税率－出口退税率）÷（1+增值税税率）
=32×（1+13%-13%）÷（1+13%）
≈28.32（元）

【例 8.4】　国内费用核算：某商品的包装为"每箱 5 打，每打 12 只"，即每箱可装 60 只，每箱体积 $0.166m^3$，国内运费为 100 元/m^3，报检费 120 元，报关费 150 元，核销费 100 元，公司综合业务费 3 000 元，快递费 100 元。计算报价数量为 6 000 只的国内费用。

解： 每箱可装商品数量=5×12=60（只）
出口货物的总体积=报价数量÷每箱可装商品数量×每箱体积
=6 000÷60×0.166
=16.6（m^3）

国内运费=16.6×100=1 660（元）

国内费用=国内运费+报检费+报关费+核销费+公司综合业务费+快递费
 =1 660+120+150+100+3 000+100
 =5 130（元）

第二节　定价与报价

在跨境业务实践中，合理运用价格制定方法，选用有利的计价货币，采用与价格有关的佣金和折扣，正确制定出口商品价格，对做好业务和提高经济效益意义重大。

一、商品定价策略

1. 出口价格构成

出口价格由商品成本、出口费用和预期利润三部分构成。其计算公式如下：

出口价格=商品成本+出口费用+预期利润

商品成本即前文所述的生产成本、加工成本、采购成本。

出口费用通常由国内费用、国外费用两部分组成。国内费用包括包装费、仓储费、国内运费、认证费、商检费、报关费、港杂费、税费、经营管理费、垫款利息及银行费用等。国外费用包括海外运费、保险费、佣金等。这些费用与商品类型、采用的贸易术语等有关，并非在每笔交易中都会产生。

预期利润可由出口商根据具体情况自行确定，可以以出口商品总成本为基数或以出口商品报价为基数乘以一定比例的利润率来核算。

2. 定价策略

定价策略是企业营销组合战略的重要组成部分，在错综复杂的国际市场环境下，企业需要根据其内部与外部环境，适时地调整其产品定价策略。

（1）成本加成定价法。

成本加成定价法是指按产品单位成本加上一定比例的预期利润来制定产品价格的一种方法，是最基本的定价方法。采用成本加成定价法制定合理的成本利润率是关键问题。成本利润率的确定必须考虑市场环境、行业特点等多种因素。某一行业的某一产品在特定市场以相同的价格出售时，成本低的企业能够获得较高的利润率，并且在进行价格竞争时可以拥有更大的回旋空间。成本加成定价法的计算公式如下：

价格=单位成本+单位成本×成本利润率
 =单位成本×（1+成本利润率）

（2）认知价值定价法。

认知价值定价法是指企业根据购买者对产品的认知价值来制定产品价格的一种方法，即利用产品在消费者心目中的价值，也就是消费者对产品价值的理解程度来确定产品价格水平。消费者对产品价值的认知和理解程度不同，会形成不同的定价上限。如果价格刚好定在这个区间内，那么既能让消费者顺利购买，又能让企业得到最大的利润。

3. 目标收益定价法

目标收益定价法又称投资收益率定价法，是指在产品成本的基础上，按照目标收益率的高低来制定产品价格的一种方法。对于需求比较稳定的大型制造业、供不应求且价格弹性小的商品、市场占有率高且具有垄断性的商品，以及大型的公用事业、劳务工程和服务项目等来说，在科学预测价格、销量、成本和利润四要素的基础上，目标收益定价法是一种有效的定价方法。目标收益定价法的计算公式如下：

价格＝（总成本＋目标总利润）÷总销量

4. 反向定价法

反向定价法是指企业根据消费者能够接受的最终销售价格来计算其从事经营的产品的成本和利润后，逆向推算出产品价格的一种方法。这种定价方法不以实际成本为主要依据，而是以市场需求为定价出发点，力求产品价格被消费者接受。

5. 竞争定价法

竞争定价法是指企业根据自身产品的实际情况及与竞争产品的差异情况，以高于、低于或等于竞争产品的价格水平来确定产品价格的一种方法。为避免同行业企业之间的恶性价格竞争，不建议使用竞争定价法。

在跨境业务实践中，企业的定价目标一般与企业的战略目标、市场定位和产品特性相关。在进行产品定价时，需要运用多种定价方法进行综合考量和决策，而不应仅强调价格。产品的最低价格取决于该产品的成本费用，而其最高价格则取决于该产品的市场需求状况。各国的文化背景、自然环境、经济条件等因素不同，决定了各国消费者对相同产品的消费偏好也不尽相同，因此，企业面对不同的国外市场时，定价策略也千差万别。本书倡导使用认知价值定价法，即关注消费者，树立品牌意识，对客户进行精准定价。

二、国际贸易术语

贸易术语（Trade Terms）又称价格术语（Price Terms），是在长期的国际贸易实践中产生的，用来表示成交价格的构成和交货条件，以确定买卖双方风险、责任、费用划分等问题的专门用语。

1. 有关贸易术语的国际贸易惯例

国际贸易惯例是指在国际贸易的长期实践中逐渐形成的一些有较为明确和固定内容的贸易习惯和一般做法，是由国际性的组织或商业团体制定的有关国际贸易的成文的通则、准则和规则。有关贸易术语的国际贸易惯例主要有三个：国际法协会《华沙—牛津规则》（Warsaw-Oxford Rules），美国商业团体《1914年美国对外贸易定义修正本》（Revised American Foreign Trade Definitions 1914），国际商会《国际贸易术语解释通则》（International Rules for the Interpretation of Trade Terms）。

2.《国际贸易术语解释通则》

《国际贸易术语解释通则》由国际商会（ICC）于1936年起草，经多次修订，目前已更新至 2020 年版本（2020 年 1 月 1 日生效施行）。《2020 年国际贸易术语解释通则》（简称《INCOTERMS 2020》）将贸易术语分成 2 类、4 组、11 种。2 类：适用于所有运输方式及多式联运（EXW、FCA、CPT、CIP、DAP、DPU、DDP）；仅适用于海洋、内河水运（FOB、FAS、CFR、CIF）。4 组：E 组、F 组、C 组、D 组。11 种贸易术语：EXW、FCA、FAS、FOB、CFR、CIF、CPT、CIP、DPU、DAP、DDP。

3. 跨境电商常用贸易术语详解

《INCOTERMS 2020》的 11 种贸易术语如表 8-2 所示。

表 8-2 《INCOTERMS 2020》的 11 种贸易术语

分组	贸易术语	交货地点	风险转移界限	出口清关责任费用承担者	进口清关责任费用承担者	适用的运输方式	标价注明
E 组	EXW（Ex Works）工厂交货	商品产地或所在地	卖方所在地，货交买方处置时	买方	买方	任何方式	指定地点
F 组	FCA（Free Carrier）货交承运人	出口国内地或港口	货交承运人监管时	卖方	买方	任何方式	指定地点
F 组	FAS（Free Alongside Ship）船边交货	装运港口	装运港船边	卖方	买方	水上运输	装运港
F 组	FOB（Free On Board）装运港船上交货	装运港口	装运港货物装运上船	卖方	买方	水上运输	装运港
C 组	CFR（Cost and Freight）成本加运费	装运港口	装运港货物装运上船	卖方	买方	水上运输	目的港
C 组	CIF（Cost, Insurance and Freight）成本保险费加运费	装运港口	装运港货物装运上船	卖方	买方	水上运输	目的港
C 组	CPT（Carriage Paid To）运费付至	出口国内地或港口	货交承运人监管时	卖方	买方	任何方式	目的港
C 组	CIP（Carriage and Insurance Paid To）运费、保险费付至	出口国内地或港口	货交承运人监管时	卖方	买方	任何方式	目的港
D 组	DPU（Delivered at Place Unloaded）运输终端交货	目的港或目的地任何地方	货交买方处置时	卖方	买方	任何方式	目的地
D 组	DAP（Delivered At Place）目的地交货	进口国目的地	货交买方处置时	卖方	买方	任何方式	目的地
D 组	DDP（Delivered Duty Paid）完税后交货	进口国目的地	货交买方处置时	卖方	卖方	任何方式	目的地

（1）FOB。

Free on Board（...named port of shipment），即装运港船上交货（……指定装港），是指卖方必须在合同规定的日期或期限内，将货物运到合同规定的装运港口，并交到买方指派的船上，即完成其交货义务。

卖方的主要义务为：负责在合同规定的日期或期限内，将符合合同规定的货物交至买方指派的船上，并及时通知买方；负责取得出口许可证或其他官方批准的证件（商检证、原产地证等），并办理货物出口所需的一切海关手续；负担货物从在装运港到交至买方所指派船上之前的一切费用和风险；负责提供商业发票和证明货物已交至买方所指派船上的通常单据（已装船海运提单）。

买方的主要义务为：根据买卖合同的规定受领货物并支付货款；负责租船或定舱、支付运费，并将船名、装船地点和交货时间及时通知卖方；自负风险和费用，取得进口许可证或其他官方批准的证件，并负责办理货物进口所需的一切海关手续；负担货物在卖方将其交至自己所指派船上之后的一切费用和风险。

FOB价是跨境电商B2B业务中最常用、最基础的报价。其计算公式如下：

$$FOB 价 = 产品含税成本 - 出口退税 + 国内费用 + 预期利润$$

（2）CFR。

Cost and Freight（...named port of destination），即成本加运费（……指定目的港），是指买方应在合同规定的装运港和规定的期限内，将货物装上船，并及时通知买方。货物装上船以后发生的灭失或损害的风险，以及因货物交付后发生的事件所引起的任何额外费用，自交付之日起即由卖方转移给买方。

卖方的主要义务为：负责在合同规定的时间和装运港，将约定的货物装上船，运往指定目的港，并及时通知买方；负责办理货物出口手续，取得出口许可证或其他官方批准的证件；负责租船或订舱，并支付至目的港的正常运费；负担货物从在装运港到交至自己安排的船上之前的一切费用和风险；负责提供符合合同规定的货物和商业发票，或具有同等效力的电子数据交换信息，以及合同规定的运输单据和其他相关凭证。

买方的主要义务为：负责按合同规定支付价款；自负风险和费用，办理货物进口手续，取得进口许可证或其他官方批准的证件；负担货物从在装运港到交至卖方安排的船上之后的一切费用和风险；按合同规定接收货物，接受运输单据。

CFR价的计算公式如下：

$$CFR 价 = 产品含税成本 - 出口退税 + 国内费用 + 预期利润 + 海运费$$
$$= FOB 价 + 海运费（F）$$

（3）CIF。

Cost, Insurance and Freight（...port of destination），即成本加保险费加运费（……指定目的港），是指卖方在装运港将货物装上船完成其交货义务。

卖方的主要义务为：在合同规定的期限内，在装运港将符合合同规定的货物交至运往指定目的港的船上，并给予买方装船通知；负责办理货物出口手续，取得出口许可证或其他官方批准的证件（原产地证、商检证书等）；负责租船或订舱并支付到目的港的海运费；负责办理货物运输保险，支付保险费；负责货物在装运港越过船舷为止的一切费用和风险；负责提供货物运往指定目的港的通常运输单据、商业发票和保险单，或具有同等效力的电子信息。

买方的主要义务为：负责办理进口手续，取得进口许可证或其他官方批准的证件；负担货物在装运港越过船舷后的一切费用和风险；收取卖方按合同规定交付的货物，接受与合同相符的单据。

CIF价的计算公式如下：

$$CIF 价 = 产品含税成本 - 出口退税 + 国内费用 + 预期利润 + 海运费 + 海运保险费$$
$$= FOB 价 + 海运费（F）+ 海运保险费（I）$$
$$= CFR 价 + 海运保险费（I）$$

三、出口报价单

1. 报价前的准备工作

（1）调研市场的真实需求。

以 RFQ（Request For Quotation，报价请求）为例，查看优质 RFQ 时卖方应通过以下 4 个方面来了解所经营类目的真实市场需求：①探究买家搜索偏好，挖掘买家采购行为；②读懂买家品类偏好，了解买家潜在需求；③洞察热卖商品趋势，及时捕捉市场脉搏；④明晰买家画像，精准服务客户。

（2）了解买家的真实意愿。

通过调研查找买家详细信息，推断出买家背景，认真分析买家的购买意愿，了解买家的真实需求，对订单和成交量进行预测。

（3）运用报价策略。

买家往往会收到多条报价，并不是报价越低越好，应结合自身优势给予买家合适的报价，以避免发生价格战。

2. 报价

国际货物买卖中，常用贸易术语价格的基本构成如下。

（1）FOB 的报价。

相关计算公式如下：

$$FOB = \frac{实际成本 + 国内费用之和}{1 - 预期利润率}$$

$$FOBC = \frac{实际成本 + 国内费用之和}{1 - 预期利润率 - 佣金率}$$

（2）CFR 的报价。

相关计算公式如下：

$$CFR = \frac{实际成本 + 国内费用之和 + 国外运费}{1 - 预期利润率}$$

$$CFRC = \frac{实际成本 + 国内费用之和 + 国外运费}{1 - 预期利润率 - 佣金率}$$

（3）CIF 的报价。

相关计算公式如下：

$$CIF = \frac{实际成本 + 国内费用之和 + 国外运费}{1 - 预期利润率 - (1 + 投保加成率) ? 保险费率}$$

$$CIFC = \frac{实际成本 + 国内费用之和 + 国外运费}{1 - 预期利润率 - (1 + 投保加成率) ? 保险费率 - 佣金率}$$

【例 8.5】 出口 1 个标准集装箱（以下简称"标箱"）（20 英尺）的内衣。内衣用 65 厘米×

60厘米×59厘米的纸板箱装,每箱20套内衣。该内衣的国内供货价为52元/套(含13%的增值税,出口退税率为7%)。每只纸板箱的出口包装费为15元。20英尺标箱的国内各种税费约为1 950元,国外运费约为1 200美元。我方按CIF成交金额的110%投保,费率为5‰。现假设6.82元人民币兑换1美元,我方欲获得10%的利润(按成交金额计算),试计算该批货的FOB价、CFR价、CIF价。

解:先计算一标箱(20英尺)能装多少套内衣:

1米=100厘米≈3.281英尺

65厘米=0.65×3.281=2.13英尺≈2.2英尺

60厘米=0.60×3.281=1.97英尺≈2英尺

59厘米=0.59×3.281=1.94英尺≈2英尺

1个标箱=8×8×20立方英尺

可装纸箱=(2×4)×(2×4)×(2.2×9)≈8×8×20

1个标箱可装144(4×4×9)只纸板箱,即2880(144×20)套内衣。

$$FOB = \frac{52 \times \frac{1-7\%}{1+17\%} + \frac{15}{20} + \frac{1950}{2880}}{(1-10\%) \times 6.82} = 8.198(美元/套)$$

$$CFR = FOB + F = 8.198 + \frac{1200}{2880} = 8.615(美元/套)$$

$$CIF = \frac{52 \times \frac{1-7\%}{1+17\%} + \frac{15}{20} + \frac{1950}{2880} + 1200 \times \frac{6.82}{2800}}{1-(1+10\%) \times 5‰ - 10\%) \times 6.82} = 8.7148(美元/套)$$

3. 出口单价的构成要素

出口单价一般由计价货币、单位价格金额、计量单位、贸易术语构成。

【例8.6】 USD4.58USD/PCS FOB Tianjin Port.

离岸价天津装运港船上交货,单价4.58美元/支。

【例8.7】 USD4.58USD/PCS CFR Tianjin Port.

成本加运费天津装运港船上交货,单价4.58美元/支。

【例8.8】 USD4.58USD/PCS CIF New York Port.

成本加运费加保险费纽约装运港船上交货,单价4.58美元/支。

4. 出口报价单的内容

一份完整的出口报价单包括以下核心内容。

(1)报价单抬头:报价单标题(Quotation/Quotation Form/Price List)、参考编号(Reference No.)、报价日期(Date)。

(2)买家信息:名称、地址、联系人、联系方式。

(3)卖家信息:名称、地址、联系人、联系方式。

(4)商品信息:商品名称、单价、数量、总价、合计。

(5)支付信息:支付时间、支付方式。

(6)质量信息:商品质量检验。

（7）交货信息：交货期。
（8）报价有效期：必须有详细的有效期，尤其是价格变动大的行业。
（9）其他备注：装运信息、品牌信息等。

出口报价单的样式如表 8-3 所示。

表 8-3　出口报价单

××× Co., Ltd.							
Tel:	Fax:			E-mail:			
QUOTATION							
Customer:				From:			
To:				Date:			
Tel:				Reference No.:			
Thank you for your inquiry and we submit our quotation as follow:							
No.	Category	Picture	Specs Details (Technology)	Color	Material	Packing	MOQ(PCS)	Price
Remark:								
1. Payment Terms:								
2.MOQ:								
3.Port of Shipment:								
4.Lead Time								
5.Validity:								
Maker:			Approval:			Clients Sign Back:		
Date:			Date:			Date:		

第三节　交易确认

一、用形式发票确认交易

1．形式发票的定义

形式发票（Proforma Invoice，PI）是出口商应进口商要求开具的一种非正式发票，包含准备出口商品的名称、规格、数量、单价、估计总值等，以供进口商向其所在国金融或外贸管理当局申领进口许可证和核批外汇之用。形式发票不是一种正式单据，不能用作交易双方的记账依据，也不能用于托收议付，对交易双方更无最终约束力，当交易双方正式成交履行合同时仍须按照有关规定内容另开正式发票。

2．形式发票的作用

在跨境电商业务中，形式发票通常具有以下作用：

（1）用于替代报价单，许多出口商直接用形式发票向客户报价。

（2）用于订单确认，客户下订单后，由出口商填写形式发票给客户，起到确认订单的作用。

（3）用于买方申请相关业务的凭据，如申请外汇许可证、进口许可证、银行信用证等。

提示：一般小额贸易很少签订正式销售合同，部分商家将形式发票加盖公章后代替销售合同。这种方式存在风险，一旦出现争议，形式发票不能作为法律依据。

3．形式发票的基本内容

（1）抬头：卖方公司的英文名、地址、电话、传真、邮箱等。

（2）买卖双方信息：买卖双方的基本信息，包括公司英文名、地址、电话、联系人、日期等。

（3）商品信息：根据商品特性增减内容，一般包括商品名称、型号、描述、数量、单价、总价等。

（4）其他订单信息：如交货期、付款方式、银行信息等。

形式发票的样式如表8-4所示。

表8-4 形式发票

*** Co., Ltd.									
Address:									
Tel:		Fax:					E-mail:		
PROFORMA INVOICE									
To:					From:				Date:
Address:					E-mail:				
Tel:					Skype:				
Attn:					WeChat:				
E-mail:					Mobile/WhatsApp:				
No.	Item	Ref.Pic	Description	Product Size	Color	Unit Price	QTY（PCS）	Amount	Remark
Total									
	*% deposit								
1.Payment Terms:									
2.Shipping Terms:									
3.Port of Loading:									
4. Port of Discharging:									
5.PI Number:									
Maker:				Approval:				Clients Sign Back:	
Date:				Date:				Date:	

二、签署合同确认交易

1. 外贸合同的定义

外贸合同是买卖双方经过反复交易磋商，最后对商品的价格、数量、规格、交货期、付款方式、交货方式、交货地点、保险等条款达成一致后形成的书面合同。外贸合同对买卖双方的责任、权利、义务、费用和风险等进行了明确的划分，具有法律效力。

2. 外贸合同的作用

外贸合同作为外贸进出口双方执行进出口买卖的法律文件，买方根据合同申请开立信用证或支付预付款，卖方根据合同安排生产、安排发货等。外贸合同是审查信用证及制单结汇的参考依据。

3. 外贸合同的基本内容

（1）约首部分，即合同的首部，通常包括合同的名称、编号、合同签订的日期和地点、订约双方当事人的名称和地址等。

（2）基本条款，即合同的主体部分，一般以合同条款的形式具体列明交易的各项条件，以规定双方的权利和义务。其一般包括下列合同条款：品名、数量、包装、价格、支付、运输、保险等。此外，双方当事人通常还在一般交易条件或备注栏中列明有关预防及处理有关争议的条款。

（3）约尾部分，即合同的尾部，主要说明合同的份数、附件及其效力、使用的文字、合同生效的时间、合同适用的法律及缔约双方当事人（法人代表或其授权人）的签字。

4. 外贸合同的基本条款

（1）品名条款。

合同中的品名条款应准确、详尽地列明签约双方同意买卖的商品名称，尽可能使用国际通用的名称，符合国际惯例，同时考虑 HS 编码的要求。

（2）品质条款。

商品品质问题是买卖双方产生争议的主要原因，因此，品质条款是国际货物买卖合同中的最主要条款之一。在国际贸易中，通常以实物和文字说明两种方法表示商品的品质。

（3）数量条款。

数量条款主要包括成交数量和计量单位（重量单位、个数单位、长度单位、面积单位、体积单位、容量单位）。常用的数量单位如表 8-5 所示。如果是按重量计算的货物，还应明确计量方法。当商品数量允许有机动幅度时，可用约量（about，approximate，不超过 10%的增减幅度）或溢短装（more or less，一般为 3%～5%）的方法来表示。溢短装条款是指在合同的数量条款中明确规定交货数量可以增加或减少，但增减的幅度以不超过规定的百分比为限。

表 8-5 常用的数量单位

面 积	重 量	数 量	长 度	体 积	容 积
平方米、平方英尺、平方码	公吨、长吨、短吨、磅、盎司、千克、克	件、套、打、罗、令、卷	米、英尺、码	立方米、立方英尺、立方码、立方英寸	升、加仑、蒲式耳

(4) 包装条款。

运输包装按包装方式可以分为单件运输包装和集合运输包装。单件运输包装，如箱（cases）、桶（drums）、袋（bags）、包（bales）、捆（bunds）、篓（baskets）、罐（cans）等；集合运输包装是把若干单件运输包装组合成一个大的包装，如集装袋（flexible container）、托盘（pallet）和集装箱（container）。

(5) 价格条款。

合同中的价格条款包括商品的单价和总值两项基本内容。单价一般由计量单位、单价、计价货币、价格术语、港口名组成；总值是单价与商品数量的乘积。使用价格术语时应注意准确、完整，以及佣金、折扣、包装费的合理应用。

(6) 支付条款。

支付条款一般包括支付方式、日期、地点、金额及用什么货币支付等规定。

支付工具有汇票（bill of exchange or draft）、本票（promissory notes）、支票（cheque）。

支付方式有信用证（letter of credit）、汇付（电汇 T/T、信汇 M/T、票汇 D/D）、托收（付款交单 D/P、承兑交单 D/A）。

(7) 装运条款。

合同中的装运条款主要规定装运时间、装运港或发货地、目的港或目的地、分批装运和转运、转运通知、装卸时间、装卸率、滞期费、速遣费等。

(8) 保险条款。

合同中的保险条款因采用不同贸易术语而有所区别。以 FOB、CFR、FCA、CPT 术语成交，合同中的表现条款可订为：保险由买方办理。以 CIF、CIP 术语成交时，保险条款应明确由卖方为买方代办保险，应规定保险金额（一般按 CIF 价或发票金额的 110% 计算）、险别（基本险和附加险的名称）、保险适用条款及保险条款的生效日期。

(9) 商检条款。

商检条款是买卖双方发生贸易争执、处理索赔的重要依据。合同中所涉及的商检条款主要包括检验时间和地点、检验机构、检验证书及货物与合同不符时买方索赔期限和检验费用的支付问题。

(10) 索赔条款。

国际贸易中的索赔主要分为贸易索赔、运输索赔和保险索赔。进出口货物买卖合同中一般只规定异议和索赔条款，主要针对买方交货的品质、规格、数量、包装不符合合同规定或卖方装运不当而订立的，内容除明确规定"一方如违约，另一方有权提出索赔"外，还包括索赔依据、索赔期限、索赔金额及赔偿损失的办法等。在买卖大宗商品和机械设备的合同中还要规定罚金，即违约金条款，一般适用于卖方延期交货、买方延迟开立信用证或延期接货等情况。

(11) 不可抗力条款。

进出口货物买卖合同中的不可抗力条款主要包括以下内容：不可抗力事故的范围，对不可抗力事故的处理原则和方法，不可抗力事故发生后通知对方的期限和方法，出具证明文件的机构等。

(12) 仲裁条款。

合同中的仲裁条款一般对提请仲裁的争议范围、仲裁地点、仲裁机构、仲裁程序规则、仲裁裁决的效力等方面做出明确规定。为明确仲裁的效力，在合同的仲裁条款中应明确规定"仲裁裁决是终局性的，对双方的当事人都有约束力"。

提示：在阿里巴巴国际站中，如果客户有意愿直接下单，或希望卖方发送一个完整的包含报价、物流、支付方式等信息的意向合同，会建议客户直接点击"起草意向合同"按钮，以提升订单达成速度。

货物出口销售合同样本（中英文）如表 8-6 所示。

表 8-6　货物出口销售合同样本（中英文）

	编号（No.）： 签约地点（Signed at）： 日期（Date）：
买方（Buyer）： 地址（Address）： 电话（Tel）：　　传真（Fax）： 电子邮箱（E-mail）：	卖方（Seller）： 地址（Address）： 电话（Tel）：　　传真（Fax）： 电子邮箱（E-mail）：
买卖双方经协商同意按下列条款成交： The undersigned Seller and Buyer have agreed to close the following transactions according to the terms and conditions set forth as below: （1）货物名称、规格和质量（Name, Specifications and Quality of Commodity）： （2）数量（Quantity）： （3）单价及价格条款（Unit Price and Terms of Delivery）： （4）总价（Total Amount）： （5）允许溢短装（More or Less）：＿＿＿%. （6）装运期限（Time of Shipment）： （7）付款条件（Terms of Payment）： （8）包装（Packing）： （9）保险（Insurance）： （10）品质/数量异议（Quality/Quantity discrepancy）： （11）不可抗力（Force Majeure）： （12）仲裁（Arbitration）： （13）通知（Notices）： （14）本合同为中英文两种文本，两种文本具有同等效力。本合同一式 ＿＿＿ 份。自双方签字（盖章）之日起生效。 This Contract is executed in two counterparts each in Chinese and English, each of which shall be deemed equally authentic.This Contract is in ＿＿＿ copies effective since being signed/sealed by both parties.	
The Buyer: 买方签字：	The Seller: 卖方签字：

第四节　订单管理

随着信用保障订单规模的持续增长，平台上的买家、卖家之间逐渐建立信任，返单交易日渐频繁，此类订单对于平台保障服务的诉求降低，商家更看重资金周转及在线交易效率，e收汇订单则可进一步便利卖家交易的数据化。

一、起草 e 收汇订单

1．e 收汇订单的定义

e 收汇订单是阿里巴巴国际站为在平台上一般贸易监管方式下且买卖双方已建立交易信任的商家提供的一种订单服务模式，旨在提供更简单的订单交易模式及资金收款服务，打造更优质的服务体验。其资金周转效率更高，成本更低廉。

2．e 收汇订单的特点

e 收汇订单不参与交易保障，适合已与卖家建立信任、无须提供保障服务的买家，不占用信用保障额度。

（1）e 收汇订单基于买卖双方已建立信任关系，不依赖平台保障。

（2）卖家提现不再受信用保障额度限制，只要买家确认订单付款信息且卖家资金货物比合理，即可操作关联提现。

（3）平台不参与售后保障环节，如发生纠纷，平台只提供线上纠纷退款入口，由买卖双方自行协商解决。平台不介入仲裁，也不提供垫赔服务。

3．e 收汇订单的价值

（1）大额资金周转更快：无额度限制，收货时效更快，成本更低。

（2）数据沉淀彰显实力：加速数字化交易进程，展示真正贸易实力。

（3）信用升级获取商机：履约信用升级，交易数据吸引更多买家。

4．e 收汇订单的操作流程

e 收汇订单的操作流程如图 8-1 所示。

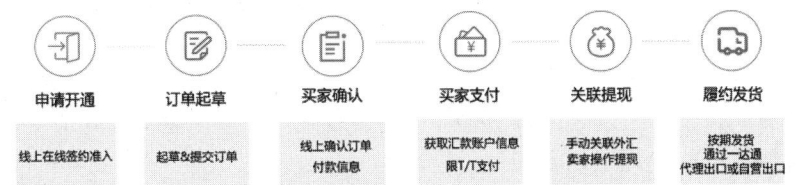

图 8-1　e 收汇订单的操作流程

（1）登录准入页面，申请开通。

入口 1："My Alibaba"→"交易管理"→"订单管理"→"起草 e 收汇订单"。

入口 2："My Alibaba"→"交易管理"→"交易服务中心"。

（2）起草订单并确认。

选择"起草 e 收汇订单"（只能由卖家起草，且暂限在 PC 端起草），填写订单信息并完成提交。订单提交后，卖家将付款提示邮件发送给买家。买家点击"系统通知邮件"→"订单列表"→"订单详情"命令，进行订单付款信息确认。

（3）买家支付，卖家提现。

买家获取汇款账号信息后，通过线下柜台或网上银行完成汇款。卖家通过外汇关联入口

("My Alibaba"→"资金管理"→"外汇关联申报",或"My Alibaba"→"交易管理"→"订单列表"→"关联外汇"或"订单详情页"→"关联外汇")关联外汇,结汇并提现。

（4）履约发货。

卖家选择发货商品,如果是自营出口,则需要提交物流和报关信息；如果是一达通出口,则需要起草或关联"一达通出口单"。

发货入口："My Alibaba"→"交易管理"→"所有订单"或"订单详情页"。

二、管理运费模板

运费模板是用来设置商品运输详情的,包含快递承运商、运输时长、运费及目的国。通过在发布商品时关联运费模板,买家在下单时可以看到不同的快递服务对应的不同时长和运费。支持买家直接下单的规格化商品需要配置运费模板,其他类型的规格化商品无须配置运费模板。

运费模板设置方法如下。

（1）进入阿里巴巴国际站后台,在左侧菜单栏中点击"交易管理"→"运费模板"命令进入"运费模板"页面。

（2）点击"新建运费模板"→"确认"按钮,进入"运费模板"页面。在该页面填写模板名称,默认发货地为"中国大陆",输入发货地邮编号码。

（3）选择物流服务类型。根据产品所属类目选择合适的物流服务类型,一个运费模板可同时选择多个物流服务类型。选择运费模板后,一般支持多个发货地发货。

（4）选择国家和地区,可以选择全部国家或地区适用,也可以选择特定的国家或地区适用。

（5）填写运费详情,即运费类型、调价率、预计物流时间。默认选择"阿里物流价格"项。可以根据产品和运费可能产生的偏差设置调价率。如果选择自有物流,则建议按重量或按数量设置,这样会较为精准。

①阿里物流价格：选择此类型,即可自动读取平台快递价格,价格为平台与各物流公司的协议价。

②调价率：选择"阿里物流价格"项后,会出现"调价率"选项。若选择包邮、协商等其他方式,则无"调价率"选项。若使用阿里物流发货,可基于整体商业考量,通过调价率来控制运费金额,一般建议上调至110%~120%。

③交易服务费：5 000美元以上的订单必须通过一达通出口,无交易服务费。5 000美元以下的订单不通过一达通出口。规格化商品交易订单则根据物流渠道按不同比例收取（阿里物流1%,自有物流2%）。

（6）设置完以上信息后,点击"保存运费模板"按钮即可提交,提交后可以进行修改。

运费类型如表8-7所示。

表8-7 运费类型

运费类型	解释	调价率	买家支付运费	说明
阿里物流价格	选择此类型,即自动读取平台快递价格,价格为平台与各物流公司的协议价。设置该类型后,买家可在商品页面查看具体运输金额	可小于、等于、大于100%	阿里物流价格×调价率	例如,产品耳机,使用阿里物流价格,运费金额是10USD/PC,调价率为110%,在商品页面展示给买家的运费价格为11USD/PC

续表

运费类型	解　释	调价率	买家支付运费	说　明
卖家包邮	选择此类型，商品页面向买家展示 Free Shipping	N/A、无	0	例如，将运费成本加进商品价格中
协商物流	选择此类型，商品页面提示买家联系卖家确认运费，买家必须在卖家确认并补充运费信息后才能付款	N/A、无	买卖双方协商后，由卖家修改确定	例如，在卖家确认的过程中，易流失买家。因此，应谨慎选择此类型
按数量设置	选择此类型，最低采购量为首重采购量，商品页面会根据卖家设置显示运费	N/A、无	根据配置	例如，根据物流价格进行配置
按重量设置	选择此类型，一般以每 0.5kg 为一个计费总量单位，第一个 0.5kg 为首重，单位商品页会根据卖家设置显示运费	N/A、无	根据配置	例如，根据物流价格进行配置

三、订单评价和退款

1. 订单评价

买家评价分是阿里巴巴国际站根据买家在交易完成后对供应商的服务态度、发货速度、货物的如实描述度 3 个维度的历史打分取的一个平均得分。

（1）评价时间。

卖家在订单交易完成后 30 天内可邀请买家评价，买家在订单交易完成后 30 天内可对订单进行评价。

（2）买家好评率。

卖家在报价之后、180 天之内，会收到买家的 4~5 颗星的评价（好评：4~5 颗星；差评：1~2 颗星）或 1~5 分的评价（好评：4~5 分；差评：1~2 分）。

（3）买家评价分高的优势。

（1）具有搜索排名优势，能够获得更多买家青睐。

（2）获得买家认可，能够更好地提升转化。

（3）在日常活动、大促等时，能够优先入选。

（4）能够被优先推荐给更多新买家。

（4）订单评价的展示。

若买卖是通过点击一口价产品"Buy Now"起草的信用保障订单，则评价展示位置同 Secure Payment 订单评价展示位置在同一处。若买家是通过在线起草的，且选择的是已发布产品，则评价展示位置在被评价产品的详情页、商家旺铺页面。若买卖双方是通过上传合同起草的信用保障订单（这种订单不要求选择产品），则只在旺铺页面展示。若卖家是通过"添加未发布产品"起草的信用保障订单，则只在旺铺页面展示。对于信用保障订单评价，可点击"My Alibaba"→"信用保障交易管理"→"评价管理"按钮，查看对应订单的评价内容。

（5）提高买家评价分的方法。

①卖家主动出击，积极邀请买家对自己的信用保障订单进行评价。

②卖家积极对买家评价进行回评：针对买家评价做出感谢及解释等信息（注：在买家评

价产生 30 天内，卖家只可回评一次，并且最多可修改回评一次且只有当买家修改评价后才有修改机会）。

2. 退款

退款流程如下。

（1）买家点击"申请退款"按钮。买家在"My Alibaba"页面中点击"交易管理"→"已买到的货品"项，打开"已买到的货品"页面，找到需要申请退款的交易订单，点击"申请退款"按钮，或在该笔交易订单的详情页中点击"申请退款"按钮。

（2）选择退款货品。上一步操作完成后系统会打开一个新窗口，勾选需要退款的货品。

（3）填写退款协议。选择"货品状态"为"已发货"的货品，勾选需要申请退款的货品，选择"是否收到货品"为"已经收到货品"，选择"是否需要退款"为"需要退货"，之后填写详细的退款协议。

（4）买家提交退款协议，等待卖家确认。卖家在"My Alibaba"页面中点击"交易管理"→"已卖出的货品"项，找到已申请退款的货品，点击货品后面的"退款中"按钮，进入订单详情页；或者在"My Alibaba"页面中点击"交易管理"→"退款管理"命令，找到需要处理的退款单，处理退款协议。

（5）卖家同意退款协议。卖家在详情页点击"同意退款协议"按钮，在确认完正确的退货地址后，点击"提交并通知买家"按钮即可。提交成功后，系统会进入"等待买家退货"的退款状态，并通过旺旺浮出和邮件的方式通知买家。卖家同意退款协议后，买家即可根据卖家提供的退货地址将货品寄回给卖家，并在"My Alibaba"页面中提交退货信息，以便卖家及时查询。

第五节　信用保障

信用保障可帮助卖家不断积累交易数据且在多场景应用，以彰显实力。

一、信用保障服务简介

1. 信用保障服务的定义

信用保障服务是全球第一个跨境 B2B 中立的第三方交易担保服务平台。阿里巴巴根据每个供应商在阿里巴巴国际站上的基本信息和贸易交易额等其他信息综合评定并给予一定的信用保障额度，是用于帮助供应商向买家提供跨境贸易安全保障的一种服务。可以将信用保障服务简单理解为阿里巴巴国际站上的一种交易方式，这种交易方式可以给买卖双方带来更多保障。

若卖家已经申请并开通信用保障服务，没有因为违规等被暂停、停止使用信用保障服务，则在卖家的旺铺页面、前台搜索页面、产品详情页、买家端询盘页面都会有信用保障服务标志。

2. 信用保障服务的作用

（1）彰显信用。

利用信用保障服务可获取信用保障额度且可不断累积（最高 100 万美元），平台上会展示独特的专属标志及信用保障额度。买家可以通过标志与额度直观地看到卖家的信用，以帮助卖家提升在国际市场上的竞争力。

（2）促进交易。

信用保障服务是阿里巴巴国际站替卖家向买家提供第三方保证，可以使卖家更快地获得买家信任，以便更快地达成交易。信用保障服务对于提高卖家星等级中交易力和保障力的分数有很大作用。相比之下，走信用保障服务的卖家比不走信用保障服务的卖家，曝光、点击、询盘的数量均提高 2~3 倍。从出货周期来看，普通的要 90 天左右，走信用保障服务的卖家只需要 21 天左右，全球批发 Ready to Ship（RTS）订单大约一周左右就能到达。

（3）交易积累。

基于信用保障服务，供应商走单量将不断上升，信用额度可不断积累，以便更好地向买家彰显实力。同时，供应商走单量的上升，对供应商在平台上的表现与其产品排名也会有一定的帮助。

3．向买家介绍信用保障订单

（1）在与买家的沟通过程中，应把信用保障订单介绍为 Payment Link 和 Online Order。当买家确认订单后，可直接生成信用保障订单，系统自动将付款链接发给买家。

（2）在装修旺铺时添加信用保障海报，添加自定义模块插入海报，如在海报上插入信用保障网站的链接。还可以在详情页的产品介绍的最上面插入信用保障海报，选中图片后点击链接，插入信用保障网址。

（3）搜集信用保障官方提供的信用保障资料，直接将网址发送给买家，让买家点击网址做进一步了解。

4．信用保障订单交易流程

买家可以在阿里巴巴国际站首页（order）、PC 端产品页（start order）、移动端产品页的右下角（start order）3 个入口发起信用保障订单。另外，卖家也可以直接起草信用保障订单。信用保障订单交易流程图如图 8-2 所示。

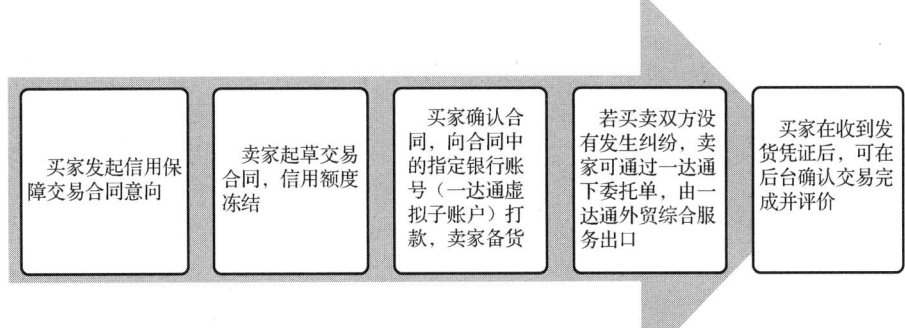

图 8-2　信用保障订单交易流程图

二、起草信用保障订单

卖家可登录 My Alibaba 后台，点击"交易管理"→"起草信用保障订单"命令或点击"信用保障服务"→"起草信用保障订单"命令，有多个入口，如图 8-3 所示。

图 8-3　起草信用保障订单入口

合同中需要体现相关订单明细，如价格、数量、交期等，全部按照规定的格式填写。同时完善保障条款，如填写买家信息、产品信息等，如图 8-4～图 8-7 所示。

图 8-4　填写买家信息、产品信息

图 8-5　填写运输条款与出口方式

图 8-6　填写支付条款

图 8-7　填写订单备注及提交订单

三、信用保障额度

信用保障额度是阿里巴巴国际站为了帮助买卖双方解决交易过程中的信任问题，为买卖双方提供的贸易安全保障及服务。阿里巴巴国际站鉴于（B 类）大额跨境贸易的押款会严重影响资金周转，为了让中国优质供应商更好地走向世界，更好地获得买家信任，并解决供应商资金周转难的问题，根据阿里巴巴国际站供应商的企业资质及真实贸易数据评估一个信用保障额度，在额度范围内，可以提前放款。额度的评估最主要的参考因素是阿里巴巴可验证的供应商的经营能力和资信状况。信用保障额度的提升是一个循序渐进的过程，需要长期积累，额度更新会在中国时间每个月 10 日进行。

信用保障额度的影响因素如下：

（1）供应商的基本情况，如工商认证信息、企业诚信等级、与阿里巴巴的合作年限、平台操作表现等。

（2）供应商的经营能力，可参考贸易流水来评估（考察过往 180 天的贸易流水）。

（3）供应商的资信状况，可参考在阿里巴巴国际站中的违规处罚、累计扣分等情况（扣分会导致信用保障额度降低，超过一定分值或有其他重大违规行为则无法使用该服务）。

（4）其他信息，如企业和法人代表的征信情况、纠纷处理情况等。

第六节　一达通

阿里巴巴的一达通是一个综合性的外贸服务平台，主要为中小企业提供专业、低成本的通关、外汇、退税等服务。

一、开通一达通服务

1. 一达通简介

一达通（OneTouch）是中小企业进出口流程数智化外贸综合服务平台，以集约化的方式，为外贸企业提供快捷、低成本的通关、外汇、退税及配套的物流、金融服务，以电子商务的手段，解决外贸企业的服务难题。这种"一揽子"外贸服务解决方案即"一达通外贸综合服务"，包括通关、外汇、退税、物流、金融、融资等环节的服务。

一达通分为两种模式：一达通出口综合服务（3+N）和一达通出口代理服务（2+N）。一达通出口综合服务是指在一达通的服务中，通关、外汇、退税三项基础服务需要同时使用；一达通出口代理服务是指在一达通的服务中，通关、外汇两项基础服务需要同时使用。

一达通服务示意图如图 8-8 所示。

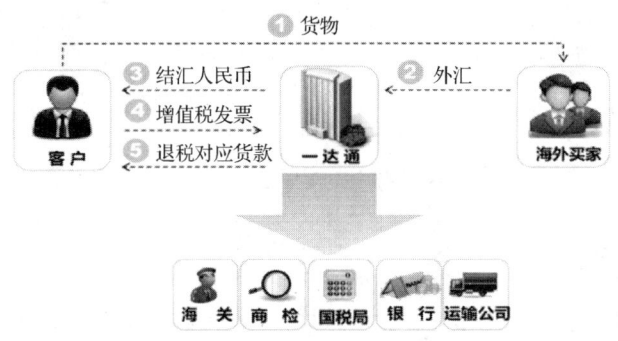

图 8-8 一达通服务示意图

通关服务：①全程链路可视，覆盖 300+口岸；②智能高效，AI 智能数智申报工具；③便捷通关，享受 AEO（Authorized Economic Operator，经认证的经营者）认证企业口岸通关优惠待遇。

结汇服务：①高效率，专属子账户收款，提现资金即刻到账；②成本低，付款手续费 1 本币（本地 T/T），结算费 0 元；③汇率，提供锁汇服务，避免汇率风险。

税务服务：①便捷退税，最快当天即可垫付退税款；②低融资成本，简化监管侧沟通，降低企业用工成本。

国际站物流：阿里巴巴国际站联合菜鸟网络科技有限公司主要以第三方合作形式为买家、卖家提供海、陆、空跨境货物运输及存储中转服务，涵盖国内头程、中间干线及海外落地配送三大环节，以及提供"端到端"可视化的跨境物流服务。陆运覆盖全国七个大区、28 个港口、近 26000 条线路，空运覆盖 170 个国家和地区，海运涵盖卖家整柜、拼箱、船东直采、货代 SaaS。B2B 七天到达率可达 80%~90%，十天到达率可达 99%，在北美及欧洲地区提供"门到门""端到端"服务。国际站物流优势：①物流可视，货物全程轨迹追踪，支持买家、卖家在线实时查询物流信息；②成本优势，国际站为商家提供低于市场价格的物流服务，运费为快递标准价 1.1 折起，是普通货代公司的 90%；③舱位保障，信用保障订单能够享受旺季舱位保，优先发货；④服务保障，覆盖慢速及货物丢失险，平均 3 个工作日理赔到账；⑤采用综合服务方案，国际站能为商家提供"端到端"的整合物流服务，可解决普通货代公司的标准化路线中不覆盖头程与落地配送问题。

支付结算：①境外买家本币支付；②跨境银行资金传递；③境内卖家汇兑其还原申报；④国际站与 SWIFT，国内外银行合作搭建网络将资金链可视化，支付网络覆盖 67 个主流贸易本地本币，本地 T/T 覆盖 67 个国家；⑤买卖双方通过平台搭建的资金板块即可完成支付或提现，境外买家通过本币支付。支付结算优势：①低手续费，通过银行间网络的搭建，将支付手续费降至最低；②时效性强，具有时效性偏好的卖家可以通过一定费用即刻提现；③承担汇率风险，国际站为买卖双方提供锁汇服务，可在一定程度上为买卖双方规避汇率风险。

金融服务：国际站向卖方提供超级信用证等金融产品，解决买卖双方的资金融通问题，帮助卖方缓解资金压力，加速资金周转率，提升订单利润，同时为买家提供贷款期。

2. 准入条件

（1）出口综合服务（3+N）的准入条件。

准入条件包括：中国大陆国际站会员；可与一达通签约合作的企业类型为非境外、非港台地区、非个人或非出口综合服务尚未覆盖地区企业；出口的产品在一达通可以出口的产品范围内；生产企业即开票人，为签约客户，已经完成备案且开票人的资质需要符合相关要求。

（2）出口代理服务（2+N）的准入条件。

准入条件包括：非境外、非港台地区，或非个人企业、非个体工商户、非福建莆田地区企业；具有出口退（免）税资格认定；出口产品非一达通出口代理服务禁止操作的产品。

二、使用一达通服务

1. 客户准入

登录"一达通"首页，进行合作协议签署，需要提供客户的营业执照、法人（复印件或原件）及授权人身份证（原件）、税务登记证、公章、合同等资料。

2. 双审

进行产品预审和开票人预审，工厂与一达通双备案，全部通过后才能下单。

（1）产品预审。

登录一达通平台，点击"进入操作平台"项，再点击"My Alibaba"→"一达通出口服务"→"产品管理"命令，进入"产品管理"页面，在页面中点击"添加产品"按钮，根据产品品名或 HS 编码进行搜索。上传完对应产品资料后，再提交产品审核。只有审核通过的产品，才可以通过一达通发货。

（2）开票人预审。

点击"My Alibaba"→"一达通出口服务"→"开票人管理"命令，进入"开票人管理"页面，在页面中点击"添加开票人"按钮添加开票人，填写开票人信息，上传开票人的税务登记证副本等证件信息。点击"添加产品"按钮，可以在预审通过的产品中选择，之后提交开票人预审。开票人审核进度可以在"开票人管理"页面中查看。审核通过后，可以使用一达通出口综合服务，进行出口退税业务。

3. 下单

登录一达通后台，点击"立即下单"→"选择订单类型"命令，在打开的页面中根据提示输入各项出口信息资料,将全部资料输入完毕后就可以点击"提交订单"按钮,提交后等待一达通后台审核出口报关资料。

当平台审核通过后,供应商点击"My Alibaba"→"信用保障交易管理"→"所有订单"命令进入订单页面,在页面中找到对应订单,点击"查看订单"按钮,然后点击"去发货"按钮。

(1)针对在线起草的信用保障订单,需要先选择本次发货商品,再起草一达通出口报关信息。

(2)针对上传PI(Personal Income,个人收入)起草的信用保障订单,无须选择发货商品,直接起草一达通出口报关信息即可。

选择出口订单类型。选择综合出口订单(只能是工厂),由一达通办理退税;选择代理出口订单,自行办理退免税。

4. 通关

报关时,客户可通过一达通报关或自行报关。提交订单后,订单状态变为"待通关受理";审核完订单后,订单状态变为"待报关",客户可以在后台下载报关。

5. 外汇

收汇时,客户可付汇至一达通,由一达通结汇。

6. 开票

开立出口产品增值税发票给一达通。订单进程可以在"订单管理"页面查询。外汇进账后,系统自动关联订单。通关完毕,外汇收齐。关联订单完成后,可在3个工作日内下载开票资料进行开票。

7. 垫付退税款

满足退税条件,可由一达通垫付退税款。一达通收到发票并审核无误后客户可在3个工作日付税款和补贴款。

8. 结算

发起结算后,一达通将相应款项付至开票人账户。

本 章 小 结

本章主要介绍跨境电商交易管理。首先介绍了出口商品成本的构成和核算方法,以及商品定价的策略;然后介绍了交易确认的两种形式,以及e收汇订单、信用保障订单的签署和应用;最后介绍了一达通交易履约环节提供的服务。希望读者能够掌握出口商品成本的构成和核算,灵活运用出口定价策略和报价,以及通过形式发票、合同确认交易,能够签署e收汇订单、信用保障订单,并通过一达通服务实现交易履约过程。

本章练习

一、选择题

1. 在使用 FOB/CIF 术语时，国际货运保险应由（　　）办理。
   A．买方/卖方　　　　　　　　　　B．卖方/买方
   C．买方/买方　　　　　　　　　　D．卖方/卖方

2. 一达通外贸综合服务包括（　　）。
   A．通关　　　　　　　　　　　　　B．外汇
   C．物流　　　　　　　　　　　　　D．退税

3. 合同的基本内容包括（　　）。
   A．名称　　　　　　　　　　　　　B．约首
   C．基本条款　　　　　　　　　　　D．约尾部分

4. 出口成本价格包括（　　）。
   A．国内费用和国外费用　　　　　　B．进货成本和国外费用
   C．进货成本　　　　　　　　　　　D．进货成本和国内费用

5. 从卖方承担费用的情况来看，以下选项中正确的是（　　）。
   A．FOB>CFR>CIF　　　　　　　　B．FOB>CIF>CFR
   C．CIF>CFR>FOB　　　　　　　　D．CIF>FOB>CFR

二、问答题

简述跨境电商 B2B 卖家操作流程。

三、计算题

某公司从工厂购进 5 000 个玩具熊，含税采购价格为每只 15 元，该商品增值税税率为 13%，退税率为 16%。该笔货物出口的业务综合费用为采购成本的 3%，银行汇率为 6.7350 元人民币/美元，利润率为报价的 20%。试计算单位商品的 FOB 价格。

四、实训题

客户 Lily（邮箱：Lily@gmail.com）打算购买单价为 12 美元的帆布鞋 300 双，预付款为总价的 30%。供应商收齐到账预付款后 21 个自然日发货，采用海运线下发货，买家需要卖家在指定的装运港将货物交至买家指定的船上，并负担货物越过船舷之前的一切费用和风险。承运商为 FedEx，海运单号为 EH1263874900JP，采用"货运港船上交货"方式。货物发往美国，将产生 200 美元的物流运费和 20 美元的物流保险费。产品质量要求：帆布鞋出厂前已完成质量检验。

根据以上信息完成起草信用保障订单的操作，包括从起草订单、买家付款、卖家发货到订单完成的全流程。

要求：

（1）买家信息：根据客户信息填写。

（2）产品信息：根据买家要求通过已发布的产品添加。
（3）运输条款：根据客户要求填写。
（4）产品要求：根据客户要求填写。
（5）提交订单并复制到浏览器处打开，买家完成付款。
（6）卖家选择线下发货，并上传海运提单。
（7）查看详情，复制链接到浏览器处打开，完成买家收货。

第九章　履约服务

再完美的合同，没有履约，都是空谈。

案例 9-1

疫情下，外贸企业无法履行合同怎么办？

2020年年初，受新型冠状病毒肺炎疫情影响，很多企业复工时间推迟，货物生产链与物流供应链受到严重影响，继而导致企业所签的国际贸易合同在不同程度上履行困难。中国国际贸易促进委员会（以下简称"中国贸促会"）发表公告宣布，为维护我国企业的合法权益，帮助企业降低疫情带来的损失，中国贸促会可以为受疫情影响而无法如期履行或不能履行国际贸易合同的企业出具不可抗力事实性证明。不可抗力事实性证明属于商事证明领域中的事实性证明行为，是指由中国贸促会及其授权的分、支会应申请人的申请，对与不可抗力有关的事实进行证明。

外贸企业因疫情影响可能无法正常履约，若想用不可抗力条款来延期或解除合同，应先审查合同的约定，尤其是不可抗力条款中对于有关因素的列举规定。但是，不可抗力因素有影响的合理期限，并非有不可抗力条款，企业就可以在不可抗力已经消失后仍然不履约，这将构成严重的违约责任。

浙江湖州某汽配制造企业为法国标致公司非洲工厂转向机壳体供货商，受本次疫情影响，无法按时向境外客户交付产品。如不能及时提供无法履行合同原因的合法证明，该企业不仅要承担价值240万元人民币的直接合同损失，还可能会因导致对方生产线停产两周而造成约3000万元人民币的损失被追偿，商誉受到的损失更是不可估量。

该企业于2020年2月1日在中国贸促会线上认证平台申请不可抗力事实性证明并提供相应材料。经网上提交、网上审核环节后，该企业于2020年2月2日上午收到中国贸促会出具的全国首份新型冠状病毒肺炎疫情不可抗力事实性证明书，从而使该企业最大程度地减轻了因疫情造成不能履行合同所带来的损失，维护了企业的合法权益。

第一节　外贸单证的办理与缮制

外贸单证是履行外贸服务的载体，在跨境电商B2B业务中，涉及诸多的外贸单证，其中有装箱单、商业发票、产地证、信用证、汇票等贸易类单证，也有物流委托单、报关单、提单等货运类单证。外贸单证的办理与缮制是合同履行的必要手段。

一、制作装箱单

1. 装箱单的定义

装箱单（Packing List）是记载或描述商品包装情况的单据，通常由跨境贸易的出口商签发，不显示商品的单价和总价。它是商业发票的附属单据，也是一项重要的货运单据。除此之外，装箱单还是银行结汇的单据之一，以及出口报检、报关的附属单据，客户在进口报关时需要提供它。

2. 装箱单的主要内容

装箱单是由出口商签发，载明所售货物数量及包装情况的说明文件。装箱单一般具有与商业发票一一对应的关系。装箱单并无固定统一的格式，可以根据信用证或合同的要求和货物的特点自行设计内容，如图9-1所示。

Issuer:

PACKING LIST

To:

Invoice No: _____
Date: _____
Contract No. _____

Marks	Description	(CTN)	(KGS)	(KGS)	(CBM)

图9-1 装箱单的内容示例

装箱单的主要内容如下：

（1）签发人（Issuer）名称。

签发人为出口公司的，须填写公司的中、英文名称。有的公司在印刷空白装箱单或用计算机制单时，会将公司的中、英文名称预先印上去。

（2）文件名（装箱单的文件名为PACKING LIST）。

用粗体大字号在单据的醒目位置标出。

（3）装箱单收单人（To）。

装箱单收单人，即收货人。信用证付款时，填写信用证申请人的名称和地址。托收、电汇方式付款时，填写合同买方的名称和地址。

（4）装箱单号码（No.）。

装箱单号码同发票号。出口公司有权自行编制装箱单号码。

（5）装箱单日期（Date）。
装箱单日期同发票日期。
（6）信用证号码（L/C No.）。
只有当信用证条款明确要求填写信用证号码时才填写。
（7）开证日期（L/C Date）。
只有当信用证条款明确要求填写开证日期时才填写。
（8）唛头及件号（Marks and Numbers）。
唛头及件号同发票。
（9）货物内容（Description of Goods）。
货物内容包括货物的名称（可以略写）、规格、数量（成交数量等于计价数量）。
（10）商品的包装数量（Number and Kind of Packages）。
订舱委托书、场站收据、提单等单据需要以商品的包装数量为依据缮制。
（11）单位货物体积（CBM）、单位货物净重（Net Weight）、毛重（Gross Weight）。
有时，需要工厂生产线或成品库人员提供单位货物体积、单位货物净重、毛单信息。
（12）总体积 M3、总净重 KGS、总毛重 KGS。
总体积、总净重、总毛重通过单个数值乘以运输包装数量得出。
（13）包装形式描述（Packing）。
例如，packing in cartons、packing in iron drums、packing in wooden cases 等。
（14）签发人签字或盖章（Signature）。
签发人签字或盖章即出口人签字或盖章。应根据需要由签发人签字及/或盖章。装箱单的签署，除非信用证有明确规定，否则装箱单无须盖章。

3．装箱单的缮制

缮制装箱单时需要注意的是，装箱单上的特殊条款要参照信用证 46A 关于装箱单的要求和 47A 特殊条款来缮制。如表 9-1 所示为装箱单要素及制单依据。

表 9-1　装箱单要素及制单依据

序　号	装箱单要素	制　单　依　据
1	装箱单号	同发票号
2	文件名称	信用证 46A 款 Packing List
3	开票人名称	信用证 59 款受益人名称
4	抬头人名称与地址	信用证 50 款申请人名称与地址
5	装箱单日期	同发票日期
6	装运唛头	同发票
7	运输包装种类	同发票
8	运输包装件数	同发票
9	计价数量	同发票
10	品名及规格	同发票，或者写统称
11	包装情况	同发票

续表

序　　号	装箱单要素	制　单　依　据
12	单个包装净重	工厂提供
13	单个包装毛重	工厂提供
14	总净重	计算得出
15	总毛重	计算得出
16	单个包装尺码	工厂提供
17	总尺码	计算得出
18	特殊条款	参考信用证46A、47A

二、制作汇票

1. 汇票的定义

根据我国《票据法》的规定，汇票（Bill of Exchange）是出票人签发的并委托付款人在见票时或在指定日期无条件支付确定金额给收款人或持票人的票据。

汇票是一种可以代替现金的支付工具，一般有两张正本（First Exchange 和 Second Exchange），它们具有同等效力。付款人只需支付一次，先到先付，后到无效。

2. 汇票的种类

（1）银行汇票和商业汇票。

按出票人不同，汇票可分为银行汇票（Banker's Draft）和商业汇票（Commercial Draft）。银行汇票的出票人和付款人都是银行。银行汇票由银行签发后，交汇款人，由汇款人将其寄交国外收款人并向付款行取款。此种汇款方式称为票汇，又称顺汇法或汇付法。

商业汇票的出票人是工商企业或个人，也可以是银行。在国际贸易结算中，出口商用逆汇法向国外进口商收取货款时签发的汇票，即属商业汇票。

（2）即期汇票和远期汇票。

按付款期限的不同，汇票可分为即期汇票（Sight Draft，Demand Draft）和远期汇票（Time Draft，Usance Draft）。即期汇票是在交单或见票时立即付款的汇票。远期汇票是在一定期限或特定日期付款的汇票。

（3）光票和跟单汇票。

按有无附属单据，汇票可分为光票（Clean Draft）和跟单汇票（Documentary Draft）。光票是不附带货运单据的汇票。银行汇票多是光票。跟单汇票是附带货运单据的汇票。跟单汇票除有当事人的信用外，还有物的保证。商业汇票一般多为跟单汇票。

（4）银行承兑汇票和商业承兑汇票。

按承兑人不同，汇票可分为银行承兑汇票（Banker's Acceptance Draft）和商业承兑汇票（Commercial Acceptance Draft）。银行承兑汇票属银行信用，是由银行承兑的远期汇票。商业承兑汇票是由企业或个人承兑的远期汇票。商业承兑汇票属商业信用。因此，银行承兑汇票的信用程度高于商业承兑汇票。

3．汇票的必备内容

根据我国《票据法》的规定，汇票必须记载下列事项：
（1）表明"汇票"的字样。
（2）无条件支付的委托。
（3）确定的金额。
（4）付款人名称。
（5）收款人名称。
（6）出票日期。
（7）出票人签章。

如果汇票上未记载上述规定事项之一的，汇票无效。在实际业务中，汇票上记载付款日期、付款地和出票地等事项的，一定要清楚、明确。
- 汇票上未记载付款日期的，为见票即付。
- 汇票上未记载付款地的，付款人的营业场所、住所或经常居住地为付款地。
- 汇票上未记载出票地的，出票人的营业场所、住所或经常居住地为出票地。

汇票的内容示例如图 9-2 所示。

4．跟单信用证的缮制

（1）出票根据（Drawn Under）。

在信用证支付条件下，开证行是提供银行信用的一方，开证行开出的信用证会最终伴随所要求的单据成为凭以向买方（付款人）收款的书面证据。本栏目要求根据信用证写出开证行全称。

汇　票　BILL OF EXCHANGE								
凭 Drawn Under	SHINHAN BANK, SEOUL, KOREA			不可撤销信用证号码 Irrevocable L/C No.				M4323102NU00876	
日期 Dated	APR. 25, 2020		支取 Payable with interest	@	%	按	息	付款
号码 No.	TJ20-3002	汇票金额 Exchange for	USD79,200.00		天津 Tianjin			MAY 15, 2020
见票 at || 60 DAYS AFTER	日后（本汇票之副本未付）付交 sight of this FIRST of Exchange (Second of Exchange being unpaid) Pay to the Order of						
BANK OF CHINA TIANJIN BRANCH								
金额 The sum of		SAY US DOLLARS SEVENTY NINE THOUSAND TWO HUNDRED ONLY						
此致 To		SHINHAN BANK, SEOUL, KOREA						
						TIANJIN ZHIXUE TRADING CO., LTD.		
						(Authorized Signature)		

图 9-2　汇票的内容示例

（2）信用证号码（L/C No.）及开证日期（Date）。

填写信用证号码时，可参见 SWIFT 信用证中的"20"。填写开证日期时，可参见 SWIFT 信用证中的"31C"。常见的错误是把出具汇票的日期填写在这一栏中，因此，在实务操作中应多加注意。年息（payable with interest @% per annum）一栏由结汇银行填写，用以清算企业与银行间的利息费用。

（3）汇票小写金额（Exchange for）。

汇票小写金额先填写币制的 3 个英文字母 USD，再填写阿拉伯数字金额，小数点后保留两位，如 USD1440.80。汇票金额一般不超过信用证规定的金额。

（4）汇票大写金额（The sum of）。

大写金额由小写金额翻译而成，要求顶格，不留任何空隙，以防有人故意在汇票金额上"做手脚"。大写金额也由两部分构成，一是货币名称，二是货币金额。大写金额位于 The sum of 之后，习惯上句首加 SAY，意指"计"；句尾加 ONLY，意指"整"，小数点用 POINT 或 SENTS 表示。例如，USD1440.80 大写为"SAY US DOLLARS ONE THOUSAND FOUR HUNDRED AND FOURTY POINT EIGHT ONLY"。通常，汇票金额与发票金额一致，如果信用证规定汇票按发票价值的 95%或以"贷记通知单"（Credit Note）中的方法扣除佣金时，应将从发票中扣除上述金额后的余额作为汇票的金额。汇票金额不得超过信用证金额，除非在信用证中另有规定。

（5）号码（No.）。

在这一栏正确的填写内容是制作本交易单据中发票的号码。本来的用意是核对发票与汇票中相同和相关的内容，如金额、信用证号码等。一旦在一套单据中这一栏内容出现错误或需要修改时，只要查出与发票号码相同的汇票，就能确定它们是同一笔交易的单据，从而给核对和纠正错误带来便利。在实务工作中，制单人员往往将这一栏称作汇票号码，因此，汇票号码一般与发票号码一致。

（6）付款期限（at...sight/Tenor）。

汇票付款期限有即期和远期之分。

（1）即期汇票表明在汇票的出票人按要求向银行提交单据和汇票时，银行应立即付款。即期汇票的付款期限这一栏的填写较简单，只需使用"×××""---""***"等符号或直接将"AT SIGHT"字样填入即可。但该栏不能空白不填。

（2）远期汇票表明银行在出票一定期限后或特定日期付款。以"远期"起算时的根据不同，分别为各种远期汇票。

例如，信用证规定见票后 90 天付款（Available against your drafts drawn on us at 90 days after sight），在 at 与 sight 之间填入 90 days after，意思是从承兑日后的第 90 天为付款期。又如，信用证规定出票后 80 天付款（Available against presentation of the documents detailed herein and of your drafts at 80 days after date of the draft），则在 at 后填入 80 days after date，将汇票上印就的 sight 划掉，意思是汇票出票日后 80 天付款。再如，信用证规定提单日后 70 天付款（Available by beneficiary's drafts at 70 days after on board B/L date），则在 at 后填入 70 days after date of B/L，删去 sight，意为提单日后的第 70 天为付款期。

还有一种远期汇票，即信用证汇票条款中规定的远期汇票。例如，Available by your drafts at 80 days after sight on us...）。在特殊条款中又规定受益人可即期收款。例如，The negotiating bank is authorized to negotiate the insurance drafts on sight bases, as acceptance commission, discount charges and interest are for account by buyer.，这种情况仍按远期（80 days after）填制，但可向议付行即期收款，其贴息由开征人负担。

（7）受款人（Pay to the order of/payee）。

应从信用证的角度来理解这一栏的要求。由于信用证是由银行提供货款，而整个信用证的执行都处在银行监督、控制下，同时开证行也不会跟受益人直接往来，而是通过另一家银行与受益人接触。因此，当开证行按信用证规定把货款交给受益人时，也应通过一家银行，这家银行应成为信用证履行中第一个接受货款的一方，为此，该家银行被称为受款人。因此，在信用证支付的条件下，汇票中"受款人"这一栏中应填写的是银行名称和地址，一般都是议付行的名称和地址。究竟将哪家银行作为受款人，这要看信用证中是否有具体的规定，即是公开议付还是限制议付。

（8）汇票的交单日期。

汇票的交单日期是指受益人把汇票交给议付行的日期。这一栏由银行填写，而银行在填写此日期时应注意交单日期不能超过信用证的有效期。

（9）付款人（Drawee）。

信用证项下汇票的付款人和合同的付款人不完全相同。从信用证的角度来看，汇票的付款人应是提供这笔交易信用的一方，即开证行或其指定的付款人。但从合同的出发点来看，信用证只是一种支付方式，是为买卖合同（S/C）服务的。买卖交易中最终付款人是买方，通常是信用证的开证申请人。按照国际商会《跟单信用证统一惯例》的相关规定："信用证不应凭以申请人为付款人的汇票支付。但如果信用证要求以申请人为付款人的汇票，银行将视此种汇票为一项额外的单据。"据此，如果信用证要求以申请人为付款人的汇票，仍应照办，但这只能作为一种额外的单据。因此，在填写汇票时，应严格按照信用证的规定填写。

（10）出票人（Drawer）。

虽然汇票上没有"出票人"这一栏，但习惯上会把出票人的名称填写在汇票的右下角，以与付款人对应。出票人即出具汇票的人，在贸易结汇使用汇票的情况下，一般由出口企业填写，主要包括出口企业的全称和经办人的名字。

汇票在没有特殊规定时，一式两份。汇票一般在醒目的位置印上"1""2"字样，或者"original""copy"字样，表示第一联和第二联。汇票的第一联和第二联在法律上无区别。第一联生效则第二联自动作废（Second of exchange being unpaid），第二联生效则第一联自动作废（First of exchange being unpaid）。

汇票要素及制单依据如表 9-2 所示。

表 9-2 汇票要素及制单依据

序 号	汇 票 要 素	制 单 依 据
1	文件名称	汇票 BILL OF EXCHANGE（印就）
2	凭	信用证上 51a 开证申请人的银行
3	信用证号码	信用证上 20 跟单信用证号码
4	日期	信用证上 31C 开证日期
5	汇票号码	同发票号
6	金额小写	信用证上 32B 跟单信用证的货币及金额
7	汇票日期	同提单日期
8	见票	即期打****，远期直接写××days

续表

序 号	汇票要素	制单依据
9	凭××银行指令付款	交单银行的英文名称
10	金额大写	英文数字描述
11	此致	信用证上42D付款银行英文名称
12	出票人签字	受益人名称加签章

三、其他单据介绍

1. 商业发票

（1）商业发票的定义。

商业发票（Commercial Invoice）是出口商向进口商开立的发货价目清单，是买卖双方记账的依据，也是进出口报关交税的总说明。商业发票是一笔业务的全面反映，内容包括商品的名称、规格、价格、数量、金额、包装等，同时也是进口商办理进口报关不可缺少的文件。因此，商业发票是全套出口单据的核心，在单据制作过程中，其余单据均需参照商业发票缮制。

（2）商业发票的作用。

①商业发票是交易的合法证明文件，是货运单据的中心，也是装运货物的总说明。

②商业发票是买卖双方收付货物和记账的依据。

③商业发票是买卖双方办理报关纳税的计算依据。

④在信用证不要求提供汇票的情况下，商业发票代替汇票作为付款的依据。

⑤商业发票是出口人缮制其他出口单据的依据。

（3）商业发票的内容。

①出票人的名称与地址（Exporter's Name and Address），即开票人。

②发票名称（Name of Document）。

③发票编号（No.）。

④发票日期（Date）。

⑤信用证号码（L/C No.）或（Documentary Credit No.）。

⑥合同编号（Contract No.）。

⑦收货人（Consignee）。进口方又称"抬头人"，即发票开给的一方。

⑧航线（From...to...）。

⑨唛头及件号（Marks and Number）。

⑩货物描述（Description of Goods）。

⑪单价及价格术语（Unit Price and Trade Terms）。

⑫总值（Total Amount）。

⑬声明文句及其他内容（Declaration and Other Contents）。

⑭出票人签章（Signature of Drawer）。

商业发票的内容示例如表9-3所示。

表 9-3　商业发票的内容示例

1. 出口商 Exporter	4. 发票日期和发票号 Invoice Date and No.		
	5. 合同号 Contract No.	6. 信用证号码 L/C No.	
2. 进口商 Importer	7. 原产地国 Country/region of origin CHINA		
	8. 贸易方式 Trade Mode		
3. 运输事项 Transport Details	9. 交货和付款条款 Terms of Delivery and Payment		
10. 运输标志 Shipping Marks	11. 包装类型及件数；商品描述 Number and Kind of Packages; Commodity	12. 数量 Quantity	13. 单价 Unit Price	14. 金额 Amount
	15. 出口商签章 Exporter Stamp and Signature		

商业发票要素及制单依据如表 9-4 所示。

表 9-4　商业发票要素及制单依据

序号	发票要素	制单依据
1	发票号	受益人自行编制且便于归档，可含有字母、数字等
2	文件名称	信用证 46A 款 Commercial Invoice
3	开票人名称、地址	信用证 59 款受益人名称、地址
4	抬头人名称、地址	信用证 50 款申请人名称、地址
5	发票日期	开发票的日期，通常在开证日后 2～3 天内
6	运输方式	按照合同约定或贸易惯例
7	从（装货港）	信用证 44E 款
8	到（卸货港）	信用证 44F 款
9	装运唛头	合同约定或工厂提供
10	运输包装种类	信用证 45A 或同上
11	运输包装件数	信用证 45A 或同上
12	计价数量	信用证 45A 或同上
13	品名及规格	信用证 45A
14	单价	信用证 45A，包括币制、单件金额、贸易术语
15	总金额	信用证 32B，包括币制、总额
16	包装情况	合同约定或工厂提供
17	特殊条款	信用证号码、开证日期、原产地声明等

2. 提单

（1）提单的定义。

我国《海商法》第七十一条对提单（Bill of Lading，B/L）的定义如下："提单，是指用以证明海上货物运输合同和货物已经由承运人接收或者装船，以及承运人保证据以交付货物的单证。提单中载明的向记名人交付货物，或者按照指示人的指示交付货物，或者向提单持有人交付货物的条款，构成承运人据以交付货物的保证。"

（2）提单的功能。

①海上运输合同成立的证明。

②货物已由承运人接管或已装船的收据。

③承运人保证凭以交付货物的物权凭证。

（3）提单的内容。

提单包括下列内容：货物的品名、标志、包数或件数、重量或体积，以及运输危险货物时对危险性质的说明；承运人的名称和主营业场所；船舶名称；托运人的名称；收货人的名称；装货港；在装货港接收货物的日期；卸货港；多式联运提单增列接收货物地点和交付货物地点；提单的签发日期、地点和份数；运费的支付；承运人或其代表的签字。提单的内容示例如图 9-3 所示。带有详细内容的海运委托书、场站收据及客户传来的提单草稿均可成为提单样本。单证员制单后需要将其传给托运人确认。托运人核对无误后，在该版本上签字回传。此单成为“OK 件”，单证员凭此“OK 件”打印、签发提单。海运提单要素及制单依据如表 9-5 所示。

See website for large version of the reverse | Ver pagina Web para términos y condiciones | Смотрите веб-сайт для ознакомления с условиями и положениями | [illegible] | www.msc.com

MEDITERRANEAN SHIPPING COMPANY S.A.
12-14, chemin Rieu - CH -1208 GENEVA, Switzerland
website: www.msc.com

BILL OF LADING No. MEDUT7452062
ORIGINAL
"Port-To-Port" or "Combined Transport"(see Clause 1)

NO.& SEQUENCE OF ORIGINAL B/L's: 1 Of Three
NO. OF RIDER PAGES: 0 Zero

SHIPPER:
TIANJIN SUNLIGHT FOREVER INDUSTRIAL LIMITED
45, BAODING STREET, TIANJIN, CHINA

CARRIER'S AGENTS ENDORSEMENTS: (Include Agent(s) at POD)
SHIPPER'S LOAD, STOW AND COUNT
SHIPPER'S LOAD, COUNT AND SEALED. Carrier has no liability or responsibility whatsoever for thermal loss or damage to the goods by reason of natural variations in atmospheric temperatures during the winter period, and / or caused by inadequate packing of the Goods for carriage in dry-van containers, and / or inherent vice of the Goods, in such temperatures.
SAID TO CONTAIN
FCLFCL
Lloyds/IMO Number: 9399040

CONSIGNEE: This B/L is not negotiable unless marked "To Order" or "To Order of ..." here.
MOHAMED MAHAMUD SIYAD
AV./RUA RUA 3 FEVEREIRO PIN NO 133625666 NAMPULA
MOZAMBIQUE

NOTIFY PARTIES : (No responsibility shall attach to Carrier or to his Agent for failure to notify - see Clause 20)
MOHAMED MAHAMUD SIYAD
AV./RUA RUA 3 FEVEREIRO PIN NO 133625666 NAMPULA
MOZAMBIQUE

PORT OF DISCHARGE AGENT:
MSC MozambiqueRUA DO PORTO OU ZONA PORTUARIA
EDIFICIO DA M.S.C.
P.O. BOX 242
Nacala
Phone : +258 26 526 597
Fax : +258 26 526 595

VESSEL AND VOYAGE NO (see Clause 8 & 9): **MSC IRENE - ZF044A**
PORT OF LOADING: TIANJIN PORT,CHINA
PLACE OF RECEIPT: (Combined Transport ONLY - see Clause 1 & 5.2) XXXXXXXXXXXXXXXX

BOOKING REF. (or) SHIPPER'S REF.: 177DCCCCXLNN4451
Service Contract Number: 38241-1-ST
PORT OF DISCHARGE: NACALA PORT,MOZAMBIQUE
PLACE OF DELIVERY : (Combined Transport ONLY - see Clause 1 & 5.2) XXXXXXXXXXXXXXXX

PARTICULARS FURNISHED BY THE SHIPPER - NOT CHECKED BY CARRIER - CARRIER NOT RESPONSIBLE (see Clause 14)

Container Numbers, Seal Numbers and Marks	Description of Packages and Goods (Continued on attached Bill of Lading Rider pages(s), if applicable)	Gross Cargo Weight	Measurement
MSDU1628922 20' DRY VAN Seal Number: FX15047595 Tare Weight: 2,220 kgs. Marks and Numbers: N/M	49 Bundle(s) of GALVANIZED PIPE SQUARE PIPE	24,800.000 kgs.	28.000 cu. m.
MSDU1628898 20' DRY VAN Seal Number: FX15047594 Tare Weight: 2,220 kgs. Marks and Numbers: N/M	50 Bundle(s) of GALVANIZED PIPE SQUARE PIPE SHIPPED ON BOARD	24,800.000 kgs.	28.000 cu. m.
	Total Items: 99 Freight Prepaid Total :	49,600.000 kgs.	56.000 cu. m.

图 9-3　提单的内容示例

图 9-3 提单的内容示例（续）

表 9-5 海运提单要素及制单依据

序 号	提单要素	制单依据
1	提单号	场站收据/下货纸编号
2	文件名称	海运提单 BILL OF LADING（预先印就）
3	托运人	摘自委托书/场站收据/信用证 59
4	收货人	摘自委托书/场站收据/To Order/信用证 46A
5	通知人	摘自委托书/场站收据/信用证 50
6	船名航次	场站收据/订舱回执
7	装货港	摘自委托书/场站收据/信用证 44E
8	卸货港	摘自委托书/场站收据/信用证 44F
9	集装箱号	场站收据/CLP 装箱单
10	铅封号及唛头	场站收据/CLP 装箱单
11	运输包装件数	摘自委托书/场站收据/装箱单
12	货物描述	摘自委托书/场站收据/信用证 45A
13	总毛重	摘自委托书/场站收据/装箱单
14	总尺码	摘自委托书/场站收据/装箱单
15	海运费支付方式	摘自委托书/场站收据/信用证 46A
16	运输包装件数大写	摘录委托书/场站收据，格式 Total…only
17	签单地点、日期	装运港口所在城市、装船完毕日期
18	正本提单份数	摘录委托书/场站收据
19	签提单人	船公司/船长/船代理
20	承运人	见提单右上角（预先印就）

第二节 生产备货

在跨境电商出口合同的履行中，货、证、运、款四个环节最为重要。备货是指按订单、合同或信用证的要求，按时、按质、按量地准备好出口货物，是履行合同的基础。备货的基本要求是：货物的品质、包装必须符合合同规定和法律要求。货物的数量必须符合出口合同的规定。货物备妥时间应与合同和信用证装运期限相适应。卖方对出售的货物应当拥有完全的所有权。生产备货特别要做好非规格品定制与委托生产、供应商选择与采购和产品质检等工作。

一、非规格品定制与委托生产

根据客户的要求，在标准产品的基础上，生产、改造或定做的产品为非规格产品。对于标准产品，可采用批量生产的方式。对于非规格品的定制，委托方与加工方会订立委托加工合同书或正式的购销合同，如图9-4所示。委托加工合同书或购销合同务必与合同、信用证、形式发票或正式商业发票的细节一致，保证交货期，尽量留够时间余量。同时，委托方会明确在物料采购过程、生产流程、过程管控、生产标准、产品质量、物流运输等环节进行检查监督，并定期检查生产情况和产品质量。

购 销 合 同

甲方：　　　　　　　　　　　　　　　　　　　　　　　　合同编号：
乙方：　　　　　　　　　　　　　　　　　　　　　　　　签订地点：
　　　　　　　　　　　　　　　　　　　　　　　　　　　签订日期：
一、产品型号、数量、金额：

No.	型号	图片	颜色	尺寸（CM）	包装	单价出厂不含税价格	数量（个）	总额（元）
		纸箱要印制唛头						

以上价格包含包装的费用，乙方付费装箱，预付款总计：　　　　　，交货期：　　　天。
二、产品质量要求：
（一）根据甲方要求进行包装，出口精包装。
（二）产品表面必须保持清洁，无污点，苯子光滑，无划痕，无锈。
三、质量检验方法：
生产过程中甲方派人不定时进行产品质量监督，乙方应给予配合，并在发现问题时给予及时解决。在产品包装前，乙方应通知甲方进行包装前抽检。成品包装完好后，甲方人员进行5%的产品抽检，若发现不合格品，则再抽检10%，若仍有不合格品，则进行100%检验。产品检验合格后准备装柜。
四、时间：
　　　年　　月　　日，乙方必须完成产品的生产和包装，准备装柜。
五、权责关系：
出口产品因质量发生索赔、迟交造成、收汇等风险的，责任由乙方承担。迟交货一周赔付1%，迟交货两周赔付3%，迟交货三周赔付6%。
六、结算方式：装柜日付清货款。
七、合同争议的解决方式：
本合同在履行过程中发生的争议，由双方当事人协商解决；也可由有关部门调解；协商或调解不成的，提交仲裁。

甲方名称（章）：
代理人：　　　　　　　　　　　　　　　　　　　　　　代理人：
电话：　　　　　　　　　　　　　　　　　　　　　　　电话：

图9-4　委托生产的购销合同

二、供应商选择与商品采购

1. 供应商选择

供应商在跨境供应链中担负重要角色，不同的行业对供应商的要求千差万别，因此企业要结合自身条件及所在行业的具体要求来进行供应商选择。影响供应商选择的主要因素如下。

（1）产品质量。质量是供应链的生存之本，产品的使用价值是以产品质量为基础的，它决定了最终消费品的质量，影响着产品的市场竞争力和占有率。因此，质量是选择供应商的一个重要因素。

（2）产品价格。价格低，意味着企业可以降低其生产经营的成本，对企业提高竞争力和增加利润，有着明显的作用，是选择供应商的重要因素。但是价格最低的供应商不一定就是最合适的，还需要考虑产品质量、交货时间及运输费用等诸多因素。

（3）交货期。能否按约定时间和地点将产品准时交货，直接影响企业生产和供应活动的连续性。也会影响各级供应链的库存水平，继而影响企业对市场的反应速度。

（4）产品柔性。在全球市场的背景下，消费者更注重产品的个性化、多样化，而产品的多样化以供应商的产品柔性为基础，它决定了产品的种类。

（5）其他因素。其他因素包括产品的设计能力、特殊工艺能力、整体服务水平、项目管理能力等。

在选择供应商时，应本着质量、成本、交付和服务并重的原则。其中，质量因素是最重要的，所以选择供应商时要确认供应商是否建立一套稳定、有效的质量保证体系，是否具有生产所需特定产品的设备和工艺能力。在成本与价格方面，对所涉及的产品进行成本分析，并通过双赢的价格谈判实现成本节约。在交付方面，要确定供应商是否拥有足够的生产能力，人力资源是否充足，有没有扩大产能的潜力。此外，供应商的售前、售后服务也是筛选供应商时应考虑的范畴。

2. 商品采购

选定供应商后，便进行商品采购作业，应做好采购管理，既能节约人力、财力成本，又能控制备货数量，避免压货或缺货的情况发生。通过定期与供应商进行沟通，保持良好的供应伙伴关系，保证商品采购入库的顺利进行。同时，从整个供应链总成本的角度看，在保持合理库存的情况下，应尽量降低采购成本，充分利用集中采购或供应商管理库存的模式。比起在多家供货商分散购买，不如集中在一家供货商采购，采购量大优惠就多，也能节省运费。如图9-5所示为某公司采购单。

三、产品质检

1. 产品质检概述

备货过程中，跨境出口商要及时跟踪货物的生产及交货情况，把控产品质量，发现问题后应及时解决。货物的品质、规格，应按合同的要求核实，必要时应进行加工整理，以保证货物的品质、规格与合同规定一致。应确保货物的数量满足合同或信用证对货物数量的要求，备货的数量应适当留有余地，以备装运时可能发生的调换和适应舱容之用。对货物的包装和唛头（运输标志）应进行认真检查和核实，使之符合合同或信用证的规定，并做到保护商品和方便运输，如发现包装不良或破损，应及时进行修理或换装，标志应按合同规定的式样刷制。

工厂生产过程中，应定期把产品送到有关部门检验，以保证产品的品质、规格符合合同的规定。出口商应把商品包装唛头告诉工厂，以便工厂及时印刷包装唛头。如图9-6所示为某公司委托工厂生产电竞椅的产品质检表。

×××贸易有限公司

采购单

To		联系人	
TEL		FAX	
地址			

部门		申请人		申请日期	
形式发票号		采购单号			

序号	品名及规格	数量	单价	金额	备注
1					
小计					

订单要求	
交货时间	
送货地址	
付款方式	

供应商: 　　　　　　　　采购方:
签字盖章: 　　　　　　　签字盖章:

图 9-5 采购单

×××贸易有限公司

产品质检表

检查项目		检查结果						改正措施
箱子唛头	主要	☐						
	侧唛	☐						
产品数量	总数	类型1	类型2	类型3	类型4	类型5		
	☐	☐	☐	☐	☐	☐		
包装尺寸	长						☐	
	宽						☐	
	高						☐	
	其他						☐	
产品尺寸	长						☐	
	宽						☐	
	高						☐	
	其他						☐	
产品照片							☐	
安装说明书							☐	
配件与安装说明书对应							☐	
组装							☐	
特别注意事项								
备注								

检验人1: 　　　　　　　检验人2: 　　　　　　　检验日期:

图 9-6 产品质检表

2. 验货服务

为了降低交易风险并把控货物质量，阿里巴巴联合国际知名第三方专业检验检测公司（如必维集团、中国检验认证有限公司、瑞士通用公证行），提供专业、全面的验货服务，在产品生产及包装完成待交运前，由第三方验货人员上门对货物的数量、工艺、功能、颜色、尺寸规格和包装等细节进行检查，并出具验货报告。验货服务范围以消费品行业为主，主要覆盖城市区域，阿里巴巴国际站全行业基本上都在验货服务范围内。验货服务内容如图 9-7 所示。

检验水平	Level S-3	Level G-I	Level G-II
服务商	BV CCIC	SGS BV	CCIC SGS
价格	$118 RMB 826	$178 RMB 1246	$188～$218 RMB 1316～1526
外观工艺抽查	≤50件	≤500件	≤500件
功能性抽查	1件	3件	3件
按合同要求抽查	3件	3件	10件
一致性抽查	3件	3件	3件
清点数量	全部	全部	全部

抽样水平：ANSI/ASQ Z1.4、ISO 2859

抽样标准：Critical（致命缺陷）=not allowed，Major（严重缺陷）=2.5，Minor（轻微缺陷）=4.0

图9-7 验货服务内容

第三节 跨境物流

跨境物流是把货物从一个国家通过海运、空运或陆运，运到另外一个国家（或地区）。其实质是按国际分工协作的原则，依照国际惯例和标准，利用国际化的物流网络、物流设施和物流技术，实现货物在国际间的流动与交换，以促进区域经济的协调发展和世界资源的优化配置。跨境物流是跨境电商的核心环节，也是产品交易的必要环节，对买家的收货体验、卖家的物流成本控制及最终的销售额都会产生直接影响。跨境物流系统的高效率、高质量、低成本的运作是促进跨境电商发展的保障。

一、跨境物流的定义

跨境物流是指物品通过跨境电商平台从供应地到不同国家地域范围接收地的实体流动过程，包括国际运输、包装配送、信息处理等环节。物流环节是不能在虚拟环境下实现的，选择最佳的跨境物流方式与路径，以最低的费用和最小的风险，实现货物在国际间的流动与交换，是促进跨境电商发展的保障。目前，行业中比较常用的跨境电商物流方式主要有邮政物流、国际快递、专线物流及海外仓储等方式。

1. 邮政物流

邮政物流是指通过中国邮政（China Post）的物流网络，将本地货品送交国外买家的运输体系。广义上讲，邮政物流可分为国内物流、国际物流、电商物流。在本节中，邮政物流特指跨境电子商务背景下的物流体系。按照当前中国邮政的产品来分类，可分为邮政小包、e特快、e包裹、e邮宝、e速宝。邮政物流系统覆盖面特别广，基本上全世界的国家都加入了万国邮政联盟（Universal Postal Union，UPU），并且联盟成员均承诺提供基础服务并只收取较为低廉的费用。其中，通邮范围最广的是中国邮政小包（China Post Air Mail），又称中国邮政航空小包、邮政小包、航空小包，是指包裹重量在2千克以内，外包装长、宽、高之和小于90厘米，且最长边小于60厘米，通过邮政空邮服务寄往国外的小邮包。

2．国际快递

国际快递是指在两个或两个以上国家（或地区）之间所进行的快递、物流业务。国家与国家（或地区）传递信函、商业文件及物品的递送业务，即是通过国家（或地区）之间的边境口岸和海关对快件进行检验放行的运送方式。五大国际快递 DHL（敦豪航空货运公司）、UPS（美国联合包裹运送服务公司）、FedEx（联邦快递）、TNT 和 EMS（中国邮政速递物流），通过自有的团队和本地化派送服务，为买家和卖家提供良好的服务体验，与优质的服务体验相应的是高昂的运费成本。国际快递公司占据了中国国际快递业务绝大部分的市场份额，虽然国内的顺丰、申通等也开始慢慢布局海外市场，但其差距明显。商业快递业务具有速度快、服务好、丢包率低的特点，尤其是发往欧美等发达国家非常方便。国际快递快且贵，通常只是在寄送一些货值较高、时效性要求较高的货物时才会被采用，如寄手机、样品等。

3．专线物流

专线物流是指针对特定国家或地区推出的跨境专用物流线路，按照服务对象的不同，专线物流可以分为跨境电商平台企业专线物流和国际物流企业专线物流，其中跨境电商平台企业专线物流是大型电商平台专门为电商平台内线上销售商品的中小企业开发的物流项目，通过在国内设立仓库，实现提供简单易行且成本较低的物流服务的目的。跨境电商物流专线主要包括航空专线、港口专线、铁路专线、大陆桥专线、海运专线及固定多式联运专线。

专线物流与传统物流（包括邮政物流和商业快递）的不同之处在于一个"专"字，前者一般是通过航空包舱的方式将货物运输到国外，再通过合作的物流公司进行目的国国内派送的。专线物流通过规模效应来降低物流成本，总体时效比邮政物流快，比国际快递慢。专线物流价格会随着时间的推移而发生变化，具体价格以发货时的报价为准。不同的物流商和不同的专线或多或少都有价格差异，要根据实际需求，选择合适的专线物流方案。例如，中美海派专线是阿里巴巴国际站为平台商家推出的经济型线路，采用海运+末端 UPS/FedEx 派送，由泛远国限物流承运，提供仓到门服务，但仅支持美国发货。

4．海外仓

顾名思义，海外仓是建立在海外的仓储设施。在跨境贸易中，海外仓是国内企业将商品通过大宗运输的形式运往目标市场国家，在当地建立仓库，储存商品，然后根据销售订单，第一时间做出响应，及时从当地仓库进行分拣、包装和配送。大物流时代，很多物流企业开始大规模建立海外仓。例如，阿里物流的美西洛杉矶海外仓、美东新泽西海外仓。它们所提供的服务包括：入库、仓储、出库等基础仓库服务；快速、可追溯的货物派送的末端配送服务；贴标、换标、重新包装等增值服务；物流派送失败后的退货服务；支持线下渠道及其他电商平台的订单发货的平台支持服务等。

二、物流选择

1. 线上发货与线下发货

线上发货是由跨境电商平台联合多家优质第三方物流商打造的物流服务体系，卖家使用线上发货可直接在跨境电子商务后台在线选择物流方案，物流商上门揽收（或卖家自寄至物流商仓库），发货到境外。线上发货具有享受卖家保护政策、运费较低、支付方便、渠道稳定、时效较快等优点。线下发货是相对于线上发货而言的，除线上的物流渠道外，卖家用任何非线上物流方式发运订单均称为线下发货。线下发货是跨境电商的传统发货方式，可以通过前述的五大国际快递来发货，但更多的还是选择和货运代理公司合作。一般的中小卖家由于日常订单量不大，不足以和五大国际快递谈到一个合适的折扣，因此需要借助货运代理公司拿到优势折扣价。卖家直接跟物流公司对接，货物的操作要符合物流公司的要求，如此一来，在货物出现异常问题时的相关处理就会更简单一些，例如，卖家无须重新打印地址标签与报关单等，直接把货物收回再发出即可，且卖家直接跟物流公司结账。物流公司对线下发货的积极性较高，物流公司也会提供多种物流渠道供卖家选择。

2. 跨境物流方式选择

跨境电商卖家在选择物流服务商的时候，关键是看何种物流方式更加方便买家，比较出适合自己的运输方式，卖家应从运输时间、可预测性、成本及非经济因素等方面综合考虑。跨境电商卖家必须选择合适的运输方式，了解自己的实际需求，了解各种物流方式的特点及所能提供的服务内容，进行多方对比，以便选出最适合自己的物流方式，做到安全、可追踪性强、时效性和可控性强、服务好、性价比高。

3. 数智化跨境供应链物流服务

阿里巴巴国际站携手生态合作伙伴，打造数智化跨境供应链物流服务，提供透明、便捷、低价的物流解决方案。跨境供应链物流服务链通全球，为客户提供走得通、走得好、走得省、可智选、可视化、可服务的物流解决方案，可以解决全球中小跨境贸易企业出口物流协同难、费用乱、不透明等难题，还可以提供国际海运、国际空运、国际快递和国际陆运等服务。跨境供应链物流服务流程如图9-8所示。

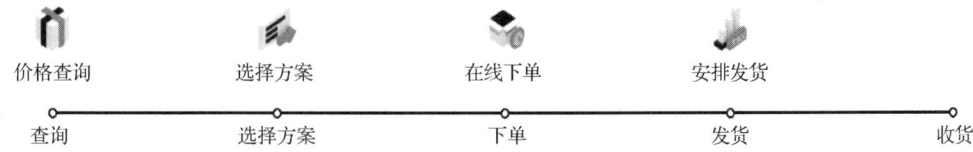

图9-8 跨境供应链物流服务流程

（1）国际海运服务。

阿里巴巴国际站联合各大物流服务商，为客户提供海运整柜、拼箱服务、船东直采、货代SaaS服务等。可在线进行查询船期、订舱等操作，费用透明，真实有效。同时，阿里巴巴国际站还提供拖车、报关服务，对于散货，还有从目的港送货到门等增值服务。国际海运服务使用流程如图9-9所示。

图9-9　国际海运服务使用流程

（2）国际空运服务。

阿里巴巴国际站与全球优质空运服务商合作，提供在线查看空运运费、在线比价、在线下单等服务，北京、上海、杭州、广州、深圳多城市起运，航线覆盖170个目的国和区域，更有拖车、报关等服务。国际空运服务使用流程如图9-10所示。

图9-10　国际空运服务使用流程

（3）国际快递服务。

阿里巴巴国际站与国际知名快递品牌合作，在客户完成线上下单支付后，提供快递公司上门取件服务。该快递服务的运费低至1.1折，北美平均3个工作日投递，支持全国36个城市上门取件，航线覆盖200多个目的国。国际快递服务使用流程如图9-11所示。

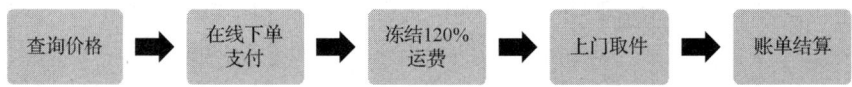

图9-11　国际快递服务使用流程

（4）国际陆运服务。

阿里巴巴国际站所提供的国际陆运服务，覆盖全国7个大区、28个港口，近26 000条线路。国际陆运服务目前有三种：中港运输、集港拖车及中俄欧服务。国际陆运服务使用流程如图9-12所示。

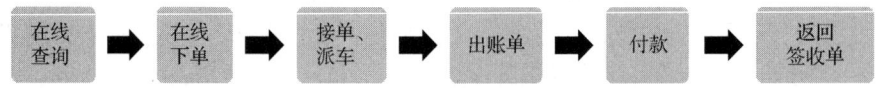

图9-12　国际陆运服务使用流程

①中港运输：提供珠三角出口至香港的送货到门服务，并可承接各地送货至深圳仓库，再集中发货到香港；于是供在线查询、下单和支付服务，并能使客户及时监控货物流转状态；价格、时效真实有效，拼车低至0.5元/千克，当天入仓当天派送；货物状态在线实时更新，货物零风险（赠送最高10万元货运一切险，零免赔额）。

②集港拖车：依托阿里巴巴一达通外贸出口的综合服务优势，提供有运力保障的集装箱拖车服务。

③中俄欧服务：可实现全国至俄罗斯的"门到门"服务，具有节省时间、通关安全、运价透明的优点。

三、跨境物流案例分析

案例 9-2

破局跨国物流困境，阿里无忧物流助力企业转型

2018 年 9 月 5 日，苏州福锐得礼品有限公司（以下简称"福锐得"）的一批定制购物袋和圆珠笔成为阿里巴巴国际站 9 月采购节主动推荐给买家使用的中美海运第一单。福锐得做跨境电商已经 10 多年了，主要经营促销礼品加工定制出口业务。曾经，该公司也遇到了跨境贸易从业者都会遇到的难题——物流。

首先是物流价格。福锐得总经理张轩说，市面上物流价格参差不齐，很难快速识别哪家最适合。福锐得平时销售的促销礼品价值又偏低，物流费用会占到整个订单利润的 30%，甚至 80%。因此，物流费用是否合适，往往决定了一个订单能否拿下。

其次是报价时效。有时候，问到一个合适的物流价格要花上半天到一天的时间，这对销售业务来说，时间太久了。

最严重的是，服务没有保障。说起这点，张轩有特别深切的体会。他说，很多物流小代理，打着"低价牌"，但服务质量完全不能保证。一旦运输发生异常，这些物流小代理就推来推去，找不到一个能解决问题的人。"好不容易送到了目的地，又可能会突然增加卸货费、上楼费等各种额外费用，这些都是物流供应商不专业、疏忽报价造成的，我们只能自己承担损失。"

如果遇到五一、十一、圣诞等旺季，就更让公司担忧了。由于跨境电商此时都在发货，运输资源极其紧张，海运、空运都容易爆仓，而小型物流代理商根本不可能有应急预案。"这时候，我们可能会牺牲物流费用的 10%，花高价，找大的物流公司帮我们运输。"张轩说。

不过，张轩提到的问题，在几年前就已经不再令福锐得为难了，因为阿里无忧物流吸引了福锐得的注意。

阿里无忧物流是阿里巴巴国际站和菜鸟网络联合推出的官方物流服务，为阿里巴巴国际站卖家提供上门取货、入库发货、快速通关、物流详情可视的全方位国际物流服务，旨在确保阿里巴巴国际站的卖家更好地在平台运营，并帮助卖家降低物流风险，提升买卖双方的物流体验。

"最初只是被阿里巴巴国际站大平台的多商机吸引了，至于他们的服务能不能符合我们的需求，还是不太确定，所以想先试试看。"张轩说。

第一单，福锐得找了一个发往美国的小订单做试验。其中，0.1 个方的货用海运，10 千克的货用快递。结果，阿里无忧物流的表现给了福锐得一个大惊喜：原先需要 40 天的海运，这次只花了 29 天；原先需要 5 个工作日的快递，这次 3 个工作日就抵达了，价格还比以前低了。

福锐得的眼光很准。阿里无忧物流的海运支持整柜和拼箱，覆盖全球 300 多个主要目的港，物流运输的详细轨迹全程可视，资费给到"大客户价"，透明，不高收；陆运提供集港拖车、中港运输、散货交仓等服务，覆盖全国八大港口，车辆轨迹可追踪，系统实时反馈操作节点信息。中港运输快速低价，24 小时内派送，下单即赠货运险，最高赔付 10 万元人民币；空运则提供全球空运"门到门"特色服务。

> 从此，福锐得将越来越多的单子放心地交给了阿里无忧物流。"他们的服务真的特别好，即使是在晚上有需求，他们也能很快地给我们报出物流价格，然后我们再报给客户。价格方面也是比较优惠的，如中美专线，3～5个方的散货，比线下中美物流便宜20%～30%。"最让张轩放心的是，出现问题时，阿里无忧物流工作人员的处理速度非常快。例如，曾经有一次，福锐得将一批要送到德国去的购物袋托付给了阿里无忧物流的国际空运，结果因为缺少资料而被卡在德国清关的环节上。"一天，就花了一天时间，阿里无忧物流就帮我们解决了问题。其实之前我们自己找物流代理的时候，也遇到过类似问题，当时被推来推去，花上两天时间才解决。"张轩说。
>
> "定制化产品，从收到用户下单开始加工，到用户收到产品，最短可以在一周内完成；标准化产品，当日下单次日收货，这样的速度是以往任何一个物流公司都无法完成的。"以高频次订单为主的福锐得，最需要的是货品的准确率和快速流转，"我们最初做的是定牌生产，重点客户是国外的贸易商，我们不想做终端客户是因为物流太麻烦。现在，随着阿里巴巴国际站平台越来越完善，终端客户也成为了我们的主要客户群体，有平台的支持，我们的业务也正在向利润更高的定点生产转变。"

第四节　跨境支付与结算

跨境电商B2B业务中，支付与结算关系到买卖双方尤其是卖方的利益，并且往往成为双方在交易磋商时争论的焦点，并会在合同中加以明确规定。跨境支付与结算主要涉及跨境支付、结汇与提现、出口退税及申领出口奖励等内容。

一、跨境支付

跨境支付是指在国际经济活动中的当事人以一定的支付方式，偿还债务的行为。常见的跨境支付方式主要有汇付、托收和信用证三种。

1. 汇付（Remittance）

汇付又称汇款，是最简单的跨境支付方式，指汇款人通过银行或其他途径，主动将款项交给收款人。

汇付涉及汇款人，即债务人，以及收款人，即债权人、汇出行、汇入行四个当事人。

汇付分为电汇、信汇和票汇三种。

（1）电汇（Telegraphic Transfer，T/T）。

电汇是指汇出行应汇款人的申请，拍发加押电报或电传给另一个国家的分行或代理行（汇入行），指示解付一定金额给收款人的一种付款方式。电汇速度快，收款人可以迅速收到款项，但是电汇费用较高。目前，电汇是使用最多的一种汇付方式。

（2）信汇（Mail Transfer，M/T）。

信汇是指汇出行应汇款人的申请，用航空信函的方式将信汇委托书寄给汇入行，授权其解付一定金额给收款人的一种汇付方式。信汇成本比较低，但是收款人收到款项的时间会比较久。

(3) 票汇 (Remittance by Banker's Demand Draft, D/D)。

票汇是汇出行应汇款人的申请,代汇款人开立以其分行或代理行为解付行的即期汇票,以支付一定金额给收款人的一种汇付方式。票汇与信汇、电汇的不同之处是,票汇无须通知收款人取款,由收款人持票登门取款。在这种方式下,汇票经收款人背书,可以转让流通。

汇付的手续比较简便,银行只收取手续费,费用相对较低,但汇付风险大,资金负担不平衡。如果是货到付款,则卖方资金负担比较重;如果是预付款项,则买方资金负担比较重。对于极其信任的客户之间,汇付是比较理想的结算方式。

2. 托收 (Collection)

托收是指在跨境业务中,卖方即债权人开具汇票,委托银行向买方即债务人收取货款的一种支付方式。

托收涉及委托人、付款人、托收行和代收行四个当事人。

托收方式依据汇票是否随附装运单据可分为光票托收与跟单托收。

(1) 光票托收 (Clean Collection)。

光票托收是指卖方在收取货款时,仅凭汇票,不随附任何装运单据。这种方式一般用于收取信用证项下余额的结算、代垫费用、佣金及样品费等小额结算。

(2) 跟单托收 (Documentary Collection)。

跟单托收是指委托人向托收行交付附有商业单据的金融单据或仅向托收行交付商业单据的托收。在跨境业务中,当事人在采用托收方式时,大多采用跟单托收。在跟单托收情况下,根据委托人向托收行交单条件的不同,跟单托收可分为付款交单和承兑交单两种。

①付款交单 (Documents against Payment, D/P),是指代收行在买方付清货款后,才可将商业单据交给买方的一种结算方式。D/P 作为托收业务的一种类型,又分为两种基本的交易类型,即期付款交单和远期付款交单。

②承兑交单 (Documents against Acceptance, D/A),是指卖方的交单以买方的承兑为条件,即买方承兑汇票后即可领取货运单据,待汇票到期时再付款。

托收的优点是手续简便、收款迅速、费用较低,但对于卖方来说,收汇有一定的风险。因为托收虽然是通过银行办理的,但是银行只按照买方的指示办事,不承担付款的责任。能否收回货款,完全取决于买方的信用。这种支付方式极有可能发生货物到达后,买方迟迟不去银行付款赎单,拒绝付款给卖方,给卖方造成损失。

3. 信用证 (Letter of Credit, L/C)

信用证是开证行应申请人的申请,或以自身的名义向受益人开立的,承诺在一定期限内凭规定的单据支付一定金额的书面保证。信用证属于银行信用。

信用证涉及开证申请人、开证行、通知行、受益人、议付行、付款行、保兑行、偿付行等当事人。如图 9-13 所示为信用证的使用程序。

信用证根据不同方式可划分为多种类型。

(1) 跟单信用证和光票信用证。

跟单信用证 (Documentary L/C),是指开证行凭跟单汇票或仅凭单据付款的信用证。

光票信用证 (Clean L/C),是指开证行仅凭不随附单据的汇票(光票)付款的信用证。

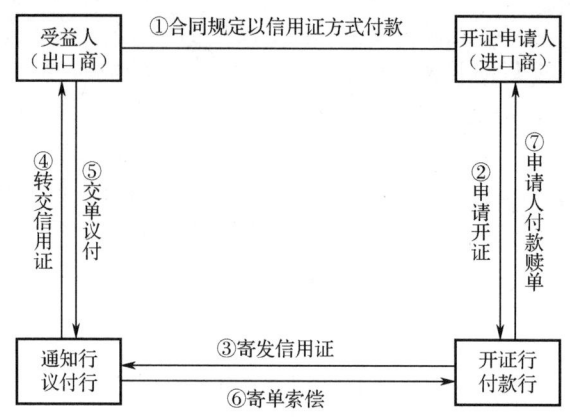

图 9-13 信用证的使用程序

（2）即期付款信用证和延期付款信用证。

即期付款信用证（Sight Payment L/C），是指开证行或付款行在收到符合信用证条款的单据后，立即履行付款义务的信用证。

延期付款信用证（Deferred Payment L/C），是指不用受益人开具汇票，开证行保证在货物装船后或收单后若干天内付款的信用证。

（3）承兑信用证和议付信用证。

承兑信用证（Acceptance L/C），是指以开证行作为远期汇票付款人的信用证。

议付信用证（Negotiation L/C），是指由某一银行议付或任何银行都可以议付的信用证。

（4）不可撤销信用证和可撤销信用证。

不可撤销信用证（Irrevocable L/C）：是指信用证一经开出，在有效期内，未经受益人及有关当事人的同意，开证行不得片面修改或撤销，只要受益人提交的单据符合信用证的规定，开证行就必须履行付款义务的信用证。

可撤销信用证（Revocable L/C）：是指开证行对所开立的信用证不必征得受益人或有关当事人的同意，有权随时撤销的信用证。

信用证付款是一种银行信用，是独立于合同之外的契约，相关银行只按信用证的规定行事。信用证业务是一种纯粹的单据业务。在信用证支付方式下，银行信用不可能完全取代商业信用，也不可能完全避免商业风险，因此必须注意对信用证风险的防范，要善于辨别单证真伪，如发现单证有疑点，要仔细调查。

二、结汇与提现

货物发出后，卖方应携带缮制好的各种单据，向银行交单结汇，办理收汇核销和退税手续。至此，一笔出口业务的合同履行才基本完毕。

1. 交单

交单是指卖方在规定的时间内向银行提交信用证规定的全套单据，银行审核完单据后，根据信用证条款规定的兑付方式办理结汇。一般情况下，在信用证规定的交单期和有效期之内办理交易。

交单方式有以下两种。

（1）一次交单，即在货已发运、全套单据收齐后，企业一次性送交银行。

（2）两次交单，又称预审交单，即企业在运输单据签发前，先将其他已备妥的单据交银行预审，发现问题后及时更正，待货物装运后且收到运输单据，可以当天议付并对外寄单。

2. 结汇

结汇是指银行审核出口单据无误后，按照信用证规定的兑付条件将外汇结转给卖方。主要结汇方式有以下几种。

（1）出口押汇。

出口押汇是指卖方在供货合同签订后，根据买方银行出具的信用证签发应由买方付款的汇票，然后连同有关单据（主要是售出货物提单、货物保险单和发票等）提交给自己的代理银行贴现。

（2）收妥结汇。

银行收到单据后不做押汇，直接将单据寄交给开证行，待开证行将货款划转过来后再向卖方结汇。

（3）定期结汇。

银行收到单据后，在一定时限内向卖方结汇，此期限为估计索汇时间。

三、出口退税

出口退税是指针对已报关离境的商品，国家税务机关将其在出口前已缴纳的生产和流通环节的国内增值税或消费税等间接税款，在该批商品收汇以后，按照一定比例退还给出口企业的一项税收制度。该制度能使出口产品成本降低，增强其市场竞争力，扩大产品出口量。

享有出口退税权的企业，是指经有关部门批准的、有进出口经营权的企业。其主要是外贸公司和有进出口权的生产企业，包括外商投资企业，另外还有一些出口量较小的特殊企业，如外轮供应公司、免税品公司等，这类企业约为10万户。今后，随着出口经营权的放开，办理出口退税的企业户数将逐渐增加。

享受退税的出口货物，除免税货物、禁止出口货物和明文规定不予退税货物外，其他货物都可享受退税政策。退税的税种为增值税和消费税。从2019年起，增值税的退税率共有4档，分别是13%、9%、6%、0%，平均退税率为12%左右。消费税的退税率按法定的征税率执行。

出口退税的流程如下。

（1）送检有关证件及领取出口企业退税登记表。

企业在取得有关部门批准其经营出口产品业务的文件和工商行政管理部门核发的工商登记证明后，应于30日内办理出口企业退税登记。

（2）申报和受理退税登记。

企业领到"出口企业退税登记表"后，即按登记表及有关要求填写，加盖企业公章和有关人员印章后，连同出口产品经营权批准文件、工商登记证明等证明资料一起报送税务机关，经税务机关审核无误后，即受理登记。

（3）填发出口退税登记证。

税务机关接到企业的正式申请，经审核无误并按规定程序批准后，核发给企业"出口退税登记证"。

（4）变更或注销出口退税登记。

当企业经营状况发生变化或某些退税政策发生变动时，应根据实际需要变更或注销退税登记。

四、申领出口奖励

出口奖励是间接补贴的一种，是指政府对出口商按其出口业绩给予各种形式的奖励。其目的在于鼓励出口商进一步扩大出口规模，增加创汇能力。

出口奖励一般采取现金奖励形式，也有外汇分红和出口奖励证等形式。其中：外汇分红是指政府从出口商的创汇收入中提取一定外汇奖励给出口商；出口奖励证是指政府对出口商颁发一种可以在市场上出售或凭以进口一定数量外国商品的证书。

出口奖励一般是按出口商在一定时期内的总出口额或总创汇额的一定比例对出口商予以奖励，而不论出口商是盈是亏。

本章小结

本章主要介绍履约服务，首先介绍了装箱单、汇票的办理与缮制，并对商业发票、提单等其他单据的介绍和制单注意事项做了阐述。其次介绍了非规格品定制与委托生产、供应商的选择与采购、产品的质检。再次介绍了跨境物流及其方式选择，并对阿里巴巴国际站的跨境物流案例进行分析。最后介绍了跨境支付、结汇与提现、出口退税和申领出口奖励。通过本章的学习，希望读者能够从贸易合同的证、货、运、款四个环节，做好跨境电商的履约服务。

本章练习

一、选择题

1. 在跨境商业单据中处于中心单据地位的是（ ）。
   A．商业发票　　　　B．海关发票　　　　C．海运提单　　　　D．保险单
2. 选择供应商时，应考虑的主要影响因素有（ ）。
   A．产品质量　　　　B．产品价格　　　　C．交货期　　　　　D．服务水平
3. 中国邮政推出的邮政物流产品中，通邮范围最广的是（ ）。
   A．e邮宝　　　　　 B．e包裹　　　　　 C．邮政小包　　　　D．e速宝
4. 电汇的英文简称为（ ）。
   A．T/T　　　　　　 B．M/T　　　　　　 C．D/D　　　　　　 D．L/C

二、问答题

阿里巴巴国际站数智化跨境供应链物流可以提供哪些服务？

三、实训题

从阿里巴巴国际站上选择一个商品，计算该商品在不同物流模式下的运费，提交适合该商品的跨境物流方案。

参 考 文 献

[1] 阿里巴巴（中国）网络技术有限公司．跨境电商 B2B 立体化实战教程．北京：电子工业出版社，2019．

[2] 唐智鑫，孙润霞．网店商品图片与视频拍摄及处理．北京：人民邮电出版社，2018．

[3] 孙长清．电商视觉营销设计．北京：人民邮电出版社，2018．

[4] 李春丽．跨境电商 B2B 实务．北京：电子工业出版社，2019．

[5] 速卖通大学．跨境电商：阿里巴巴速卖通宝典．北京．电子工业出版社，2015．

[6] 阿里巴巴（中国）网络技术有限公司．从 0 开始：跨境电商实训教程．北京：电子工业出版社，2016．

[7] 阿里巴巴商学院．电商数据分析与数据化营销．北京：电子工业出版社，2019．

[8] 苏朝晖．客户关系管理．北京：人民邮电出版社，2019．

[9] 徐燕．国际贸易实务仿真模拟实验教程．杭州：浙江大学出版社，2016．

[10] 张开涛，郭明亮．进出口操作实务．北京：电子工业出版社，2014．

[11] 刘宝森，张明齐．远洋运输单证．南京：南京大学出版社，2018．

反侵权盗版声明

电子工业出版社依法对本作品享有专有出版权。任何未经权利人书面许可，复制、销售或通过信息网络传播本作品的行为，歪曲、篡改、剽窃本作品的行为，均违反《中华人民共和国著作权法》，其行为人应承担相应的民事责任和行政责任，构成犯罪的，将被依法追究刑事责任。

为了维护市场秩序，保护权利人的合法权益，我社将依法查处和打击侵权盗版的单位和个人。欢迎社会各界人士积极举报侵权盗版行为，本社将奖励举报有功人员，并保证举报人的信息不被泄露。

举报电话：（010）88254396；（010）88258888
传　　真：（010）88254397
E-mail：　　dbqq@phei.com.cn
通信地址：北京市海淀区万寿路173信箱
　　　　　电子工业出版社总编办公室
邮　　编：100036